"十三五"全国高等院校民航服务专业规划教材

民航服务沟通技巧

主　编◎安　萍
副主编◎杨志慧　郑菲菲
参　编◎王爱娥　彭虹月

Communicating Skills
in Cabin Service

清华大学出版社
北　京

内 容 简 介

本书共分5个模块，分别从民航服务过程中出现的不同服务对象、不同服务场景以及可能出现的突发情况等角度进行编写，针对上述情况提出民航服务过程中的服务要求及沟通技巧，并通过大量典型案例，拓展民航服务过程中的沟通思路，使民航服务人员掌握服务的要领及沟通的基本技能。

本书既可作为民航院校及民航服务类专业教学用书，亦可作为航空公司培训员工的培训教材，还可作为有志于从事民航服务类职业人士的求职面试的参考用书和在职人员的专业读物。

本书封面贴有清华大学出版社防伪标签，无标签者不得销售。
版权所有，侵权必究。举报：010-62782989，beiqinquan@tup.tsinghua.edu.cn。

图书在版编目(CIP)数据

民航服务沟通技巧/安萍主编．—北京：清华大学出版社，2017(2022.6重印)
("十三五"全国高等院校民航服务专业规划教材)
ISBN 978-7-302-48595-7

Ⅰ.①民… Ⅱ.①安… Ⅲ.①民航运输－商业服务－高等学校－教材 Ⅳ.①F560.9

中国版本图书馆CIP数据核字(2017)第253379号

责任编辑：杜春杰
封面设计：刘　超
版式设计：楠竹文化
责任校对：赵丽杰
责任印制：宋　林

出版发行：清华大学出版社
网　　址：http://www.tup.com.cn，http://www.wqbook.com
地　　址：北京清华大学学研大厦A座　　邮　编：100084
社 总 机：010-83470000　　邮　购：010-62786544
投稿与读者服务：010-62776969，c-service@tup.tsinghua.edu.cn
质量反馈：010-62772015，zhiliang@tup.tsinghua.edu.cn
课件下载：http://www.tup.com.cn，010-62788903

印 装 者：三河市君旺印务有限公司
经　　销：全国新华书店
开　　本：185mm×260mm　　印　张：16　　字　数：361千字
版　　次：2017年12月第1版　　印　次：2022年6月第12次印刷
定　　价：49.80元

产品编号：073880-02

"十三五"全国高等院校民航服务专业规划教材丛书主编及专家指导委员会

丛 书 总 主 编　　刘永(北京中航未来科技集团有限公司董事长兼总裁)

丛 书 副 总 主 编　　马晓伟(北京中航未来科技集团有限公司常务副总裁)

丛 书 副 总 主 编　　郑大地(北京中航未来科技集团有限公司教学副总裁)

丛 书 总 主 审　　朱益民(原海南航空公司总裁、原中国货运航空公司总裁、原上海航空公司总裁)

丛 书 总 顾 问　　沈泽江(原中国民用航空华东管理局局长)

丛 书 总 执 行 主 编　　王益友[江苏民航职业技术学院(筹)院长、教授]

丛书总航空法律顾问　　程颖(荷兰莱顿大学国际法研究生、全国高职高专"十二五"规划教材《航空法规》主审)

丛书专家指导委员会主任

　　　　　　关云飞(长沙航空职业技术学院教授)

　　　　　　张树生(国务院津贴获得者,山东交通学院教授)

　　　　　　刘岩松(沈阳航空航天大学教授)

　　　　　　姚宝(上海外国语大学教授)

　　　　　　李剑峰(山东大学教授)

　　　　　　张威(沈阳师范大学教授)

　　　　　　成积春(曲阜师范大学教授)

　　　　　　万峻池(美术评论家、著名美术品收藏家)

"十三五"全国高等院校民航服务专业规划教材编委会

主　任　高宏(沈阳航空航天大学教授)　　　杨静(中原工学院教授)
　　　　李勤(南昌航空大学教授)　　　　　李广春(郑州航空工业管理学院教授)
　　　　安萍(沈阳师范大学)　　　　　　　彭圣文(长沙航空职业技术学院)
副主任　陈文华(上海民航职业技术学院)　　郑越(长沙航空职业技术学院)
　　　　郑大莉(中原工学院信息商务学院)　徐爱梅(山东大学)
　　　　黄敏(南昌航空大学)　　　　　　　兰琳(长沙航空职业技术学院)
　　　　韩黎[江苏民航职业技术学院(筹)]　胡明良(江南影视艺术职业学院)
　　　　李楠楠(江南影视艺术职业学院)　　王昌沛(曲阜师范大学)
　　　　何蔓莉(湖南艺术职业学院)　　　　孙东海(江苏新东方艺先锋传媒学校)
委　员　(以姓氏笔画为序)
　　　　于海亮(沈阳师范大学)　　　　　　王丽蓉(南昌航空大学)
　　　　王建惠(陕西职业技术学院)　　　　王莹(沈阳师范大学)
　　　　王晶(沈阳航空航天大学)　　　　　车树国(沈阳师范大学)
　　　　邓丽君(西安航空职业技术学院)　　石慧(南昌航空大学)
　　　　龙美华(岳阳市湘北女子职业学校)　付砚然(湖北襄阳汽车职业技术学院,原海南航空公司乘务员)
　　　　朱茫茫(潍坊职业学院)　　　　　　刘洋(濮阳工学院)
　　　　刘舒(江西青年职业学院)　　　　　许赟(南京旅游职业学院)
　　　　杨志慧(长沙航空职业技术学院)　　杨莲(马鞍山职业技术学院)
　　　　李长亮(张家界航空工业职业技术学院)　李仟(天津中德应用技术大学,原中国南方航空公司乘务员)
　　　　李乐(桂林航天工业学院)　　　　　李芙蓉(长沙航空职业技术学院)
　　　　李姝(沈阳师范大学)　　　　　　　李雯艳(沈阳师范大学)
　　　　李霏雨(北京壹号门航空技术培训中心,原中国国际航空公司乘务员)
　　　　狄娟(上海民航职业技术学院)　　　邹昊(南昌航空大学)
　　　　邹莎(湖南信息学院)　　　　　　　宋晓宇(湖南艺术职业学院)
　　　　张驰(沈阳航空航天大学)　　　　　张进(三峡旅游职业学院)
　　　　张利(北京中航未来科技集团有限公司)　张琳(北京中航未来科技集团有限公司)
　　　　张程垚(湖南民族职业学院)　　　　张媛媛(山东信息职业技术学院)
　　　　陈卓(长沙航空职业技术学院)　　　陈烜华(上海民航职业技术学院)
　　　　金恒(西安航空职业技术学院)　　　周佳楠(上海应用技术大学)
　　　　周茗慧(山东外事翻译职业学院)　　郑菲菲(南京旅游职业学院)
　　　　赵红倩(上饶职业技术学院)　　　　胡妮(南昌航空大学)
　　　　柳武(湖南流通创软科技有限公司)　钟科(长沙航空职业技术学院)
　　　　柴郁(江西航空职业技术学院)　　　倪欣雨(斯里兰卡航空公司空中翻译,原印度尼西亚鹰航乘务员)
　　　　高青(山西旅游职业学院)　　　　　高琳(济宁职业技术学院)
　　　　郭雅萌(江西青年职业学院)　　　　黄春新(沈阳航空航天大学)
　　　　黄晨(天津交通职业学院)　　　　　黄婵芸(原中国东方航空公司乘务员)
　　　　黄紫葳(抚州职业技术学院)　　　　曹璐璐(中原工学院)
　　　　崔祥建(沈阳航空航天大学)　　　　崔媛(张家界航空工业职业技术学院)
　　　　梁向兵(上海民航职业技术学院)　　梁燕(郴州技师学院)
　　　　彭志雄(湖南艺术职业学院)　　　　蒋焕新(长沙航空职业技术学院)
　　　　操小霞(重庆财经职业学院)

出 版 说 明

随着经济的稳步发展,我国已经进入经济新常态的阶段,特别是十九大指出:中国社会主要矛盾已经转化为人民日益增长的美好生活需要和不平衡不充分的发展之间的矛盾,这客观上要求社会服务系统要完善升级。作为公共交通运输的主要组成部分,民航运输在满足人们对美好生活追求和促进国民经济发展中扮演着重要的角色,具有广阔的发展空间。特别是"十三五"期间,国家高度重视民航业的发展,将民航业作为推动我国经济社会发展的重要战略产业,预示着我国民航业将会有更好、更快的发展。从国产化飞机 C919 的试飞,到宽体飞机规划的出台,以及民航发展战略的实施,标志着我国民航业已经步入崭新的发展阶段,这一阶段的特点是以人才为核心,而这一发展模式必将进一步对民航人才质量提出更高的要求。面对民航业发展对人才培养提出的挑战,培养服务于民航业发展的高质量人才,不仅需要转变人才培养观念,创新教育模式,更需要加强人才培养过程中基本环节的建设,而教材建设就是其首要的任务。

我国民航服务专业的学历教育,经过 18 年的探索与发展,其办学水平、办学结构、办学规模、办学条件和师资队伍等方面都发生了巨大的变化,专业建设水平稳步提高,适应民航发展的人才培养体系初步形成。但我们应该清醒地看到,目前我国民航服务类专业的人才培养仍存在着诸多问题,特别是专业人才培养质量仍不能适应民航发展对人才的需求,人才培养的规模与高质量人才短缺的矛盾仍很突出。而目前相关专业教材的开发还处于探索阶段,缺乏系统性与规范性。已出版的民航服务类专业教材,在吸收民航服务类专业研究成果方面做出了有益的尝试,涌现出不同层次的系列教材,推动了民航服务的专业建设与人才培养,但从总体来看,民航服务类教材的建设仍落后于民航业对专业人才培养的实践要求,教材建设已成为相关人才培养的瓶颈。这就需要以引领和服务专业发展为宗旨,系统总结民航服务实践经验与教学研究成果,开发全面反映民航服务职业特点、符合人才培养规律和满足教学需要的系统性专业教材,以积极、有效地推进民航服务专业人才的培养工作。

基于上述思考,编委会经过两年多的实际调研与反复论证,在广泛征询民航业内专家的意见与建议、总结我国民航服务类专业教育的研究成果后,结合我国民航服务业的发展趋势,致力于编写出一套系统的、具有一定权威性和实用性的民航服务类系列教材,为推进我国民航服务人才的培养尽微薄之力。

本系列教材由沈阳航空航天大学、南昌航空大学、郑州航空工业管理学院、上海民航职业技术学院、长沙航空职业技术学院、西安航空职业技术学院、中原工学院、上海外国语大学、山东大学、大连外国语大学、沈阳师范大学、曲阜师范大学、湖南艺术职业学院、陕西师范大学、兰州大学、云南大学、四川大学、湖南民族职业学院、江西青年职业学院、天津交通职业学院、潍坊职业学院、南京旅游职业学院等多所高校的众多资深专家和学者共同打造,还邀请了多名原中国东方航空公司、原中国南方航空公司、原中国国际航空公司和原海南航空公司中从事多年乘务工作的乘务长和乘务员参与教材的编写。

目前,我国民航服务类的专业教育呈现着多元化、多层次的办学格局,各类学校的办学模式也呈现出个性化的特点,在人才培养体系、课程设置以及课程内容等方面,各学校之间存在着一定的差异,对教材也有不同的需求。为了能够更好地满足不同办学层次、教学模式对教材的需要,本套教材主要突出以下特点。

第一,兼顾本、专科不同培养层次的教学需要。鉴于近些年我国本科层次民航服务专业办学规模的不断扩大,在教材需求方面显得十分迫切,同时,专科层面的办学已经到了规模化的阶段,完善与更新教材体系和内容迫在眉睫,本套教材充分考虑了各类办学层次的需要,本着"求同存异、个性单列、内容升级"的原则,通过教材体系的科学架构和教材内容的层次化,以达到兼顾民航服务类本、专科不同层次教学之需要。

第二,将最新实践经验和专业研究成果融入教材。服务类人才培养是系统性问题,具有很强的内在规定性,民航服务的实践经验和专业建设成果是教材的基础,本套教材以丰富理论、培养技能为主,力求夯实服务基础、培养服务职业素质,将实践层面行之有效的经验与民航服务类人才培养规律的研究成果有效融合,以提高教材对人才培养的有效性。

第三,落实素质教育理念,注重服务人才培养。习近平总书记在党的十九大报告中强调,"要全面贯彻党的教育方针,落实立德树人根本任务,发展素质教育,推进教育公平,培养德智体美全面发展的社会主义建设者和接班人",人才以德为先,以社会主义价值观铸就人的灵魂,才能使人才担当重任,也是高校人才培养的基本任务。教育实践表明,素质是人才培养的基础,也是人才职业发展的基石,人才的能力与技能以精神与灵魂为附着,但在传统的民航服务教材体系中,包含素质教育板块的教材较为少见。根据党的教育方针,本套教材的编写考虑到素质教育与专业能力培养的关系,以及素质对职业生涯的潜在影响,首次在我国民航服务专业教学中提出专业教育与人文素质并重、素质决定能力的培养理念,以独特的视野,精心打造素质教育教材板块,使教材体系更加系统,强化了教材特色。

第四,必要的服务理论与专业能力培养并重。调研分析表明,忽视服务理论与人文素质所培养出的人才很难有宽阔的职业胸怀与职业精神,其未来的职业生涯发展就会乏力。因此,教材不应仅是对单纯技能的阐述与训练指导,更应该是不淡化专业能力培养的同时,强化行业知识、职业情感、服务机理、职业道德等关系到职业发展潜力的要素的培养,以期培养出高层次和高质量的民航服务人才。

第五,架构适合未来发展需要的课程体系与内容。民航服务具有很强的国际化特点,而我国民航服务的思想、模式与方法也正处于不断创新的阶段,紧紧把握未来民航服务的发展趋势,提出面向未来的解决问题的方案,是本套教材的基本出发点和应该承担的责任。我们力图将未来民航服务的发展趋势、服务思想、服务模式创新、服务理论体系以及服务管理等内容进行重新架构,以期能对我国民航服务人才培养,乃至整个民航服务业的发展起到引领作用。

第六,扩大教材的种类,使教材的选择更加宽泛。鉴于我国目前尚缺乏民航服务专业更高层次办学模式的规范,各学校的人才培养方案各具特点,差异明显,为了使教材更适合于办学的需要,本套教材打破了传统教材的格局,通过课程分割、内容优化和课外外延化等方式,增加了教材体系的课程覆盖面,使不同办学层次、关联专业,可以通过教材合理组合获得完整的专业教材选择机会。

本套教材规划出版品种大约为四十种,分为:① 人文素养类教材,包括《大学语文》《应用文写作》《艺术素养》《跨文化沟通》《民航职业修养》《中国传统文化》等。② 语言类教材,包括《民航客舱服务英语教程》《民航客舱实用英语口语教程》《民航实用英语听力教程》《民航播音训练》《机上广播英语》《民航服务沟通技巧》等。③ 专业类教材,包括《民航概论》《民航服务概论》《中国民航常飞客源国概况》《民航危险品运输》《客舱安全管理与应急处置》《民航安全检查技术》《民航服务心理学》《航空运输地理》《民航服务法律实务与案例教程》等。④ 职业形象类教材,包括《空乘人员形体与仪态》《空乘人员职业形象设计与化妆》《民航体能训练》等。⑤ 专业特色类教材,包括《民航服务手语训练》《空乘服务专业导论》《空乘人员求职应聘面试指南》《民航面试英语教程》等。

为了开发职业能力,编者联合有关VR开发公司开发了一些与教材配套的手机移动端VR互动资源,学生可以利用这些资源体验真实场景。

本套教材是迄今为止民航服务类专业较为完整的教材系列之一,希望能借此为我国民航服务人才的培养,乃至我国民航服务水平的提高贡献力量。民航发展方兴未艾,民航教育任重道远,为民航服务事业发展培养高质量的人才是各类人才培养部门的共同责任,相信集民航教育的业内学者、专家之共同智慧,凝聚有识之士心血的这套教材的出版,对加速我国民航服务专业建设、完善人才培养模式、优化课程体系、丰富教学内容,以及加强师资队伍建设能起到一定的推动作用。在教材使用的过程中,我们真诚地希望听到业内专家、学者批评的声音,收到广大师生的反馈意见,以利于进一步提高教材的水平。

客服信箱:thjdservice@126.com。

丛 书 序

《礼记·学记》曰:"古之王者,建国君民,教学为先。"教育是兴国安邦之本,决定着人类的今天,也决定着人类的未来,企业发展也大同小异,重视人才是企业的成功之道,别无二选。航空经济是现代经济发展的新趋势,是当今世界经济发展的新引擎,民航是经济全球化的主流形态和主导模式,是区域经济发展和产业升级的驱动力。作为发展中的中国民航业,有巨大的发展潜力,其民航发展战略的实施必将成为我国未来经济发展的增长点。

"十三五"期间正值实现我国民航强国战略构想的关键时期,"一带一路"倡议方兴未艾,"空中丝路"越来越宽阔。面对高速发展的民航运输,需要推动持续的创新与变革;同时,基于民航运输的安全性和规范性的特点,其对人才有着近乎苛刻的要求,只有人才培养先行,夯实人才基础,才能抓住国家战略转型与产业升级的巨大机遇,实现民航运输发展的战略目标。经历多年民航服务人才发展的积累,我国建立了较为完善的民航服务人才培养体系,培养了大量服务民航发展的各类人才,保证了我国民航运输业的高速持续发展。与此同时,我国民航人才培养正面临新的挑战,既要通过教育创新,提升人才品质,又需要在人才培养过程中精细化,把人才培养目标落实到人才培养的过程中,而教材作为专业人才培养的基础,需要先行,从而发挥引领作用。教材建设发挥的作用并不局限于专业教育本身,其对行业发展的引领,专业人才的培养方向,人才素质、知识、能力结构的塑造以及职业发展潜力的培养具有不可替代的作用。

我国民航运输发展的实践表明,人才培养决定着民航发展的水平,而民航人才的培养需要社会各方面的共同努力。我们惊喜地看到,清华大学出版社秉承"自强不息,厚德载物"的人文精神,发挥强势的品牌优势,投身到民航服务专业系列教材的开发行列,改变了民航服务教材研发的格局,体现了其对社会责任的担当。

本套教材体系组织严谨,精心策划,高屋建瓴,深入浅出,具有突出的特色。第一,从民航服务人才培养的全局出发,关注了民航服务产业的未来发展趋势,架构了以培养目标为导向的教材体系与内容结构,比较全面地反映了服务人才培养趋势,具有良好的统领性;第二,很好地回归了教材的本质——适用性,体现在每本教材均有独特的视角和编写立意,既有高度的提升、理论的升华,也注重教育要素在课程体系中的细化,具有较强的可用性;第三,引入了职业素质教育的理念,补齐了服务人才素质教育缺少教材的短板,可谓是对传统服务人才培养理念的一次冲击;第四,教材编写人员参与面非常广泛。这反映出本套教材充分体现了当今民航服务专业教育的教学成果和编写者的思考,形成了相互交流的良性机制,势必对全国民航服务类专业的发展起到推动作用。

教材建设是专业人才培养的基础,与其服务的行业的发展交互作用,共同实现人才培养—社会检验的良性循环是助推民航服务人才的动力。希望这套教材能够在民航服务类专业人才培养的实践中,发挥更广泛的积极作用。相信通过不断总结与完善,这套教材一定会成为具有自身特色的、适应我国民航业发展要求的,以及深受读者喜欢的规范教材。

此为序。

原海南航空公司总裁、原中国货运航空公司总裁、原上海航空公司总裁

朱益民

2017年9月

前　言

近25年来，我国民航业的发展可谓突飞猛进，作为国民经济的重要行业和社会发展的先进的交通运输方式，民航业伴随整个国民经济的发展而不断发展壮大。民航业作为科技密集型行业，安全是第一要素，但仅有安全不能完全体现这一行业的先进性和优势，是否是优质高效的服务直接关系到民航企业的生存地位与发展前景。随着民航业的发展，对从业人员的要求也越来越高，只有对民航服务工作有全面的了解和掌握，才能成为一名合格的员工。

民航服务是一项与人打交道的工作，为旅客提供服务，具备良好的沟通能力是民航服务人员的必备能力，也是需要好好研究和学习的一门艺术。目前，民航企业急需高素质的服务人员填充到一线岗位，各级各类学校在大力培养人才的时候，需要一套具备前瞻性、科学性、实用性、专业性强的教材，《民航服务沟通技巧》一书应运而生，它具有如下4个特点。

1. 定位明确

本书旨在培养应用型民航服务人才，所以在内容的选择上注重选取能解决民航服务人员在服务对象、服务处所的服务过程中所要用到的理论知识。同时选取大量的典型案例以提高读者的学习兴趣，拓宽读者沟通的思路与操作能力。

2. 思路清晰

全书分为5个模块，每个模块又假设不同的学习情境，每个情境设定2～5个学习目标，引用典型案例，并对案例做适当点评，引出要学习的理论知识，在理论知识编写过程中尽量使用典型案例解决具体的理论问题，每个情境后边的拓展训练包含知识题和技能题，将理论与技能融会贯通。

3. 内容充实

本书的5个模块包括：服务与民航服务的理论知识；沟通与民航服务沟通的基本能力的阐述；不同服务对象的沟通技巧；不同服务处所的沟通技巧；突发事件的服务沟通技巧。这些都是民航服务中很基本的理论知识和重要的沟通情况，本书将予以重点关注。

4. 体例新颖

本书中为每个情境都设计了学习目标，通过案例引导出理论知识，每个情境又安排了拓展训练，间或穿插丰富的案例和知识链接，信息量大，能力训练操作性强，避免了知识与能力的脱节。全书遵循由易到难、循序渐进和易教、易学、易练的原则结构成篇。

本书由沈阳师范大学安萍担任主编，负责全书的策划与统稿，并亲自编写了模块一、模块二等内容；南京旅游职业学院的郑菲菲老师和长沙航空职业技术学院的杨志慧老师担任副主编，分别编写了模块三、模块四的内容；辽宁公安司法干部学院的彭虹月老师和长沙航空职业技术学院的王爱娥老师参与编写了模块五。以上老师对企业的需求、对专业的理解深刻而独到,但由于水平有限,难免存在疏漏和不尽如人意之处,诚恳希望广大读者批评指正。

  本书编写过程中参考了大量的文献,在此向原作者致以诚挚的谢意!也感谢清华大学出版社的大力支持和帮助,在此表示深深的感谢!

编者

2017 年 6 月

CONTENTS 目录

模块一　民航服务导论 ... 1

学习情境一　民航服务 ... 2
一、服务概述 ... 3
二、民航服务概述 ... 7
三、民航服务的分类 ... 12
四、民航服务的误区 ... 14
五、民航服务人员的基本要求 ... 17

模块二　沟通基础与基本技能 ... 23

学习情境一　沟通概述 ... 24
一、沟通的意义与作用 ... 25
二、沟通的结构 ... 26
三、沟通的特点 ... 28
四、沟通的种类 ... 29
五、有效沟通 ... 31
六、沟通中应避免的失误 ... 32

学习情境二　以旅客为中心的沟通 ... 36
一、民航服务沟通内涵 ... 36
二、民航服务沟通的作用 ... 36
三、民航服务沟通原则 ... 38
四、民航服务沟通的层次 ... 39
五、民航服务沟通的屏障 ... 41
六、民航服务沟通策略 ... 41

学习情境三　沟通基本技能 ... 47
一、建立良好的信任关系 ... 49
二、倾听 ... 50

三、口语沟通技能 ………………………………………………………… 53
　　四、身体语言沟通技能 …………………………………………………… 57

模块三　不同服务对象的沟通技巧 ……………………………………… 65

学习情境一　特殊旅客的服务沟通技巧 ………………………………… 66
　　一、重要旅客 ……………………………………………………………… 67
　　二、儿童旅客 ……………………………………………………………… 78
　　三、孕妇旅客 ……………………………………………………………… 87
　　四、病残旅客 ……………………………………………………………… 90
　　五、老年旅客 ……………………………………………………………… 100

学习情境二　其他特殊旅客的服务沟通技巧 …………………………… 108
　　一、醉酒旅客 ……………………………………………………………… 109
　　二、犯人旅客 ……………………………………………………………… 111
　　三、额外占座旅客 ………………………………………………………… 114

模块四　不同服务处所的沟通技巧 ……………………………………… 119

学习情境一　电话咨询旅客的沟通技巧 ………………………………… 120
　　一、电话咨询的服务内容 ………………………………………………… 120
　　二、电话咨询的特点 ……………………………………………………… 122
　　三、电话咨询的常见问题 ………………………………………………… 122
　　四、电话咨询的一般要求 ………………………………………………… 123
　　五、电话咨询不同服务内容的沟通技巧 ………………………………… 124

学习情境二　民航售票处旅客的沟通技巧 ……………………………… 128
　　一、民航售票处旅客的服务内容 ………………………………………… 129
　　二、民航售票处服务沟通的主要方式 …………………………………… 129
　　三、民航售票处旅客的沟通特点 ………………………………………… 130
　　四、民航售票处旅客沟通的一般要求 …………………………………… 130
　　五、民航售票处常见问题的服务沟通 …………………………………… 132

学习情境三　值机处旅客的沟通技巧 …………………………………… 136
　　一、值机处的服务内容 …………………………………………………… 137
　　二、值机处服务沟通的主要类型 ………………………………………… 140
　　三、值机处旅客的沟通特点 ……………………………………………… 141
　　四、值机处旅客沟通的一般要求 ………………………………………… 142
　　五、值机处常见问题的沟通 ……………………………………………… 145

学习情境四　候机室旅客的沟通技巧 ·· 149
一、候机室服务内容 ·· 150
二、候机室服务沟通的主要类型 ·· 152
三、候机室服务沟通的特点 ·· 153
四、候机室服务沟通的一般要求 ·· 154
五、候机室典型工作情景的服务沟通 ·· 158

学习情境五　空中服务旅客的沟通技巧 ·· 161
一、空中服务旅客的服务内容 ··· 162
二、空中服务旅客的沟通特点 ··· 163
三、空中服务旅客沟通的基本要求 ··· 165
四、常见问题的沟通技巧 ·· 169

学习情境六　行李提取处旅客的沟通技巧 ······································ 173
一、行李提取处的服务内容 ·· 174
二、行李提取处旅客沟通的类型 ·· 175
三、行李提取处旅客沟通的特点 ·· 176
四、行李提取处旅客沟通的一般要求 ·· 177
五、行李提取处常见问题的沟通技巧 ·· 181

模块五　突发事件的服务沟通技巧 ··· 187

学习情境一　旅客运输不正常服务沟通技巧 ···································· 188
一、误机 ··· 189
二、漏乘 ··· 190
三、错乘 ··· 193
四、登机牌遗失 ·· 194
五、航班超售 ··· 199

学习情境二　航班运输不正常服务沟通技巧 ···································· 208
一、航班运输不正常的内涵及原因 ··· 209
二、航班延误和取消 ··· 213
三、航班中断 ··· 222
四、补班 ··· 223
五、航班返航 ··· 224
六、航班备降的服务与沟通 ·· 225
七、不正常航班服务沟通案例分析 ··· 227

参考文献 ·· 236

模块一

民航服务导论

学习情境一 民航服务

 学习目标

1. 明确服务与民航服务的概念,加深对服务及民航服务的理解。
2. 明确民航服务人员的职业素质与能力要求,掌握民航服务的原则和方法。

 导引案例

讲述春运故事,感受东航空中摆渡人的温情

春节,已经融入每一个中国人的血液里,每到此刻,千千万万身处天南海北的游子都会奔向那个魂牵梦绕的家。春运路上,萦绕在每个人身边的是奔波、劳碌、等待……而作为守护回家路的空中摆渡人带给大家更多的是温情。

春运的航班上,东航西北分公司客舱部的李茜乘务组正以饱满的热情问候着每位登机的旅客。此时,一对年轻人引起了乘务长的注意,女孩一身喜庆的大红时装,脚上穿了足有15厘米高的红色皮靴,被小伙子背着,趴在小伙子肩头的她把头埋得很低。细心的李茜忙上前迎接,询问旅客是否需要帮助,小伙子说没事,就是摔了一下。李茜一边让组员协助他们入座,一边嘱咐旅客如有需要,乘务组随时可以提供帮助。

满客的航班,安排好旅客鼓鼓的行李,舱门准时关闭,看着洋溢着回家喜悦的旅客,组员们终于松了口气。可此时的李茜还是放心不下刚才的女孩,摔了跤,穿着高跟鞋肯定不舒服,就给她送去了拖鞋和枕头。就在她向小伙子询问情况的时候,趴在他腿上的女孩抬起了头,李茜发现她的一只眼睛都已经明显肿了起来,眼周也有很多瘀青。经过了解,这是两兄妹,妹妹小冯昨天晚上和同学聚会时不小心摔倒,导致眼睛受伤,由于呼和浩特的医疗条件有限,当地医生建议转至西安的医院尽快治疗,否则就会面临失明的危险,小冯先生边说边出示了医院开具的适宜乘机的诊断证明。

"为什么不给妹妹换双舒服点的鞋子?"了解了女孩的遭遇,李茜心疼地问。"从昨晚到现在我们一直在医院,从医院直接到了机场,什么都来不及准备"。看得出,哥哥还处于惊魂未定的状态。李茜一边安慰他,一边把高空飞行有可能造成的影响告诉他,并叮嘱他们如有任何不适都要及时告知乘务组。

飞机顺利起飞,李茜心里却很不平静,一平飞就将情况向机长做了汇报,并为女孩申请了轮椅服务。当李茜再次出现在他们面前的时候,后舱的组员已经为女孩送上了装满温水的水瓶。看到小冯姑娘身体状况还比较稳定,李茜总算松了一口气,告诉他们航班会正点到达,李茜还和小冯先生聊起了西安先进的医疗条件,希望他如坐针毡的心情能稍稍放松一下,旁边的几名从事医疗工作的旅客也热心地向小冯介绍有关医院的情况。

旅途很短,但这兄妹俩的遭遇却牵动着全体组员的心。经验丰富的李茜想到他们受伤后从医院直奔机场,身上除了钱包没有任何生活必需品,于是又和组员们准备了"温情礼包":独立包装的面包和蛋糕,一小叠水杯,几张小毛巾,大家还从自己的包中拼凑出了一些湿纸巾……乘务组把能想到的可以应急的生活必需品满满地装了一袋,同时,还装下了深深的祝福和浓浓的情意。

欢乐是可以感染的,温情是可以传递的。春运,是一年的结束,又是新一年的开始。航班天天飞,故事时时都有,东航西北分公司客舱的空中摆渡人一直温情守护在路上。

来源:http://news.carnoc.com/list/391/391545.html。

贴心的服务感动了兄妹俩,也为繁忙的春运添上了一抹亮色。乘务组没有将服务仅仅局限在客舱内,而是延伸到了客舱之外,突出了人性化服务的宗旨。那么究竟什么是服务,怎么做才是优质的民航服务,在下面的知识阐述中将有所交代。

 理论知识

一、服务概述

服务渗透在人们生活的方方面面。随着时代的发展,服务在社会经济中的地位和作用与日俱增。第二次世界大战(简称"二战")后,西方发达国家陆续进入服务型社会,服务业取代制造业成为最大的经济部门。近年来,在发达国家中,服务业占总就业的比例和国民经济的比重均在60%以上,个别国家接近80%;在发展中国家的GDP和人均生活费支出中,服务的比重也在不断上升,新增就业机会大多数来自服务业,服务已经成为经济生活中的重要组成部分。

(一)服务的内涵和分类

1. 服务的含义

对服务的阐释和理解,各国学者的界定不下几十种,其中具有代表性的有以下几种。

1960年AMA(美国市场营销学会)把服务定义为:"用于出售或者是同产品连在一起进行出售的活动、利益或者满足感。"

1963年著名学者雷根(Regan)把服务定义为:"直接提供满足(交通、房租)或者与有形商品或其他服务(信用卡)一起提供满足的不可感知活动。"

1990年北欧著名学者格隆鲁斯(Gronroos)把服务定义为:"服务是指或多或少具有无形特征的一种或一系列活动,通常(但并非一定)发生在顾客同服务的提供者及其有形的资源、商品或系统相互作用的过程中,以便解决消费者的有关问题。"

英国著名学者A. 佩恩把服务定义为:"是一种涉及某些无形性因素的活动,它包括与顾客或他们拥有财产的相互活动,它不会造成所有权的更换。条件可能发生变化,服务产出可能或不可能与物质产品紧密相连。"

以上四种关于服务的定义颇具代表性,但是,由于服务的多样性,不适合任何定义的服务例子常常可以找到。为了便于掌握,我们综合上述各种定义,将服务定义为:服务是具有无形特征,却可以给人带来某种利益或满足感的可供有偿转让的一种或一系列活动。从这个定义中可以这样理解服务:服务基本属于精神层面,主要受服务人员的职业道德、礼貌修养以及心理素质等方面的影响。换句话说,服务本身是看不见、摸不着的,顾客不可能把它像买点心一样买回家去,可以带走的只是服务的感觉,尤其是服务对人们的心理、生理、感觉所产生的作用和影响。

服务在社会经济活动中的重要性与日俱增,社会经济越发达,服务的地位越突出。不论是服务业还是以营销为主体的企业,服务将成为企业价值和利益的核心。而如今的竞争与其说是产品的竞争,不如说是服务的竞争。服务既是企业间竞争的焦点,也为企业的发展提供机遇。成功的企业善于捕捉和运用服务机遇,做好服务工作,从而形成竞争优势。服务是使企业做得与众不同的基础,也是获得竞争优势的基本条件。

2. 服务的分类

虽然不同的分类方法或多或少都有一定的局限性,但通过分类可以帮助我们理解和把握服务的内涵,概括出不同行业中服务的共同特征。这里介绍四种分类方法。

(1) 顾客参与程度分类法

此分类法根据顾客对服务推广的参与程度,将服务分为:

① 高接触性服务

高接触性服务是指顾客在服务推广过程中参与其中全部或大部分的活动,例如影剧院、美容厅、公共交通、学校等部门所提供的服务。

② 中接触性服务

中接触性服务是指顾客只是部分地或在局部时间内参与其中的活动,例如银行、律师、地产经纪人等所提供的服务。

③ 低接触性服务

低接触性服务是指在服务推广中顾客与服务的提供者接触较少的服务,其间的交往主要是通过仪器设备进行的,例如广播网、电话公司等提供的服务。

这种分类的优点是便于将高接触性服务从中低接触性服务中分离、突显出来,以便采取多样化的服务策略满足各种高接触性服务对象的需求,缺点是过于笼统。

(2) 综合因素分类法

此分类法从服务的综合因素着手,分别从不同的侧面进行分类。

方法1 根据提供服务工具的不同分为:

① 以机器设备为基础的服务,例如自动售货机、自动化汽车刷洗等。

② 以人为基础的服务,包括非技术性、技术性和专业性服务,例如会计审计服务、旅行服务等。

方法2 根据顾客在服务现场出现必要性的大小分为:

① 必须要求顾客亲临现场的服务,这样的服务要考虑环境卫生、设施等因素,例如身体

检查、理发美发、按摩美容等。

② 不需要顾客亲临现场的服务,例如汽车修理、成衣整烫等。

方法 3　根据顾客个人需要与企业需要的不同分为:

① 面对个人需要的专一化服务。

② 面对个人需要与企业需要的混合性服务。

方法 4　根据服务组织的目的与所有制分为:

① 营利性服务,以营利为目的的服务。

② 非营利性服务,以社会公益为目的的服务。

③ 私人服务,其所有制为私人所有的服务。

④ 公共服务,以社会主义全民所有制和集体所有制为主体、面对全社会公益事业的服务。

这种分类方法综合考虑各类因素,对其客观状态进行了分类,包容性较广。

(3) 服务营销管理分类法

此分类法吸收了前两种分类法的优点,并重点结合服务业的管理过程进行分类(如表 1-1 所示)。

表 1-1　服务营销的分类

服务的分类标准		服务的种类举例
1. 服务的直接对象	人	保健、美容、娱乐、教育、信息服务
	物	货物运输、干洗、兽医服务、银行、法律服务、保险
2. 服务活动的无形性程度	高	教育、信息服务、娱乐、银行、法律服务、保险
	低	保健、美容、娱乐、货物运输、干洗、兽医服务
3. 服务关系的时间性质	持续	保险、银行、警察、电台、灯塔
	间断	月票、俱乐部、电话、出租车、邮政、电影院
4. 服务关系的归属性质	正式	保险、银行、月票、俱乐部、电话
	非正式	警察、电台、灯塔、出租车、邮政、电影院
5. 服务对顾客个性的重视程度	高	法律、建筑设计、家庭教育、酒店服务、零售银行
	低	大规模教育、公共保健、公共交通、器具修理、电影院
6. 服务人员灵活处理的程度	高	法律、建筑设计、教育、公共保健
	低	酒店服务、零售银行、公共交通、器具修理、电影院
7. 服务需求的波动性	大	电话、消防服务、饭店、剧院、旅游交通
	小	保险、银行、法律服务
8. 服务供求平衡的难度	大	饭店、剧院、旅游交通
	小	电话、消防服务、保险、银行、法律服务
9. 服务提供的地点	单一	剧院、美发店、草坪保护、租赁、信用卡、社区电视台
	多	公共汽车、连锁店、邮政、应急修理、广播网、电话
10. 服务提供者与顾客接头的方式	顾客上门	剧院、美发店、公共汽车、冷餐连锁店
	提供者上门	草坪保护、租赁、邮政、应急修理
	双方随时接头	信用卡、电视台、广播网、电话

(4) 服务按性质可分为四大类

① 流通服务。包括零售、批发、仓储、运输、交通、邮政、电信等服务。

② 生产和生活服务。包括银行、保险、证券、房地产、租赁、咨询、广告、职业介绍、会计

事务、旅游、餐饮、娱乐、美容、家政服务等。银行、咨询、证券等属于生产服务。餐饮、旅游、娱乐、美容、家政服务等属于生活服务。保险、职业介绍、租赁、律师事务属于生产和生活兼顾的服务。

③ 精神和素质服务。为满足人们精神需要和身体素质需要的服务。其中教育、科学、文艺、出版业、宗教等服务于人的精神享受和精神素质的需要,而体育运动、医疗卫生、环境保护等服务于人的身体素质的需要。精神和素质服务的特点是:精神性、门类多样性、非营利性。

④ 公共服务。指政府机构(包括警察、军队等)提供的服务。包括通过提供公共物品(如水、电、气等具有实物形态的产品和教育、医疗等非实物形态的产品)和公共环境(如安全稳定的社会环境、秩序井然的市场环境、公平正义的法制环境、良好的就业环境等)这两种基本方式满足公共需要的过程。

由于服务内涵的复杂性决定了人们考察服务时会从不同角度去考察,因而导致了不同的分类法。

(二) 服务的基本特性

1. 利他性

服务是满足他人需要的活动,不是满足自己需要的活动。满足自己需要的活动,不能叫作服务。服务是不能自产自用的,只有满足他人需要的活动才可能是服务。服务离不开他人的需要,因此具有利他性的特点。

2. 交易性

服务是用以交易的活动。在市场经济条件下,满足他人需要的服务只有通过交易才能提供,离开交易,就不存在真正意义上的服务。例如,父母照看自己的孩子,自己照顾自己的父母,就不能称为服务。而保姆照顾他人的孩子,就可以叫作服务,这里存在着交易。

3. 无形性

服务本身是无形的或抽象的。不仅律师、护理、保姆这些纯服务是无形的,就是交通、金融、保险、餐饮、旅游、娱乐等具有有形实体成分的服务,本质上也是无形的。例如,餐饮业的菜肴、点心、酒、饮料以及厨师和服务人员是有形的,但这些实体服务并不是餐饮服务的本质,餐饮服务的本质是烹饪服务、就餐服务和酒或饮料的买卖服务,而这些服务是无形的、抽象的。

4. 所有权的不可转移性

所有权的不可转移性是指顾客在从服务中获取价值的同时通常并不获得对任何有形要素的所有权(食品服务和维修服务过程中的零部件安装是例外情况)。服务是一种人的活动,人的活动能被他人所享受,但不能被他人占有,因此服务本身不发生所有权的转移。不仅律师、保姆、护理等这些纯服务与所有权无关,就是餐饮、金融、房地产、美食等伴随所有权转移的服务,本质上也与所有权无关。

5. 易逝性

服务的易逝性是指服务不能被储存、转售或退回的情况。火车上或电影院里的一个位子,律师一个小时的时间是不能重新收回并在以后使用或重新出售的。这与有形商品可以存放在仓库或在另一天出售,或者由于顾客不满意而退货的情况形成鲜明对比。

二、民航服务概述

(一)民航服务的含义

根据"服务"的概念,结合民航服务实际情况,我们认为,民航服务就是以旅客的需求为中心,为满足旅客的需要而提供的一种服务。这个概念体现了这样的思想,即旅客是民航服务的核心和主体,民航服务人员、服务部门只是民航服务的客体。

这是从狭义的角度给民航服务所下的定义,但实际上民航服务的含义并非仅此而已,还有更丰富的内涵。

根据民航服务的实践,可以从下面三种不同的角度来认识、理解民航服务。

第一,从广义的角度看,民航服务不仅包括单纯的服务技巧,还包括航空公司所提供的各项内外设施,是有形设施和无形服务共同组合而成的有机整体。

第二,从旅客的角度看,民航服务是旅客在消费过程中所感受到的一切行为和反应,可以说是一种感受,也可以说是航空公司及服务人员的表现给他们留下的印象和体验。

第三,从航空公司的角度看,民航服务的本质是员工的工作表现。这是航空公司提供给旅客的无形产品,而这个产品具有消费和生产同时发生的特性,而且不可能储存。

综上所述,民航服务就是在服务人员礼貌、友善、和蔼可亲的接待态度中所营造的服务环境。在这个环境中,航空公司内外所提供的各种便利设施,对无形服务起着不可或缺的辅助作用。

良好的民航服务,应该让旅客能够产生温暖的、被了解、被关注的宾至如归的美好感觉,并由此达到让旅客渴望再次光临的效果。

(二)民航服务岗位的特征

通过深入分析服务岗位的工作特点,可以发现它具有知识型岗位和简单操作型岗位的双重特点,或者说是这两类岗位的混合体,具体有以下几个特点。

1. 一定的灵活性

民航服务岗位工作的灵活性在于其服务对象、服务场景的多变性。由于服务对象是活生生的人,而且服务场景不断变化,这决定了在工作过程中会有很多难以预料的情况发生,需要服务人员灵活处理,竭尽全力为顾客提供好服务。

案例 1-1:

某航班夜航从三亚飞往西安,但由于途中突然得知西安天气变坏,飞机只能备降在郑州新郑国际机场,而且机组人员和乘客当晚都只能在郑州过夜,第二天早上再飞往西安。而当时郑州的气温已是零下,从三亚登机的乘客们普遍衣着单薄,很多乘客的外衣装在行李箱里托运后身上只穿了短衣短裤。飞机在郑州落地以后停靠在外场,舱门一打开北风就迎面吹来,乘务长穿着大衣都感觉非常冷,她马上想到客舱里穿着单薄的乘客该怎么办?于是,乘务长召集组员商议,决定把机上的毛毯分发给老人和小孩,由乘务员们共同承担毛毯丢失赔偿的风险。后来毛毯也不够发了,乘务员就用自己的大衣裹着小孩、妇女,把她们送下飞机。尽管这架飞机上的乘客在旅途中遇到了意想不到的麻烦,但热心的乘务员却感动了他们,有些乘客事后还给航空公司写了热情洋溢的表扬信。

来源:赵颖. 民航服务岗位的工作特点及员工管理思路[J]. 交通企业管理,2010(09):58-59.

案例分析:从这个事例中可以看出,民航服务岗位经常会面对各种突发情况,其服务方式必须随之灵活变化,热情应对。

2. 一定的创造性

民航服务岗位的工作除像知识型岗位那样具有灵活性的特点外,还具有一定的创造性。其服务岗位的现有服务规程不可能囊括将要面对的所有服务环节,尤其是对于一些服务细节的处理更需要员工发挥创造力。

案例1-2:

在一个国际航班上,有个好动的学步儿童不断地将其橡皮奶嘴弄掉在地上。奶嘴每次落地孩子都会哭闹,必须有人为他找到橡皮奶嘴。一位乘务员拣起橡皮奶嘴后,用1根丝带系住橡皮奶嘴,并将丝带缝到孩子的衬衫上。这个孩子和他的母亲都非常高兴,坐在周围的乘客也站起来向这位乘务员表示谢意。

来源:赵颖. 民航服务岗位的工作特点及员工管理思路[J]. 交通企业管理,2010(09):58-59.

案例分析:空中乘务服务对象的多样化决定了工作手册中的操作规范不可能面面俱到,服务人员应根据现场情境创造性地发挥服务能力,为旅客提供最满意的服务。

3. 很强的主动性

主动服务是一种发自内心、充满真情实意的服务,其服务效果与被动服务效果差异明显。在服务企业流传着这样一个衡量微笑的标准,就是看服务人员微笑时是否正好露出8颗牙齿。实际上,真正让旅客感到愉悦的微笑标准并不是看露出的牙齿是多少,而是看微笑是否发自于内心,是否是主动地微笑。生硬的微笑与冰冷的面孔对于旅客来说是没有区别的。服务人员具备主动服务的意识,并能在旅客提出需求之前就察觉其需求而主动服务的行为,则会让旅客念念不忘。

4. 工作过程显性,工作行为具有可衡量性

民航服务岗位的工作过程一般都是外显的,这一点与生产操作型岗位有相似之处。乘客和管理者可以通过直接观察到的行为举止评价其服务质量。虽然民航服务岗位的员工不像生产岗位员工那样每个动作都能完全按规定要求做,但其工作基本流程是明确的,是有章可循的。

5. 体力付出较大

许多民航服务岗位承担较大的体力付出,大多表现为需要长时间站立、行走,尤其是在机坪工作的岗位(如飞行监护、监管等岗位),对身体健康条件提出了更高的要求。

案例 1-3：

山航地服部 2017 年春运保障圆满收官

2月21日，2017年春运正式落下帷幕，短短40天的时间，山东航空公司地面服务部全体员工牺牲小我，默默奉献，把爱心和真诚凝聚到服务的每一个细节中，把厚道和真情呈现在一言一行里，顺利保障了公司航班的正常运行及旅客出行。而地服人的辛苦付出和坚守，不仅换来了旅客幸福指数的提升，更重要的是服务旅客、助人为乐时收获了满满的认可和感动。

扎实部署，让回家之路更安全。

针对春运期间恶劣天气多发，严重影响航班运行安全的情况，地服部持续开展了安全教育和提醒，及时查隐患、堵漏洞，严格落实各项操作流程，加大检查和督促力度，不断提高员工安全意识、按章操作意识。员工登机前认真检查廊桥、客梯车是否湿滑，并提醒机场清洁部门及时处理；在登机时，密切关注登机系统提示的不正常状况，严格按章操作认真清点登机牌副联，避免出现错乘现象。配控人员密切关注航班动态，在临时增减旅客或货、邮、行李时，及时修正离港系统、舱单，并认真核对航班装机单、舱单、离港系统中货物、邮件、行李重量及装舱位置是否一致；在航班补班、备降时，严格按照流程操作，建立航班、核对航班号、油量、机组等信息。各岗位驾驶人遵守机坪运行规章，在雨、雪天气情况下，注意减速慢行，密切留意周围飞机、车辆的运行情况。

为应对春运期间旅客流量大、携带行李多的特点，部门增派引导人员，加强对大件行李的卡阻，及时提醒旅客进行托运，并重点关注旅客行李中是否存放锂电池、充电宝、烟花爆竹等危险品。根据统计，2017年春运地服部济南、青岛、烟台三地共保障航班11 400架次，同比增加912架次，没有发生一起不安全事件。

贴心服务，让回家之路更温暖。

在做好正常旅客服务的基础上，地服部充分借助鲁雁管家系统，提前获取特殊旅客信息，推出针对老、幼、病、残、孕等特殊旅客的关爱服务，重点做好引导、预留登机牌、协助登机、信息传递等服务，使每一位旅客有宾至如归的旅行体验。

1月30日农历大年初三这天，山东航空公司值机柜台前来了一名特殊的旅客。原来苏先生是一名聋哑人，他来到山航1号值机柜台前出示了自己的行程单，上面显示他将要乘坐当天下午的SC4874前往烟台。从苏先生的神情动作中看出，他似乎对登机流程并不是很熟悉，了解到情况后，地服人员通过纸和笔与旅客进行"交谈"，协助旅客填写"特殊旅客乘机申请书"，详细备注了乘机注意事项及航班登机口、航班到达时间等信息，随后又细心地为旅客选好座位并办理行李托运手续。引导旅客顺利通过安检，到达登机口与机组交接，旅客不断地用手语向地服人员表示感谢，一场无声的"交谈"这才结束。

春运中，出行的儿童也多了起来，2月8日，工作人员在早晨查询系统时发现，晚上的回航SC4934航班有一个20多人的儿童团队，这些孩子只有一位领队陪同。为了保证孩子们安全到达，地服部在保证夜航航班的前提下，主动加派人员保障该儿童团队。凌晨0:18，SC4934航班落地后，工作人员早已守候在廊桥口，旅客下机时，工作人员主动找到领队向其表达了协助护送儿童团队的意愿，领队非常感动，不住地说着"谢谢"。随后工作人员协助领队将孩子们排成一队，清点人数，多次确认无误后，护送着这群小天使安全到达出站口。虽然这只是一次普通的深夜守候,但在这个冬日寒冷的夜晚却让人倍感温暖。

2017年春运,地服部济南、青岛、烟台三地共计保障旅客1 323 792人次,同比增加277 029人次,其中无陪和特服旅客1 580人,累计收到表扬信(含致电95369客服)共142封,锦旗3面。

坚守岗位,让回家之路更顺畅。

春节是中国人一年中最重要的节日,在这举国同庆、阖家欢乐的温馨时刻,农历大年三十,天还没亮,地服人已经到达工作岗位开启了一天的工作;深夜来临,他们仍然抖擞精神站好2016年的最后一班岗。郭祎轩参加工作刚满一年,今年是他二十多年来第一次没有陪在家人身边过除夕。随着当日SC4736最后一名旅客登机,飞机于22:00提前关舱,提前2分钟(22:18)从郑州起飞。目送飞机离开后,他才拿出了手机,给自己家里报个平安,拜个年。当问到干航站后悔吗?他回答,第一次除夕不在家,开始还有些不习惯,但看到登机时旅客们的微笑,小朋友高兴地说叔叔新年好,他觉得很值。

1月31日大年初四,正值春运返程小高峰期间,19点30分,地服部南宁航站当班人员接到电话通知,SC4872航班南宁—烟台有一个15人的老年旅游团队,因高速公路严重堵塞,无法按时到达机场办理值机手续。由于团队大部分都是老年人,而后续几天回烟台已经没有空余位置,如果赶不上当天航班,春节期间就有可能长时间滞留在南宁,老年人身体肯定吃不消。当班人员立即与另一名工作人员简单沟通情况,分头开展保障工作,一人负责与营业部联系提取旅客信息,赶到结载处提前办理好所有登机牌,并与当班值机主任协调推迟关闭航班,还请求单独开放一个值机柜台给旅客托运大件行李;另一人前往候机楼3号入口处等待旅客,旅客到达后迅速引导旅客前往柜台办理托运手续,再带领旅客们走快速安检通道前往登机口。在两人的通力配合下,最终帮助该团队旅客顺利登机。

2017年春运路上,有旅客千里归家的艰辛,更有地服人携手同行的温暖。他们是旅客的摆渡人,因为他们,回家的路不再遥远,因为他们,回家的路不再漫长,因为他们,回家的路不再孤单。

来源:http://news.carnoc.com/list/392/392763.html。

(三)民航服务的原则

1. 真诚服务

真:真实、的确、实在。诚:真实的、实在的。真诚是社会赋予人做人的原则,是人类追求的共同目标。真诚是同事、朋友之间的交往得以持续下去的保证。真诚是一种美德,是一种境界,也是每个人应具备的交际品质。真诚不是智慧,但常常绽放出比智慧更诱人的光彩,有许多凭智慧得不到的东西,凭借真诚却可轻而易举地得到;以真诚待人的动机是以自己的真诚换回别人的真诚;真诚的反面是虚假、虚伪。

真诚要求员工做人做事要摆正自己的位置,要安分守己,守土有责。在民航企业里,摆不正自己位置的情况十分普遍,特别是在为旅客服务时,常常有混淆服务与被服务关系的情况发生。在民航企业内部管理方面,摆不正自己位置的情况更是十分普遍,部分员工一旦受到束缚,达不到目的,就会跳出来无端责怪他人,形成无原则的纠纷。

真诚要求人们注重自身的品德修养,成为一个真诚的人。一是勤于学习,二是勤于事务,三是懂得耻辱。

2. 感恩服务

感恩是对他人所给的帮助和恩惠表示感谢和感激之情。感恩是一种好习惯。感恩,说明一个人对自己与他人和社会的关系有着正确的认识;报恩,则是一种责任感。没有民众间的感恩和报恩,很难想象一个社会能够正常发展下去;一个没有感恩情怀,不知道感恩、报恩的民族,是一个没有希望的民族。

"感恩服务",即以一颗感恩的心去善待、呵护旅客,用心服务,用心沟通。我们的工作是谁给的,我们的工资又是谁埋单?旅客!所以,我们要感谢他们,是他们的信赖和支持让我们拥有为人民服务的机会。有能力为他人服务是我们生命中最幸运的事。"当我们有能力给予时要给予,生活才能没有遗憾。""把每一个旅客都当作你服务的最后一个对象,因为这一天肯定会到来。"

(四)民航服务关系

1. 企业机构图

按照理论上的企业机构图(如图 1-1 所示),企业基层员工处于结构的最下层,他们是支撑企业发展的中流砥柱;决策层处于结构的最上层,他们服务于管理者和员工。管理者服务于员工和旅客,而员工最终直接服务于旅客。

图 1-1　企业机构图

2. 民航服务关系现状

由于民航安全的需要,民航企业管理者过分强调权力一面(权力要求下级对上级的服从和服务),而很少或几乎不涉及服务下级的一面。这样的企业关系让员工无所适从:一方面,员工要服务于旅客,让旅客满意是职业的需要;另一方面,员工要服从或服务于上级,让上级满意是直接的生存需要。而这样两方面的服务要求在发生冲突时,两种完全相反方向的作用力,让员工常常有被"撕裂"的感觉,该让谁满意?这是大多数员工的困惑。

三、民航服务的分类

民航服务的分类,依据不同的分类标准或不同的分类角度,会出现不同的分类结果,因此就有民航服务的内容。

(一) 从是否涉及民航商品的价值转移分,民航服务可分为民航商品性服务和民航劳务性服务

1. 民航商品性服务

民航商品性服务是指为民航商品的转移而提供的劳务。民航的这种服务内容转移了民航商品的价值。具体可以分为三种:

(1) 同变换民航商品价值形成有关的服务。例如,航空公司从甲城市运往乙城市的货物,这个过程所提供的所有劳务都属于商品性服务。

(2) 同增加商品价值有关的服务。如空中餐饮与食物的加工,航空公司为其货主运送活体动物(如活鱼、珍贵动物等)所提供的容器、温度、含氧保证,候机楼内的餐厅、酒吧……这是一种加工性质的服务,通过这种服务,增加或保持了商品的价值。

(3) 为民航旅客、货主提供内容复杂的服务。如为了方便旅客购票,客货代理部门提供了方便旅客购票的服务措施,这些服务措施也许并不能增加机票这一商品的价值,但是能增加客货代理部门的销售量,提高航空公司的载运量。

2. 民航劳务性服务

民航劳务性服务是指不涉及民航商品本身价值转移的服务,主要是通过提供活动来满足旅客、货主的某种需要。民航劳务性服务涉及的范围甚广,可以说凡是涉及与民航商品价值无关或者基本无关的保障性服务,都属于民航劳务性服务。如候机楼的问询问题、外汇兑换服务、电话服务、复印服务,安检服务、机场的餐饮等。

(二) 从服务层次高低分,民航服务可以分为民航功能性服务和民航心理性服务

1. 民航功能性服务

民航功能性服务,也叫民航机能性服务,或称民航服务的硬件系统。主要指按民航商品价值要求所应达到的服务水准,包括物质保证条件和有形的制度保证等内容,至少包含以下三层含义:

第一层次,有关民航商品本身的服务。如客货代理机构,应向旅客公开各航空公司各航线的票价;允许旅客自由选择航空公司;对旅客所提出的问题进行准确、耐心的回答;办理售票时在规定的时间内办完有关手续;帮助旅客了解登机、乘机常识。

第二层次,有关保障措施、设备的服务。这里包括的范围比较广,如对于航空公司而言,机型、航班正常率、航班延误或航班取消情况下的各种补救措施与服务的具体内容;再如,机场候机楼是否设有贵宾休息室、母子候机室,母子候机室是否有玩具、哺乳用具;候机楼是否有完善的信息传播系统、是否真正发挥作用;等等。这些都是检验机场候机楼功能完善程度及反映民航功能性服务水平的标志。

第三层次,有关民航商品价值所必须达到的服务水准。很容易理解,民航旅客中的头等舱购买者、重要旅客等,从购票、候机、办理乘机手续、空中服务、纪念品的档次方面理应不同于普通旅客。

2. 民航心理性服务

民航心理性服务,亦称民航精神性服务或人的服务。这是一种高级的服务内容。在民航服务工作中,物质环境条件的满足仅仅是一方面,因而也是非常有限的层次较低的基础性服务;给予旅客、货主以心理(精神)上的满足会使他们对民航服务的印象良好。民航心理服务包括民航企业服务人员的仪表、气质风度、精神面貌、文明礼貌、语言艺术、与旅客的心理距离、处理服务冲突的艺术等内容。

(三)从旅客、货主接受民航服务的时间顺序分,民航服务可分为事前服务、事中服务和事后服务

1. 事前服务

事前服务指民航旅客、货主未接触民航企业的服务前一段时间,民航企业对旅客、货主所做的服务内容。如航空公司通过一定的媒体,向旅客介绍航空旅行知识,向旅客推荐某一航线,从旅客的经济利益等因素出发,介绍什么情况下选择何种交通工具……事前服务对于旅客来说,他最想先得知的就是航空公司航线的航班是否方便自己的旅行,票价处于什么档次,对航空公司安全和整点的信心……民航事前服务更多体现在公关、广告宣传等服务内容上。在心理服务内容上,民航企业服务经营方针的确定、服务气氛的形式、有关服务人员的言谈举止等都会吸引旅客愿意接受民航企业的服务。

2. 事中服务

事中服务指旅客从购买机票,到达旅行目的地全过程中,民航企业所提供的服务。要使旅客满意,服务应该做到几个基本原则:当好参谋,及时解答,提供方便,遇到特殊困难有人帮助。

3. 事后服务

旅客到达目的地并不意味着民航企业与他们建立的服务关系的结束。如果这时能针对他们的一些需要提供一些事后服务,可以使他们对民航企业增加信任感,促使他们成为"回头客"。

(四)按旅客的需要层次分,民航服务可分为功能性服务、便利性服务、享受性服务和知识性服务

1. 功能性服务

这里所讲的功能性服务除了民航商品价值要求应达到服务水准外,还包括满足旅客的

生理要求。如机场餐饮公司向旅客提供价廉物美、适合大众口味、清洁卫生的饭菜,以满足他们消除饥渴的生理需要;机场宾馆要有适宜休息和睡眠的环境和必要的卫生设备,以满足旅客消除疲劳的生理需要。

2. 便利性服务

便利性服务可以满足旅客求方便的要求。如机场餐厅不但能让旅客吃上价廉物美、饭热菜香的餐食,还要求供应快捷,让过境旅客随到随吃。一个现代化的航空港应有文娱场所、购物中心、停车场、出租车队……这种整体的服务,使旅客处处感到方便。

3. 享受性服务

享受性服务满足旅客舒适的要求。如机场候机楼整体布局和楼内陈设给人以美感,能提供丰富多彩、健康充实的物质和精神生活内容(如音乐、电视电影、图书等);服务人员的服饰、语言、态度,服务内容的适时、恰当、具体、趣味、实惠、可靠及使旅客感到意料之外的服务,这些都会使旅客感到接受民航服务是一种享受。

4. 知识性服务

知识性服务满足旅客扩大视野的要求。如介绍一些航空运输旅行知识、飞机所飞越地区的人文文化景观、旅游景点奇闻怪景等。

每个分类中的不同内容,它们之间是紧密联系的,只是从不同角度说明了其服务的特性。这些分类使我们明确服务应该是多层次、全方位的,并且有助于理解民航服务的广义和狭义之分。

四、民航服务的误区

随着我国国民经济的飞速发展和综合国力的不断增强,我国民航业也得到了快速发展。同时随着航空市场的逐步放开,外资航空公司凭借国内航空公司加入航空联盟、与其签订代码共享协议以及我国第五航权的开放等机会进军中国航空运输市场。目前中国民航正经历着"发展的阵痛",在服务质量提升上还处于探索之中,认真找准问题,有针对性地采取措施,改善服务至关重要。

(一)理念、认识上的误区

1. 对行业认识的误区

民航是个服务行业,这似乎人所共知。但是,在民航业内部还有一些老员工的内心并不认可这样的划归。他们还在怀念20多年前计划经济体制下的民航,那时的民航工作者令人向往,人们只有凭介绍信才能乘机。尽管中国民航已经随着改革深入走入市场经济的大潮,但在他们内心深处还不愿接受民航是一种大众交通工具的概念。这种对现实行业服务特质的不认可,致使其在为旅客服务时常常存在较大的心理落差,遇到问题时常常不是积极主动地去协调、沟通、解决,而是不满、抱怨甚至发泄。

2. "伺候人"的观念误区

民航企业中一些年轻职工(尤其是刚走出校门的毕业生)对服务业的理解还比较肤浅,他们对工作有一种单纯而片面的理解,认为找一份薪水高、不加班、冬夏有空调甚至最好一年有两次假期的工作比较体面。当他们来到民航后发现"理想"与现实存在差异,面对每天琐碎而有时还显得身份低微的工作,在对旅客的服务中就表现得缺乏耐心,有时得过且过,很难坚持发自内心地微笑服务。从另一个角度看,在旅客的眼中,民航工作人员的工作十分"体面",他们在良好的环境中从事服务工作,就应该周到耐心、态度温和、彬彬有礼。由于服务与被服务两方面观念不同,当遇到矛盾和问题时,民航服务人员难以站在旅客的角度去解决和处理,而旅客也难以理解服务人员的工作态度和处理方法,从而容易使服务工作陷入困境。

3. "打发人"的观念误区

由于有些人的服务并不是真正地发自内心,因而有时有的服务人员面对旅客就会持一种"打发人"的态度,遇到一些特殊情况时也常常不负责地拖延处理。例如,航空公司在处理航班不正常问题时都有一定的预案,但有的工作人员在执行时往往会有意无意地拖延处理,似乎能拖就拖,能够不给旅客补偿的就不给,能够少给一点的就少给一点,把旅客打发走了事。事实上,越是拖延到最后越难处理。

(二)服务标准化的误区

民航服务一直以来都在坚持标准化和职业化的服务管理,规定了各类具体的服务标准,用服务标准来衡量、规范服务质量。民航服务的标准化塑造了其在国内各种交通方式中独特的形象,有利于主管部门对民航服务质量的量化管理,保障了民航的整体服务品质,也成为引领各种交通方式提高服务质量的标杆。然而过度的标准化、唯标准的标准化服务也制约了民航服务品质的进一步提升。从某种角度看,服务标准成为约束民航企业和员工的行为准则,因为标准只规定了服务质量的最低要求,最高要求应该是旅客满意。如果以标准化未涉及作为企业或员工"不作为"的借口,拒绝旅客合理、合法、合情的要求,标准化就走入了误区。另外,如果不能积极主动地为旅客提供"差异化"的服务,教条式的标准服务就难以获得旅客真正的满意。

(三)服务问责误区

1. 责任模糊的误区

目前民航业已建立了分类齐全的行业法规体系,但是许多企业及员工对责任划分还不清楚,因而在面对旅客时过分地小心翼翼,担心摊上不必要的麻烦。在民航企业的管理中,如果责权利不明确,如果没有必要的培训教育,如果没有合理的服务流程,那么服务出现问题就应该由企业来承担责任。模糊不清的责任界限,不问青红皂白的问责,都会让员工在任何情况下对旅客唯唯诺诺,从而导致个别旅客有恃无恐地违法胡闹。只有明确员工责任,才能让员工在明确界限的情况下有理有节地规劝、阻止旅客的错误行为。通过清楚的责任划分及时化解服务矛盾,才是问责的目的。

2. 责任承担的误区

由于认错就可能让企业及其员工做出某些牺牲,因此许多员工不愿为服务矛盾负责,不愿认错,一味地遮掩、辩解,以免自己承担责任。

(四)航班延误处理误区

1. 回避拖延

航班延误一直是困扰民航业的难题,而由此带来的一系列服务问题更成为难中之难。目前,乘坐飞机出行逐渐成为大众消费,对于航班延误,个别旅客不能用合理、合法的手段来维权,不理性的吵闹甚至暴力冲突事件时有发生,给航空公司带来一些负面的影响。表面上看,这些旅客不能合法维权是主要原因,而深入来看,有些民航企业处置不够果断有力也是直接的原因。当航班延误发生时,有的相关企业及其工作人员总是刻意回避拖延问题,矛盾就随着时间的推移而渐渐发酵,直至彻底爆发。如果能第一时间发布信息,第一时间提供相关服务,第一时间进行沟通协调,第一时间妥善安置……就可能大事化小、小事化了,把矛盾消除在萌芽状态。

2. 忽略旅客被"尊重"的心理需求

当航班延误时,了解旅客的真实需求,解其所急,提高服务水平才是避免冲突的良方妙药。一些民航企业及员工常抱怨被延误旅客没有给予服务人员应有的尊重,但如果换位思考,自己是否给了旅客应有的尊重呢?有调查显示,当航班延误时,37.24%的旅客最期望能更换航班或换乘其他交通工具及时成行,18.71%的旅客希望民航企业及时通报航班延误情况,17.86%的旅客希望获得现金赔偿,10.54%的旅客希望获知航班延误的真实原因,8.42%的旅客希望知道相关赔偿措施。知情权和选择权,这两个作为普通消费者最基本的权利,在航班延误时是否让旅客得到满足呢?如果在航班延误处置过程中旅客被"尊重"的权利被忽略,出现矛盾的主要责任就不应该在旅客身上。

3. 讳疾忌医

在处理航班延误时,一些民航现场工作人员对自身存在的问题有一种讳疾忌医的心态。之所以这样,主要有三个方面原因:一是部分员工本能的恐惧心理。当航班不正常时,由于现实中发生过一些旅客非理性的行为,有的员工担心再有类似事件发生而尽量逃避现场、避免与旅客面对面,使旅客不能及时得到正常的信息和服务,从而有可能引发新的矛盾甚至群体事件。二是信息沟通渠道不畅通。一方面由于机务、运控等相关部门的服务意识不强,没有充分认识及时、准确地公布航班延误信息的重要性;另一方面则是由于很多延误信息需要从对方场站获取,但对方场站信息传递不及时,最终导致地面服务人员无法向旅客提供需要的信息。三是服务人员没有接受系统、全面的服务沟通技巧的培训。在航班延误时,面对形形色色的旅客,许多新员工很少或者几乎不会独立处理这样复杂的事件,面对突发事件会束手无策。

（五）重硬件、轻软件的误区

近几年，随着我国服务经济的快速发展，民航运输已由"卖方市场"转变为"买方市场"，航空企业面临前所未有的内、外竞争压力。在这种大背景下，各大航空企业都在下大力气改善服务硬件，从引进最新机型到更新客舱设施，再到提高机上餐饮标准，航站楼从实用到豪华。这确实在一定程度上缩小了我国与国际民航在服务硬件上的差距。但是，在社会发展进步的今天，航空服务应该超越简单的物质层面，更致力于一种良好的服务氛围的建立，致力于服务软件的提升。

五、民航服务人员的基本要求

民航业是我国国民经济中发展最快的行业之一，要支撑如此庞大的产业，提升我国民航服务从业人员队伍的职业素质显得十分关键和紧迫。职业素质是指从业者在一定生理和心理条件基础上，通过教育培训、职业实践、自我修炼等途径形成和发展起来的，在职业活动中起决定性作用的、内在的、相对稳定的基本品质。它强调职业性，表现为不同的职业对素质的要求不一样。民航服务是民航业的核心和本质，具有综合性强、服务性强、关联度大、开放度高等特征。服务人员的知识、技能、道德是支撑一种职业的内在力量，下面就从这三个维度尝试论述。

（一）职业知识

职业知识是民航服务从业人员的职业基础。作为专业化的民航服务从业人员，首先应具有扎实的文化基础知识，即通过规范化的教育和积累获得的在社会科学、自然科学、哲学等方面的较系统的普及性知识，它是知识素质中的基础。一般情况下，民航服务从业人员知识面越宽越好。礼节礼貌既是个人修养和内心情感世界的外露，也是优质服务的重要内涵。在民航接待中，要使用敬语，要提倡微笑服务，要懂得接待中介绍、问候、握手或其他礼节的顺序及有关知识，要懂得不同国家、不同地区在接待习俗上的差异，还要讲究与旅客交谈的语言艺术及表情、体态等。除了本岗位的服务常识、技能、技巧和礼节礼貌常识外，从业人员还应懂得一些发生意外情况时能发挥作用的知识，如风景名胜知识、交通知识、邮电知识、货币和保险知识、卫生和救护常识、节气和天气常识等。专业化的民航服务从业人员当然应具有过硬的专业知识，专业知识在知识素质中处于高端，是服务从业人员个体迈向职业生涯顶端的必备条件。

（二）职业技能

职业技能是民航服务人员职业素质的核心。民航服务人员在服务活动的全过程中，为完成各项服务工作任务必须具备相应的技能，它是指从业人员从事服务工作的一系列行为方式及智力活动方式的总称。从抽象概括的角度，服务人员的职业技能分为一般技能、专业技能、特殊技能三个层级。一般技能是从业人员在服务活动中满足旅客的一般需求；专业技能是从事各项服务工作应具备的诸如沟通、接待、急救等方面的技能,它们是开展民航服务工作的最低要求,是从业人员入门的基本条件;特殊技能是指满足民航服务所需要的设备、应变、开关舱门等方面的技能。在这三个技能层级中,一般技能是基础,专业技能是主体,特殊技能是实力支撑。

(三)职业道德

职业道德是服务人员职业素质的灵魂。职业道德是人们在履行本职工作中所遵循的道德准则和行为规范的总和,它既是对本职人员在职业活动中行为的要求,同时又是职业对社会所负的道德责任与义务。每个从业人员,不论从事哪种职业,在职业活动中都要遵守道德。民航服务人员的职业道德是在服务旅客的过程中,处理与旅客关系以及个人与公司、国家之间的关系时所应遵守的职业行为准则。首先,民航服务人员要树立"服务、敬业"的职业理念,才能在多种服务项目中理性地站在责任、道德的认识高度承受强大的劳动强度。其次,民航服务人员要培养"忠诚、乐观"的职业态度。民航服务从业人员只有选择积极、乐观、忠诚的情感、态度,才能从容应对职业活动中的各种问题、化解各种矛盾。传达到言行上就是态度和蔼、用语文明、礼貌待客、服务周到;体现在职业形象中则为热情、好客、微笑、阳光。最后,民航服务人员要遵循"严谨、自律"的职业操守。职业操守是人们在职业活动中所遵守的行为规范的总和。一个人不管从事何种职业,都必须具备良好的职业操守,否则将一事无成。

职业知识、职业技能、职业道德是职业素质的重要构成。其中职业知识是基础,职业技能是根本,职业道德是灵魂,它们紧密联系,相辅相成,共同制约、影响着民航服务人员的职业素质。

案例 1-4:

海航"最美空姐"跪地为失助老人喂饭

又是一年"候鸟"归琼季。在"候鸟"飞琼的万米高空上演了温暖感人的一幕,让这个冬日不再寒冷。海南航空乘务长跪地为压迫神经无法握勺的老人喂饭,感动得老人及周围乘客几度哽咽落泪,这一幕发生在 2015 年 12 月 8 日由郑州飞往海口的 HU7302 航班上。

"听到一位老人哭得好伤心,我们以为发生了什么事呢。"王女士回忆道,上前才发现是一位海航空姐单膝跪地在为老人喂饭,老人感动得失声痛哭,这让周围的旅客无不对这位空姐肃然起敬。

一次普通的航班飞行,海口乘务队乘务长樊雪松站在舱门口保持着笑容,迎接旅客登机。远远地,她看到机场地面服务人员推着一位轮椅旅客往舱门口走来。她赶忙迎上前去,交接中她得知,这位老大爷和老伴儿要去海口过冬,座位是 35H、35J。为了方便老人乘机,樊雪松其实早就打算将老大爷调整到经济舱第一排的座位,恰好 31H 座位空着,樊雪松很快安排老人先入座。心里盘算着,等航班平飞后,再协调老大爷的老伴儿坐过来照顾。

航班正点起飞,一切犹如往常一样普通。

当天的乘务组由 5 人组成,樊雪松是乘务长,还带着新乘飞行。客舱内氛围轻松愉快,乘务组紧张而有序地准备着餐食。但此时樊雪松有点儿小遗憾,大爷老伴儿的座位没能协调下来,她在想,既然无法调换,那就多照顾老人一些吧。

发餐时间到了,细心的她特别留意了老人家。她突然发现,老大爷用餐时显得特别"别扭",大爷拿着餐勺的右手有点儿发抖,头也低不下去,勺子里的饭根本无法顺利地送入口中……她赶忙走过去,蹲下来问大爷:"大爷,您是不舒服吗?"大爷模糊地应了一句,但说话不太利索。

樊雪松仿佛明白了些什么,她笑着跟大爷说:"您别着急,我来喂您吃吧",大爷点了下头,"米饭有些硬,不太好嚼,咱们吃面条,行吗?那个软些……"看着大爷肯定的眼神,樊雪松明白了,她像老人的闺女一样,一口一口地给老人喂着饭。刹那间,老人哽咽起来,泪水滴落在樊雪松的手心里,是暖的。

此情此景感动了周围的旅客,大家纷纷赞扬海航空姐的真情服务。就连刚刚没协调下来换座位的旅客,也主动上前表示,自己要跟老人的老伴儿换座位。樊雪松的鼻子也有些酸,泪水湿润了眼眶。也许是因为一些同情心,也许是因为自己的服务工作得到了这么多旅客的认同,并将这份认同转化成爱的暖流温暖着这冬日里的客舱,传递到了每一个角落,温暖着每位旅客的心灵。

老人家属被感动哭了,还没来得及说声谢谢。

听闻此事,国际旅游岛商报记者联系到在飞机上感动流泪的牛大爷,牛大爷已经71岁了,退休前是知名的医学教授,两年前因脑梗而瘫痪。记者采访时,牛大爷尽力地发出声音,用含糊不清的语言告诉记者:"是个……好……姑……娘……",牛大爷的妻子陈阿姨介绍说,12月8日乘海航的飞机到海口,被空姐感动哭了,这两天海南的空气很凉,但是回忆起飞机上温暖的一幕,觉得很温暖,"我们还没来得及和那个漂亮的姑娘说声谢谢。"

截至记者发稿,牛大爷又发来信息,信息上说:"我虽然说不出话来,但可以用一只手打字,我是河南新乡的医学教授,全国卫生职业教育内科研究会会长……飞机上的空姐给我送一盒面条又喂我,我感动哭了,旁边的一位女士说,这种精神真感人,她得赶紧拍下这一幕;空姐说不用拍,应该的,老人有病,她应该这样做,这时我又哭了,她又给我擦鼻涕擦眼泪,我将来到哪里都要宣传海航空姐的这种精神,这就是大爱!"

当事空姐平等仁爱,海航乘务员都会这么做。

飞机上海航空姐樊雪松单膝跪地喂老人吃饭那感人的一幕,被旅客偷偷拍了下来。航班落地了,樊雪松很快变成朋友圈的"刷屏之星"。有微信网友评价:"今天的HU7302航班出现了如此感人一幕。有位老年旅客因为神经压迫造成右手无法动弹、无法说话,海航乘务长樊雪松发现了就蹲下给老人喂饭,老人感动但说不出话,数度哽咽。若不是心中有大爱,定不会有此情此景,这位乘务长好美!"

其实,对樊雪松而言倒真没想那么多。樊雪松说:"我想,这应该就是'爱'吧。每位海航乘务员遇到这样的情况都会这么做的,它源于海航服务精神的'平等仁爱'要求,根植于每位海航人共同的信仰,也是每位海航乘务员追求的核心行为准则。"

在接受记者采访时,樊雪松说,每个人都有老去的一天,候鸟老人不管在哪个城市生活,他辛苦了一辈子,年轻的时候为社会做过贡献,我们有责任和义务为前来休养的候鸟老人提供尊重和关爱,善待老人是我们每个人都应该做的。

海南的冬日,云淡风轻,很暖心。

来源:http://news.0898.net/n/2015/1209/c231190-27281460.html.

拓展训练：

一、知识题

（一）填空题

1. 服务是具有＿＿＿＿＿＿＿＿却可给人带来某种利益或满足感的可供有偿转让的一种或一系列活动。

2. ＿＿＿＿＿＿＿＿就是以旅客的需求为中心，为满足旅客的需要而提供的一种服务。

3. 民航服务岗位的特征具有一定的灵活性、一定的创造性、很强的主动性＿＿＿＿＿＿＿＿、＿＿＿＿＿＿＿＿。

（二）判断题

1. 从旅客角度看，民航服务不仅包括单纯的服务技巧，还包括航空公司所提供的各项内外设施，是有形设施和无形服务共同组合而成的有机整体。（　　）

2. 职业道德是服务人员职业素质的灵魂。职业道德是人们在履行本职工作中所遵循的道德准则和行为规范的总和。（　　）

3. 服务标准成为约束民航企业和员工的行为准则，因为标准只规定了服务质量的最低要求，最高要求应该是旅客满意。（　　）

二、技能题

（一）典型案例 1

某旅客乘坐从杭州飞往北京的航班，在办理完登机手续后，被告知因机械故障改签至当天另外一航班上，旅客再三询问值班经理行李是否也转到该航班上了，被告知行李已经转到，会与旅客一起到达北京。旅客在航班上又请乘务长帮助确认，也被告知行李已转到该航班上了。但到达北京后，旅客没有提到行李，向工作人员询问被告知：行李依然在原航班上。旅客认为如果没有确认，为何要欺骗乘客。要求给予解释。

来源：http://news.carnoc.com/list/119/119261.html。

思考：针对上述民航服务事件，分析在服务过程中需要注意哪些问题？

（二）典型案例 2

旅客投诉，2008 年 6 月 15 日，其乘莫斯科—北京（计划 20:15 起飞）航班，登机后被通知因机械故障，旅客下机等待，在此期间无人出面解释，无餐饮服务。到 0:30 左右，工作人员才出现，通知航班延误 25 小时，接受安排住宿的旅客可获得 100 美元补偿，不住宿的补偿 200 美元。直到次日 9:00 才安排完全部接受住宿的旅客住下。17 日 11:00 航班到达北京首都机场后，一老年团占机不下，要求赔偿，最后他们获得每人×××元（人民币）的赔偿。投诉旅客认为此种做法客观上是在鼓励旅客占机、霸机，并强烈要求对没有在首都机场占机的旅客进行再次赔偿。

据调查回复，接到航班故障延误的通知后，莫斯科航站站长向旅客宣布航班顺延的时间，并做了解释工作。针对该航班的旅客，航站做了相应的安排。旅客如有能力自行安排食宿、交通，将得到××美元的补偿；其他需要国航免费安排食宿、交通的旅客，将得到××美元的补偿。因为航站人员紧张，未能安排工作人员共同前往。约 2:30，接到宾馆的来电，因旅客缺少入境卡和旅客签证已过期的原因,不能入住宾馆,于是马上与边检联系调出旅客的入境卡,将入境卡送到宾馆。这一批旅客安排妥当,已是16日早上7:00。另外9名旅客,其中有几位因签证到期,宾馆拒绝接受入住。航站将这9名旅客送往中国驻俄使馆招待所,请求使馆给予帮助。

来源:http://finance.ifeng.com/air/mhzj/20081119/674998.shtml.

思考:针对上述民航服务事件,分析在服务过程中需要注意哪些问题?

模块二

沟通基础与基本技能

学习情境一　沟通概述

 学习目标

1. 了解沟通的内涵与意义,感受沟通在交往中的作用。
2. 了解沟通的基本知识,体会沟通的必要性。
3. 感受以旅客为中心的服务沟通思想,初步判断自己在沟通中的不足。

 导引案例

航班延误过久,旅客拒登机,机长流泪沟通见真情

进入夏季,全国天气多变,不少航班受到影响。2017年8月8日,由于天气和流量控制原因导致长春—无锡—昆明航班延误,有7名旅客因航班延误时间过长在无锡拒绝登机。当班机长下机与这几名旅客进行交流,经过鞠躬、流泪、苦劝才说服这7人登机,化解了此次拒绝登机事件。

当日执行飞行任务的是红土航空A67136由长春—无锡—昆明的航班,受天气和流量控制原因影响,导致此次航班从晚上8时45分延误到第二天中午才起飞。然而,当航班通知可以正常起飞时,却有7名旅客因航班延误时间过长在无锡拒绝登机。据介绍,当时距离起飞时间仅有30分钟,无锡机场已通知机组做好减客准备,但机长叶蓓考虑到减客翻找行李会再次导致航班无法按时起飞,且拒绝登机旅客也会有更大损失,他决定前往候机楼与旅客进行沟通。

"自己也是为人子、为人父,非常理解他们的心情。"进入候机楼之后,叶蓓发现拒绝登机的旅客中有2名儿童和1位老人,在进行自我介绍后,他代表机组向旅客诚恳地鞠躬致歉,并认真聆听旅客的不满与诉求,经过诚挚地交流,旅客拒绝登机的态度得以缓和。叶蓓还告诉乘客,自己的责任和义务是将所有旅客安全送达目的地,因天气和流量控制原因导致的航班延误,是航空公司和机组都不想发生的,飞机上还有100多名旅客在等待飞机起飞。最后,叶蓓含泪激动地说:"我不忍心将你们丢在无锡,衷心希望你们可以与我们同行。"最终,7名旅客被其真诚的态度和耐心的劝说感动并决定登机。

据了解,此前因航班晚点、延误或航班被取消,航空公司的惯用做法是为旅客食宿埋单,若延误时间过长,还会进行一定补偿。但从2017年1月1日起正式实施的《航班正常管理规定》已改变这一惯例。新规明确,由于天气、突发事件、空中交通管制、安检以及旅客等非承运人原因,造成航班在始发地出港延误或者取消,承运人应当协助旅客安排餐食和住宿,费用由旅客自理。

对此,云南红土航空股份有限公司告诉云南网,在天气流控的情况下他们仍然为旅客安排了餐食和住宿,"这是超出局方规定的"。

来源:http://society.firefox.sina.com/17/0811/15/3NAOW72JGE5ZIKSY.html。

理论知识

众所周知,在信息化高速发展的通信时代,沟通是一件非常重要的事情。不论身在何处,面对什么样的人,良好的沟通可以达到事半功倍的效果。相反地,不良的沟通习惯不仅会伤害别人,更可能损害自己,因此,要懂得建立恰当的沟通模式来推动建立良好的人际关系。

一、沟通的意义与作用

(一)沟通的内涵

沟通(communication)指的是两个或两个以上的人或者群体,通过一定的联系渠道,传递和交换各自的意见、观点、思想、情感及愿望,从而相互了解、相互认知的过程。

沟通主要是通过有声语言、表情、身体动作和书面介质等途径进行的,经过双方将自己的观点、意见、情感、态度及其他信息与对方交流,使双方相互了解,在相互了解的基础上,排除干扰,建立信任,增加相互合作的机会。由此可见,沟通包含以下三个含义。

(1)沟通是双方的行为,而且要有中介体。其中,"双方"既可以是"人",也可以是"机"。本书主要阐述"人"与"人"的交流形式,并把着重点放在民航服务人员与旅客的信息沟通上。这是民航服务工作的重要组成部分。

(2)沟通是一个过程。沟通过程指的是信息交流的全过程。人与人之间的沟通过程可以分为:信息发出者把所要发送的信息按一定程序进行编码后,使信息沿一定通道传递,接收者收到信息后,首先进行译码处理,然后对信息进行解读,再将收到信息后的情况或反应发回信息发出者,即反馈。

(3)编码、译码和沟通渠道是有效沟通的关键环节。用语言、文字表达的信息,往往含有"字里行间"和"言外之意"的内容,甚至还会造成"说者无心,听者有意"的结果。而如果沟通渠道选择不当,往往会造成信息堵塞或信息失真现象,这些因素必须在沟通时加以注意。

(二)沟通的作用

沟通不仅是获知他人思想、感情、见解、价值观的一种途径,而且是一种重要的、有效的影响他人和改变他人的手段。在以人为本的企业文化中,沟通的地位越发重要,所做的每一件事都需要有信息沟通。

沟通的作用可以从信息、情绪表达、激励和控制四个方面去理解。

(1)收集信息使决策能更加合理和有效。沟通的过程实际上就是信息双向交流的过程,服务人员需根据信息做出判断,然后把信息转变为行动的过程。准确可靠而迅速地收集、处理、传递和使用信息是决策的基础。

(2)改善人际关系。沟通是人际交往的重要组成部分,可以解除人们内心的紧张等不良情绪,使人感到愉悦。在相互沟通中,人们可以增进了解,改善关系,减少不必要的冲突。

(3) 激励员工。沟通能使团队中的组织成员明确形势,告诉他们做什么,如何来做,没有达到标准时应该如何改进。在沟通的过程中,信息的接受者接收到并理解了发送者的意图之后,一般来讲会做出相应的反应,改变自身的行为。这时沟通的激励作用就体现出来了。

(4) 沟通对组织成员的行为具有控制作用。组织的规则、章程、政策等是组织内每一个成员都必须遵守的,对成员的行为具有控制作用。而成员是通过不同形式的沟通来了解、领会这些规则、章程、政策的,因此说,沟通对组织成员的行为具有控制作用。

二、沟通的结构

整个沟通过程由五个要素组成,包括信息源、信息、通道、信息接受者、反馈。这几个要素之间的相互关系,从图 2-1 中可以一目了然。

图 2-1　沟通五要素

(一) 信息源

信息源是具有信息并试图进行沟通的人。他们始发沟通过程,决定以谁为沟通对象,并决定沟通的目的。沟通的目的可以是提供信息,也可以是影响别人,使别人改变态度,或者是与人建立某种联系或纯粹为了娱乐。作为信息源的沟通者,在实施沟通前,必须首先在自己丰富的记忆里选择出试图沟通的信息。然后,这些信息还必须转化为信息接受者可以接受的形式,如文字、语言或表情等。

(二) 信息

从沟通意向的角度说,信息是沟通者试图传达给别人的观念和情感。但个人的感受不能直接为信息接受者接受,因而它们必须转化为各种不同的可为别人所觉察的信号。在各种符号系统中,最为重要的是语词。语词可以是声音信号,也可以是形象(文字)符号,因而它们是可被觉察、可实现沟通的符号系统。更为重要的是,语词具有抽象指代功能,它们可以代表事物、人、观念和情感等自然存在的一切。因此,它们也为沟通在广度和深度上提供了最大的可能性。

语词沟通是以共同的语言经验为基础的。没有相应的语言经验,语词的声音符号就成了无意义的音节,形象符号也成了无意义的图画。如果对不懂中文的人讲汉语,那对方就不能从你的声音符号里面获得意义,沟通也就不能实现。另外,即使是使用同一种语言的人,对于同一个语词,不同的人在理解上也常常是有区别的。因为对于任何一个语词的意义,不同的人都有不同的经验背景。由于不同的人在词义理解上存在差异,实际上完全对应的沟通是很少的,更多的沟通都发生在大致对应的水平上。日常生活中人们时常出现误解,也往往是由于对于同一个语词的理解不一致引起的。

(三) 通道

通道指的是沟通信息所传达的方式。我们的五种感觉器官都可以接收信息,但最大量的信息是通过视听途径获得的。日常生活中所发生的沟通也主要是视听沟通。通常的沟通方式不仅有面对面的沟通,还有以不同媒体为中介的沟通。电视、广播、报纸、电话等,都可被用作沟通的媒介。但是,心理学家的研究发现,在各种方式的沟通中影响力最大的,仍是面对面的沟通方式。面对面沟通时除了语词本身的信息外,还有沟通者整体心理状态的信息。这些信息使得沟通者与信息接受者可以发生情绪的相互感染。此外,在面对面沟通的过程中,沟通者还可以根据信息接受者的反馈及时调整自己的沟通过程,使其变得更适合于听众。由于面对面沟通能够更有效地对信息接受者产生影响,因此,即便是在通信技术高度发达的美国,总统大选时候选人也总是不辞劳苦地奔波各地去演讲。

(四) 信息接受者

信息接受者指接受来自信息源的信息的人。信息接受者在接受携带信息的各种特定音形符号之后,必须根据自己的已有经验,将其转译成信息源试图传达的知觉、观念或情感。这是一个复杂的过程,包括注意、知觉、转译和储存等一系列心理动作。由于信息源和信息接受者拥有两个不同但又具有相当共同经验的心理世界,因此,信息接受者转译后的沟通内容与信息源原有的内容之间的对应性是有限的。不过,这种有限的对应在更多的情况下足以使沟通的目的得以实现。

在面对面的沟通过程中,信息源与信息接受者的角色是不断转换的,前一个时期的信息接受者,则成了下一个时期的信息源。在日常生活中,每一个人都必须很好地了解如何有效地理解别人和被别人理解,了解沟通过程中信息的转译和传递机制。只有这样,才能提高沟通的有效性和准确性。

(五) 反馈

反馈的作用是使沟通成为一个交互过程。在沟通过程中,沟通的每一方都在不断地将信息回送另一方,这种回返过程就称作反馈。反馈可以告诉信息发送者和信息接受者接受和理解每一信息的状态。如果反馈显示信息接受者接受并理解了信息,这种反馈为正反馈。如果反馈显示的是信息源的信息没有被接受和理解,则为负反馈。显示信息接受者对于信息源的信息反应不确定状态叫作模糊反馈。模糊反馈往往意味着来自信息源的信息尚不够充分。成功的沟通者对于反馈都十分敏感，并会根据反馈不断调整自己的信息。

反馈不一定来自对方，也可以从自己发送信息的过程或已发出的信息中获得反馈。当人们发现所说的话不够明确，或写出的句子难以理解时，自己就可以做出调整。对应于外来反馈，心理学家称这种反馈为自我反馈。

三、沟通的特点

沟通不同于机器间的信息传递，也不同于大众传播，有其自身独到的特点。

（一）过程性

通过对沟通要素的分析可以看到，沟通具有较强的过程性。如果人为阻断或由其他条件干扰过程的正常进行，沟通就无法实现。并且，不仅要保持过程的完整性，还要注意过程各阶段的次序性。有时，仅仅打乱了次序就会歪曲信息的内容。接收了歪曲的信息，不仅达不到沟通的目的，甚至可能会起反作用。

（二）相制性

沟通的双方都是具有主观能动性的人，因而，沟通的"受体"是具有"主观能动性"的受体。这就意味着不仅在沟通之前，人们要分析双方的动机、目的和心理定式等，为发出信息"定格"，而且在沟通过程中，双方也都企图通过符号系统的表达影响对方，期望引发相应的反应。所以，常见的现象是，双方都既是发送者又是接受者，从而使沟通过程具有明显的相互制约性，并且在沟通过程中，双方各自不同的经验背景等都可能介入，从而使这种制约作用进一步加强。

（三）情境性

沟通不是在"真空"中进行的，因而必然受到时间、地点和情境条件的制约。这里所说的情境主要包括时间、地点是否恰当，双方各自的心理状态如何，当时氛围如何，彼此是否尊重，物质环境如何等。这也体现了沟通的复杂性。

（四）后果性

在沟通过程中，信息一旦发出并被对方破译，就会引起对方的反应，即出现后果。虽然在发出不当信息之后可以努力去弥补，对前词加以解释或修正，但话一出口，覆水难收，想让对方没有印象是不可能的。有鉴于此，民航服务人员在跟旅客说话时一定要慎重，要对自己说出的话负责任，否则就会影响沟通。

（五）一致性

要实现沟通，必须借助双方共同掌握的同一编码、译码体系才能完成，即双方使用同一语言或双方相互了解的暗示符号。特别是在沟通过程中双方经常地换位,更显示了这一点的重要性。

(六)无意识性

人们在沟通过程中,常常会发生口误,或者下意识地做出某种动作,显现某种神情,这些都体现了沟通中的无意识性。这种无意识的流露,在沟通中很重要,"说者无心,听者有意",常常是一个过程是否转向的关键,同时也为我们更准确地观察了解对方的真实用意提供了可能和机会。如经过一段时间的研究就可能发现,下意识地摸摸鼻子常体现尴尬,咬指甲显现出无聊,乱动腿反映出心绪不宁等。

四、沟通的种类

沟通的类型十分复杂,而且几乎每一种类型的沟通都与日常生活有着密切的联系。这里介绍几种人际沟通的主要类型。

(一)语词和非语词沟通

语词和非语词沟通(verbal and non-verbal communication)常被译成语言和非语言或言语和非言语的沟通。语词沟通指以语词符号实现的沟通。而借助于非语词符号,如姿势、动作、表情、接触及非语词的声音和空间距离等实现的沟通叫作非语词沟通。

语词沟通是沟通可能性最大的一种沟通。它使人的沟通过程可以超越时间和空间的限制。人不仅可以通过文字记载来研究古人的思想,也可以将当代人的成就留传给后代。借助于传播媒介,一个人的思想可以为很多人所分享。所有这些,没有语词是无法实现的。

在人类的一切经验当中,共同性最大的就是语词。因此,语词沟通是最准确、最有效的沟通方式,也是运用最广泛的一种沟通。一个人如果缺乏语言能力,那么与人沟通的过程就变得十分困难,有些沟通则根本无法实现。

非语词沟通的实现有三种方式:

第一种方式是通过动态无声性的目光、表情动作、手势语言和身体运动等实现沟通。

第二种方式是通过静态无声性的身体姿势、空间距离及衣着打扮等实现沟通。

第三种方式是通过非语词的声音,如重音、声调的变化、哭、笑、停顿来实现的。心理学家称非语词的声音信号为副语言(paralanguage)。有关的心理学研究成果揭示,副语言在沟通过程中起着十分重要的作用。一句话的含义常常不是决定于其字面的意义,而是决定于它的弦外之音。语言表达方式的变化,尤其是语调的变化,可以使字面相同的一句话具有完全不同的含义。比如一句简单的口头语——"真棒",当音调较低,语气肯定时,"真棒"表示由衷的赞赏;而当音调升高,语气抑扬,说成"真棒"时,则完全变成了刻薄的讥讽和幸灾乐祸。

(二) 口语沟通与书面沟通

口语沟通与书面沟通是语词沟通的基本方式。口语沟通是指借助于口头语言实现的沟通。通常提及口语沟通时，一般都是指面对面的口语沟通。而通过广播、电视等实现的口语沟通通常称作大众沟通或大众传播（mass communication）。

口语沟通是日常生活中经常发生的沟通形式。交谈、讨论、开会、讲课等都属于口语沟通。口语沟通是保持整体信息交流的最好沟通方式。在沟通过程中，除了语词之外，其他许多非语词性的表情、动作、姿势等，都会对沟通的效果起积极的促进作用。并且，口语沟通时可以及时得到反馈并据此对沟通过程进行调节。口语沟通中，沟通者之间相互作用充分，因而沟通的影响力也大。不过，与书面沟通相比，口语沟通中信息的保留全凭记忆，不容易遗忘。同时，沟通时沟通者对说出的话没有反复斟酌的机会，因而容易失误。

书面沟通指借助于书面文字材料实现的信息交流。通知、广告、文件、报纸、杂志等都属于书面沟通形式。书面沟通由于有机会修正内容和便于保留，因而沟通不易失误，准确性和持久性也较高。同时，由于阅读接受信息的速度远比听讲快，因而单位时间内的沟通效率也较高。但是，由于书面沟通缺乏信息提供者背景信息的支持，因而其信息对人的影响力较低。

(三) 有意沟通与无意沟通

在大多数情况下，沟通都具有一定的目的。这种沟通是有意沟通。但是，有时我们事实上在与别人进行着信息交流，而我们并没有意识到沟通的发生。在这种情况下，沟通是无意沟通。当然，沟通者有时为了某种特定的目的，也会故意使自己的有意沟通在信息接受者那里造成错觉，使他们看成是无意沟通。便衣诱捕扒手时，常常故意把钱包放在容易被小偷觉察的口袋里，甚至使钱包从口袋中露出一截，就属于这种情况。

有意沟通很容易理解。每一个沟通者，对自己沟通的目的都会有所意识。通常的谈话、打电话、讲课、写信、写文章，甚至闲聊，都是有意沟通。表面上，闲聊好像没有沟通目的，实际上，闲聊本身就是沟通目的，沟通者可以通过闲聊消磨时光、排解孤独。

无意沟通不容易为人们所认识。事实上，出现在我们感觉范围中的任何一个人，都会与我们存在某种信息交流。心理学家发现，如果你一个人在路上跑步或骑车，那速度常较慢，而如果有别人（不管你认识或不认识）与你一起跑，或一起骑，你的速度会不自觉地加快。同样的过程也发生在别人身上。显然，你们彼此有了信息沟通，发生了相互影响。你走在大街上，无论来往行人的密度有多么大，你也很少与别人相撞。因为你与其他人在走路过程中，随时都在调整彼此的位置，你在与许多人保持着信息交流。

(四) 正式沟通与非正式沟通

正式沟通指在正式社交情境中发生的沟通，而非正式沟通指在非正式社会情境中发生的信息交流。每个人在日常生活中都离不开这两种沟通。在正式沟通过程中，如参加会议，情人初次会面，发表讲话等，对于语词性的、非语词性的信息都会高度注意。语言上用词会更准确，并会注意语法的规范化。对于衣着、姿势和目光接触等也会十分注意。人们希望通过这些表现来为自己塑造一个好的形象,以便给别人留下良好印象。在正式沟通过程中,往往存在典型的"面具"效应,即人们试图掩盖自己的不足,行为举止上也会变得更为符合社会期望。

在非正式沟通过程中,如小群体闲谈、夫妻居家生活等,人们会更为放松,行为举止也更接近其本来面目。沟通者对于语词和非语词信息的使用都比正式沟通随便。每个人都会有体会,在自己家里或亲密好友家里同在上司家做客的感觉有着明显的区别。不仅心理紧张度不同,整个沟通过程也具有不同的性质。

(五)个人内沟通与人际沟通

沟通不仅可以在个人与他人之间发生,也可以在个人自身内部发生。这种在个人自身内部发生的沟通过程就是个人内沟通(intrapersonal communication)或自我沟通。比如人去抓握一个东西,全部过程都是由反复的内部沟通构成的。首先是眼睛看到东西,信息由传入神经传到大脑,然后由大脑根据肌体需要发出抓握指令,指令经传出神经到达肌肉,被肌肉接受并引起收缩。如果抓握动作第一次不够准确,还会发生一系列的信息反馈调节。

自言自语是最明显的自觉的个人内沟通过程。一个人在做事时常自己对自己不断发出命令,自己又接受或拒绝命令。小孩搭积木时,口中常念念有词:"这一块应该放这儿。不对,应该放这儿。对,就是放这儿。"这是典型的自我沟通过程。

自我沟通过程是一切沟通的基础。事实上,人们在对别人说出一句话或做出一个举动前,就已经经历了复杂的自我沟通过程。不过,只有在必须对一句话进行反复斟酌,或对一个举动反复考虑时,才能清楚地意识到这种过程的存在。自我沟通过程是其他形式的人与人之间沟通成功的基础。精神分裂症患者由于自我沟通过程出现了混乱,因而也不能与别人有真正成功的沟通。

五、有效沟通

所谓有效沟通,是通过听、说、读、写等载体,通过演讲、会见、对话、讨论、信件等方式,将思维准确、恰当地表达出来,以促使对方接受。

达成有效沟通须具备两个必要条件:首先,信息发送者清晰地表达信息的内涵,以便信息接受者能确切理解;其次,信息发送者重视信息接受者的反应并根据其反应及时修正信息的传递,免除不必要的误解,两者缺一不可。

有效沟通能否成立关键在于信息的有效性,信息的有效程度决定了沟通的有效程度。信息的有效程度又主要取决于以下几个方面。

(一)信息的透明程度

当一则信息作为公共信息时就不应该出现信息的不对称性。信息必须是公开的。公开的信息并不意味着简单的信息传递,而要确保信息接受者能理解信息的内涵。如果以一种模棱两可的、含糊不清的文字语言传递一种不清晰的、难以使人理解的信息,对于信息接受者而言没有任何意义。另外,信息接受者也有权获得与自身利益相关的信息内涵,否则有可能导致信息接受者对信息发送者的行为动机产生怀疑。

（二）信息的反馈程度

有效沟通是一种动态的双向行为，而双向的沟通对信息发送者来说应得到充分的反馈。只有沟通的主、客体双方都充分表达了对某一问题的看法，才真正具备有效沟通的意义。

六、沟通中应避免的失误

在日常生活和工作中，人们需要与各种不同层次的人沟通，如果发现自己与人交流沟通不当，想一想是否因为自己没能重视沟通。有了良好的沟通，办起事来就畅行无阻。沟通涉及获取信息或提供信息，在这种或那种之间，或对他人施以影响以理解你的意图并愿意根据你的愿望行事。然而，许多问题都是由沟通不当或缺少沟通而引起的，结果会不可避免地导致误传或误解。

（一）避免指出对方的缺点或错误

人们往往以为指出一个人的缺点或错误会让对方不高兴，所以通常对此保持沉默。确实在很多情况下，我们无论在礼节或是顾及对方感觉上，都不应直接指责别人的错误，因为这不仅可能会让谈话气氛尴尬，甚至使对方产生敌对心理，但是这并不意味着要隐瞒他人的错误。当发现对方有错误时，应该利用合适的时机指出来，而不是对此无视与沉默。

沟通的目的是相互提升和维护人际关系的圆满。如果能够发现对方的错误，并且用委婉适当的方法告诉他，一般情况下对方是会欣然接受的，因为实际上他可以因为接受指正而变得更好，他可能会感谢你，也可能更加佩服你，对双方关系来说都有加分。

（二）太快做出简单的评价

在遇到事情时，人们常会凭直觉或经验做出一个判断和评价。当对方叙述某件事情时，总是急于说出自己的意见。我们总喜欢给别人一个"好"或者"不好"的评语，就好像我们的意见是价值判断的原点一样。

或许我们内心会忍不住希望通过评论别人来满足自己的优越感和自尊心，因为当我们评论别人时，首先就已经自认为取得了评价别人的资格。然而，任何人都会对一个姿态高高在上的人感到反感。谈话的地位是平等的，对方可能只是想谈某个关于自己的问题，他告诉你，并不是因为他需要一个评价（他自己可能已经有这个评价），或如何解决问题，也可能他只是需要一个陈述发泄的渠道而已。

另外，当我们不得不发表自己的意见，对别人进行评价时，当然不应该隐瞒自己真正的想法。但如果只是"你是一个好人"或"你说得好"这类不痛不痒的评价，不仅不会使对方满意，也可能让对方变得不重视你的想法。因为这也表示你并不那么重视对方。因此，你必须针对需要具体评价的事，真正地"就事论事"，不敷衍，也不针对任何一个人。

在评价一件事情之前，不能带有任何成见，更重要的是，我们无法仅从一件事就能对某人进行简单的评价。

（三）盲目对别人说教

我们总喜欢告诉别人应该这么做，不应该那么做，这样做是明智的，那样做是错误、愚蠢的。我们总是自认为知道的比对方多，看得比别人清楚，因此完全有资格去告诉别人应该怎么做。如此一来，常常让一般的谈话变成了课堂对话，双方的角色也变成了老师和学生。

有时候，我们并不了解对方做一件事情的原委和情况。当别人犯错时，我们总喜欢用过于简单的道理说明对方做得并不正确。指出别人的错误，是一件"诱人"的事，即使会牺牲谈话的和谐气氛也在所不惜。但其实你应该试着从别人的角度看问题，这样也许就不会想说教，而更加倾向于使用理解、尊重和欣赏的方式和对方互动。就算真的想要帮助别人，也尽量不要用说教的方式令人不快。

（四）自以为是的"心理学家"

在潜意识里，我们都希望成为一个心理学家。我们经常对别人说"你知道得不够"或者"你想太多了"。即使我们并没有受过专门的心理训练，也觉得自己有一种天生的心理学家的本领，并且认为这样是正确的。

要知道，即使是心理学家也并不是仅仅从表面上的判断就能推测出每个人的心理状态，而是必须结合相当多的事实，才能谨慎得出结论。所以，不要在没有太多事实依据时无端地推测对方的心理，否则还可能因此让对方感到不悦。你能够看到的多是现象而已，只有透过这些现象，才有可能读懂一个人在想什么。

（五）有话就说的"直肠子"

我们经常说："我是个直肠子，说错话请大家别见怪。"好像以为说完这句话就能毫无顾忌地犯错一样。尽管对方可能会鼓励："有话就直说。"事实上，我们常因这样的说话方式和别人产生芥蒂，甚至发生激烈冲突。当谈话进行时，气氛看似融洽，但之后你可能很惊讶地从他人口中听到对方其实并不满意这次谈话。这说明了"直肠子"并不真的对沟通有帮助，实际上甚至破坏了双方的关系，只是当时对方碍于情面没表现出来而已。

直接指出对方错误会在不自觉间伤害对方。同时，也可能在不适当的场合说了不适当的话，而对别人造成伤害。所以，谈话中要尽可能委婉地表达想法。

（六）将意愿强加于人

命令就是当想要别人做某件事时，用非常肯定的语气告知对方，让人感到毫无商量余地。另外，想要别人同意你的意见时，可能会采取不容置疑的态度去取得他人同意。整个过程中，你看起来像是在与对方商量，但对方并没有表达意见的机会。

这两种形式给人一种威慑的力量，使对方无法反对你的意见。前者，对方会做你交派的事，但不会全力以赴，并且只希望这件事情尽快结束。后者，对方其实没有机会提出不同意见，你们只是表面上达成了一致。要让人为你做事，需要赢得他们真正的同意，但只有他们能说服他们自己,你必须把你的愿望变成他们的愿望。

(七)唱"独角戏"或让别人唱

有些人喜欢将自己或对方当成一面墙壁,让谈话的一方长篇大论,而另一方保持沉默。整场谈话中,沉默的一方不发表任何意见,但并不表示他们真的没有意见,而是当时的情况让他们只能沉默。这种情况并不可取。

所谓的沟通,已预设了一个前提,即谈话是双方的事。一场完美的谈话,必须双方积极参与,共同营造和谐的气氛。真正的谈话中,"独角戏"是唱不起来的。

(八)让"细节"毁灭你

日常交谈中很容易不小心犯些小错误。例如,穿着打扮其实很重要,却常不被重视。我们常认为才华、知识比较重要,而不是谈吐。即把一件事中属于"内容"部分的作用无限放大,而看轻了"技术"层面。殊不知,被看轻为细节的事物直接影响着谈吐。不注重细节的结果是,容易让人不喜欢与你交谈,甚至产生反感。

(九)没有搞懂就表达

如果无法准确地表达想法,那么会让对方感到疑惑,或是专注力不够。因此,必须尽量明确、完整地表达。表达的内容之所以含糊不清,很可能是你并没有真正弄懂、厘清自己的想法。想要表达得清楚而完整,一定要先弄清楚自己的想法,接着按一定的技巧顺序表达出来。

(十)转移话题

与他人交流时,难免会遇到较敏感或讨厌的话题,此时你可能会想换个话题,也或许你根本不想回答对方的问题。但是,不适合在特定的场合转换话题。一般情况下,最好不要轻易转换话题,因为轻易转换话题除了会让谈话者感到错愕,也可能使气氛变得尴尬。与人谈话时,如果不是太无礼的问题,尽量不要岔开话题。

拓展训练:

一、知识题

(一)填空题

1. 所谓_____,是通过听、说、读、写等载体,通过演讲、会见、对话、讨论、信件等方式将思维准确、恰当地表达出来,以促使对方接受。

2. 沟通不同于机器间的信息传递,也不同于大众传播,有其自身独到的特点:_____、相制性、情境性、后果性、_____、无意识性。

3. _____是指借助于口头语言实现的沟通。通常提及口语沟通时,一般都是指面对面的口语沟通。而通过广播、电视等实现的口语沟通通常称作大众沟通或大众传播。

(二)判断题

1. 有效沟通能否成立关键在于信息的有效性。(　　)

2. 沟通只能在个人与他人之间发生,不可能在个人自身内部发生。( )
3. 口语沟通是保持整体信息交流的最好沟通方式。在沟通过程中,除了语词之外,其他许多非语词性的表情、动作、姿势等,都会对沟通的效果起积极的促进作用。( )

二、技能题

（一）典型案例1

满脸是血:华人乘客在美国被暴力拖离飞机

2017年4月9日,美国有线电视新闻网和《芝加哥论坛报》报道,事件的起因源于美联航在乘客登机后临时决定其四名雇员需要乘机,而飞机超员,因此需要四名乘客下机为他们腾出座位。

按照国际惯例,飞机超员的情况出现时,航空公司需要为乘客提供补偿以引导他们改签。这起事件中,美联航先是向乘客开出了400美元的赔偿金,安排酒店住宿,并为其改签至翌日下午的航班。

当时,机上没有人接受这个赔偿,于是航空公司将金额提至800美元,在仍无乘客自愿改签的情况下,一名航空经理登上飞机,称将由电脑"随机"选出4名乘客强制改签。

一对被抽中的夫妇同意离开飞机,另一名据称是被打乘客的妻子同样答应了。只有这名亚裔乘客,因事由拒绝下机。

在这种情况下,航空公司原本可以另外抽选乘客改签,或者将赔偿金提高到1 350美元的最大金额。美联航发言人艾琳·本森称,她不能确定公司是否有另择乘客,但能明确的是,美联航并没有开出高于800美元的赔偿金,对此艾琳没有给出具体原因。

于是便出现了视频中引发舆论哗然的暴力场面。先是一名警察上前与该乘客交谈,随后又来了两名警察。双方的交谈很快中止,这名亚裔乘客被从座位拽下并在过道拖行,面部可见明显血迹。其间,男子还大喊:"我被选中或多或少因为我是中国人。"

来源:http://news.ifeng.com/a/20170411/50917842_0.shtml#p=1.

思考:针对这一事件谈谈在沟通中存在哪些问题,如果是你,如何就此事进行沟通?

（二）典型案例2

面对挑剔找碴儿的旅客

飞机下降安全检查时,22排A/C座的两位旅客还在打扑克,乘务员上前提醒旅客飞机已经下降,请他们将小桌板收起,这时C座的旅客说:"没有关系啦!"二人没有收桌板的意思。乘务员便跟旅客解释说:"再过几分钟飞机就要着陆了,为了安全,还是先请您将小桌板收起来。飞机落地后会有种惯性,小桌板正好对着胸腹部,万一发生紧急情况是十分危险的,而且还堵住了C座旅客的通道。"A座的旅客仍然不听劝告,乘务员见状,二话不说,伸手将扑克牌收好交给A座旅客,并扣上小桌板。C座旅客马上嚷道:"你们的服务实在太差了!一个航班就送一包小吃来打发我们。"乘务员向他解释因为这不是送餐航班,所以没提供餐食,旅客又嘟囔几句,乘务员觉得他是在找碴儿,便不自觉地脱口而出"你说什么",且说话语气生硬,表情也很差。C座旅客更生气了,说要投诉,乘务员这时才向旅客道歉,事情最后平息下去,旅客没有投诉。

来源:李永,张澜.民航服务心理学[M].北京:中国民航出版社,2006.

思考:针对上述服务案例,谈谈服务沟通中有哪些需要注意的地方。

学习情境二　以旅客为中心的沟通

 学习目标

1. 了解沟通的结构和原则。
2. 掌握航空公司与旅客沟通时的策略。
3. 了解民航服务沟通的层次与障碍。
4. 掌握航空公司与旅客沟通的原则。

 导引案例

沟通真的很重要

2016年5月25日,我乘坐昆明至成都的CA4416航班,因为配载平衡问题延误了一个多小时。这次航班由山航CRJ-700航班执飞,满员。

听说延误,顿时上机的旅客情绪开始焦躁起来,不停地按呼吸铃询问空乘人员。

此架飞机只配备了一名女空乘和一名男性安全员,该空乘在一个小时内几乎回答了机上所有旅客的各种问题,并耐心解释了配载平衡对飞机安全的重要性,赢得了机上绝大多数旅客的理解,旅客都静静地在座位上等待起飞,机上秩序良好。

来源:李永,张澜.民航服务心理学[M].北京:中国民航出版社,2006.

 理论知识

一、民航服务沟通内涵

民航服务沟通主要是指航空公司、民航服务人员与旅客之间的交流和沟通。

民航服务沟通是航空公司与旅客的信息交流,具体的沟通方式有广告宣传、公共关系、人员推销、销售促进,除了人员推销是双向沟通以外,其他三种方式都是单向沟通。对于民航运输服务来说,服务提供者在沟通时扮演着重要的双向沟通角色。服务沟通不仅能刺激需求,还有助于建立适当的旅客期望,是服务营销中必不可少的一个组成部分。

二、民航服务沟通的作用

(一)能让旅客获得有关产品的信息

航空公司通过使用多种沟通方式,可以增加旅客对公司产品的了解,获取更多关于企业的信息。比如,澳洲航空公司在广州的报纸、电视台、地铁站等媒体上做广告宣传,让更多的中国消费者认识该企业,同时也在广告宣传中提供了航空公司的电话号码、电子邮箱、官方网站等信息,让消费者更方便地联系该公司,从而增加了购买该航空公司机票的可能性。

(二)降低旅客购买风险

民航服务的无形性,增加了旅客的购买风险。服务沟通能够通过一些有形的展示为旅客提供有关的信息,减少旅客的感知风险。例如,图文并茂的宣传册能让旅客对航空公司有一个感性的认识,更详细地了解航空公司,图片上崭新、巨大的飞机可以增加旅客的安全感;笑容亲切、彬彬有礼的服务人员会让旅客感受到服务质量的提升,增强旅客购买的信心。

(三)管理旅客期望,实现旅客满意

旅客是否对一项产品或服务满意,取决于实际感受到的价值与旅客期望价值的关系。如果旅客实际感受到的价值与期望价值一致或者高于期望价值,旅客就会满意,否则旅客就会不满意。旅客的期望受到航空公司对旅客的承诺的影响,如果航空公司对旅客承诺太多,旅客的期望就会很高,一旦航空公司无法兑现承诺,旅客则会产生不满情绪。航空公司与旅客的良好沟通,能够使旅客获得适当的信息,产生合适的期望。

(四)树立公众形象,获得公众信任

服务沟通不仅向消费者、社会公众传递航空公司的信息,也向内部员工传递信息,使员工增强公司荣誉感,提升服务水准;同时,通过各种媒介进行信息的传播,树立航空公司良好的公众形象,在公众心目中留下正面积极的印象,从而获得公众的信任与支持。

案例 2-1:

尊敬的东方航空公司领导:

您好!

请原谅我的冒昧。

我是东航的常旅客,经常乘坐东航的飞机。我今天写这封邮件的目的是想让你们了解,你们有一位特别出色的员工,她就是服务在 2012 年 3 月 29 日 MU5623 航班上的于梅。

今天的航班因故延搁了约 7 个小时。在候机厅里,由于东航地面工作人员的解释和服务不到位,让所有的旅客都非常恼火,双方发生了语言冲突,甚至工作人员还叫来了警察维持秩序……这让很多旅客不理解,为什么东航把旅客当成了敌人。很多人都在抱怨说以后再也不乘东航的航班,或者在没有其他航空公司的情况下,才会考虑坐东航航班……我也是抱怨群体中的一员。但是我没有想到,当我们登上飞机后,我的感受有了巨大的变化,变化的原因就是于梅女士及同伴们的贴心服务,让我向你们描述。

登机时,我发现了这个乘务组的每个成员(尤其是于梅)都非常真诚地表示了对我们等待将近 7 个小时的理解,她们说:"你们辛苦了。"语音、语气、语调以及表情非常自然,同理心的表达恰到好处,真诚、毫不做作,完全是用心来说话,而不是按照既有的脚本读出来(我听过很多空姐的苍白和冷冰冰的语言)。其实她们可以不这样做,毕竟她们跟旅客等待 7 个小时没有关系。听到她们的问候,我的心里突然感觉非常温暖,抱怨的情绪消失了一半。

接下来她们的很多行为让我越来越惊喜,大到帮旅客摆放行李,小到回答旅客时的笑意,我突然间感受到了这个乘务组的成员很专业和敬业,这是我多年乘坐东航航班的经历中所很少看到的(请允许我的坦诚)。尤其是发放餐盒的时候,我认真地观察着于梅,于梅对每一个旅客都非常亲切、真诚并且礼貌。当旅客因为劳累没有明确的吃饭愿望的时候,她亲切地说"您多少吃一点吧",像亲切的姐姐,像孝顺的女儿,这种感觉像涓涓溪水流淌过干涸土地后,只有土地才能感受到的那种愉快。另外,在倒饮料的时候,当旅客说出自己的需求后,于梅会很柔声地对旅客表示感谢,并用专业的手法倒好饮料(避免溅到旅客身上);饮料送至旅客手中的时候,她会叮嘱"注意气泡""小心烫"……她的服务让我感动和欣喜,也让我对东航充满希望。榜样的力量是无穷的,她们应该作为被学习的榜样,借以维护东航的品牌形象和让所有的乘务人员清晰地知道什么是东航推崇的。相信通过于梅的带动,东航的服务水平将会明显提升。

我不知道这个乘务组是否是你们东航的标杆服务组,有这样高素质的员工,有这样认真、负责、敬业的团队,东航的明天还有什么不能实现的呢?

很遗憾我无法通过录像来记录于梅和团队在工作中的感人的画面,以上的文字也较凌乱。希望你们能够了解,作为客户,我被深深感动,我以后将会把东航作为我的首选!

另外,我今天与东航山东分公司客舱部济南分部的李瑾沟通了我的想法,我发现她也有很优秀的沟通能力和主人翁意识,东航有这么多人才,祝福你们!

东航常旅客　徐秀清
133×××3373
2012年3月29日

来源:http://www.airyc.cn/News/12918/.

三、民航服务沟通原则

沟通是思想在两个或两个以上人群中的传递或交换的过程,更常见的形式是信息的传递、反馈、互动的过程。其目的是实现人与人之间的相互影响、相互理解,以有效的沟通达到双赢。沟通的基本原则包括相互尊重、相互理解、主动沟通和包容沟通等。

(一)相互尊重

要想获得旅客的尊重,首先就要尊重他人。人们的思想和言行以至文化背景都是有差异的,承认这种差异的存在是一种理性思维。被尊重是人的本质需要,美国心理学家威廉·詹姆斯说:"人性中最强烈的欲望便是希望得到他人的敬慕。"人们渴望获得他人的认可和肯定,包括被给予尊重、赞美、赏识和承认地位。

尊重是一种修养,尊重是不分对象的,无论对方的身份和社会地位如何,都值得被尊重,而在心理上处于弱势的群体或身处逆境的人更需要得到尊重。尊重是相互的,只有尊重他人才能赢得他人的尊重,只有相互尊重才会有真正意义上的沟通。

民航服务人员应该通过对旅客提供优质服务来获得旅客的尊重,每家航空公司无论在地面和还是空中都有严格的服务流程,针对不同旅客群体提供富有个性化的服务。民航服务专业性极强,旅客在接受服务的各个场所都有知情权,如航班延误、取消、客舱服务等。只有专业的服务,才能得到旅客的认同,进而得到旅客的尊重。因此,实现相互尊重是旅客与服务人员良好沟通的前提。

(二)相互理解

每一个人看世界的角度都不尽相同,每一种审美的眼光都体现了自己的修养。素质好,文明程度高;素质差,文明程度低。差异的存在是世界多样化的特征。论语中有:"君子和而不同,小人同而不和。"意思是求同存异,不必求全。我们应该有胸怀去理解别人的不同观点,做到换位思考,在相互尊重的基础上,相互理解,这样才有利于进行有效沟通。

从旅客的角度出发,尽可能多地去了解旅客的生理和精神需求,理解旅客的情绪状态。在旅客出行中,遇到航班延误等情况很容易出现消极负面情绪,对此,民航服务人员不仅要给予充分理解,还要多关心、多疏导不良情绪,通过自己的努力和优质服务赢得旅客的理解与信任。

(三)主动沟通

主动就是"没有人告诉你而你正做着恰当的事情"。主动沟通是沟通的发起者主动寻找话题与沟通对象交流。在民航服务中,主动沟通可以满足旅客的知情权,可以避免旅客误会,可以化解矛盾,还可以将危机消灭在萌芽状态。

(四)包容沟通

中华文明历来崇尚"上善若水""有容乃大"等情操,这些思想表明了包容是一种胸怀,一种修养,一种人生境界。世界是多元的,人的个性又是多样的,哲学家提到"我们争论是因为我们看世界的角度不同",因而学会用他人的眼光看问题,容易更好地理解彼此的态度。

作为服务人员,我们会接触到各种各样的旅客,每一个旅客的爱好和需求千差万别。这就要求我们学会包容,包容他人的不同喜好,包容别人的挑剔。我们需要锻炼同理心,需要去接纳差异,需要包容差异。

四、民航服务沟通的层次

沟通一般可以划分为四个层次:第一是不沟不通;第二是沟而不通;第三是沟而能通;第四是不沟就通,这是比较高的层次。

(一)不沟不通

从本质上讲,不沟不通算不上沟通,甚至可以说是沟通的反面。但是将不沟不通作为沟通的起点,任何沟通进行前都是不沟不通的状态。不沟不通,是指人们没有沟通的欲望或沟通的必要,处于不相往来的状态。比如,两人虽然彼此认识,但是工作、生活基本没有交集,不需要"通",所以也没有"沟"的必要。在民航服务中,服务人员与旅客之间必须避免这种状态,没有沟通,服务根本无法完成。

(二) 沟而不通

中西方人在沟通方面存在很大差异,西方人有什么事都会讲出来,其看法是"我有事情,想跟你讲";中国人有什么事绝不会讲出来,其看法是"我有事情,根本不跟你讲"——我有事,为什么要跟你讲?由此可见,西方人的出发点是"我要说",中国人的出发点则是"我不跟你说"。就因为出发点不一样,结果也不一样。很多中国人学习了西方的沟通理论后,想在中国社会广泛应用,却往往造成沟而不通的现象。以西方人的沟通原则为基础,无论你开口说话,或者闭嘴不说,都可能沟而不通。在现实生活中,很多人都停留在沟而不通的层次。说了很多话,却达不到效果,无法达成预期的沟通目标,沟而不通。

要想改变沟而不通,最好是站在对方的立场来沟通,凡事以对方的利益为出发点。就算你说的话他不接受,至少他会思量一下。久而久之,就能获得对方的信任,这样沟通起来就方便得多。如果得不到对方的信任,你说的每一句话他都要考虑一下是何用意,沟通起来就相当困难。在民航服务过程中,经常遇到沟而不通的局面,比如航班长时间延误,航空公司又没有给乘客合理的理由和妥善的安置,就会出现当航空公司无论怎么沟通,旅客都不买账的局面,甚至有些时候会惊动机场公安参与解决问题。

(三) 沟而能通

沟而能通当然是人们喜闻乐见的情况。误会也好,分歧也好,只要沟而能通,都不是问题。中国人之所以不易沟通,首先是因为面子问题。也就是说,当对方觉得很有面子时,大多比较容易沟通。其次情绪问题也是影响沟通的因素,当情绪好的时候,不管说话的人如何唐突、冒犯、无礼,都能够心平气和地合理响应,一副大人不记小人过的模样。如果双方都能够有诚意、能包容、不计较,当然沟而能通,一点障碍都没有。在民航服务过程中,与旅客沟通时要注意把面子让给旅客,不要与旅客追求"平等",即使旅客有不满意的地方,也会不好意思再继续追究,否则只会换来旅客的不满甚至投诉。

(四) 不沟而通

不沟而通是一种艺术。高度的默契便是不沟而通,是一种难得的沟通美景。有时候人们不需要说话,光靠眼神、动作就能传达意思。不沟而通的关键在于双方的默契,而要建立默契,就要关注对方,随时随地注意对方的举动,不依赖对方的言语表达,却主动地捕捉对方的肢体语言。毫不关心对方,不注意观察对方的举动,当然无法不沟而通。只有将心比心,通过心与心的感应,使对方的心意能够畅通地传过来。心意相通,自然不沟而通。好的民航服务应该是预先服务,所谓预先服务,就是在旅客没有提出要求之前,服务人员就已经预见了旅客的要求。预先服务要求服务人员善于观察旅客,换位思考,从而判断旅客的需要,进而提供服务。旅客享受到服务后,会惊讶于没有提出服务要求,服务人员就做到了,从而为服务点赞,这在民航服务中就是不沟而通。

五、民航服务沟通的屏障

(一)语言障碍

世界语言丰富多彩,就是同一语言也存在不同的地方语系。由于语言不通或对语言表达的歧义,也会使我们的服务沟通出现巨大的困难。所以,作为民航服务的提供者,随着我国由"民航大国"向"民航强国"迈进,学习多国语言,了解语言的基本含义是做好服务工作的前提。

(二)经验障碍

过去的经验在某些时候可以帮我们解决服务沟通中遇到的难题,所以师傅带徒弟式的经验教育在民航企业中依然是很重要的培养服务员工的手段。但是,面对变化的市场、变化的旅客群体,过去的经验容易让我们固执己见,从而形成服务偏见,这时候的经验就成为服务沟通的障碍。

(三)文化障碍

在文化服务中,文化障碍是最大的沟通障碍之一。对文化障碍有两方面的理解:一是旅客的文化层次的差异、服务者的文化教育程度的差异;二是旅客、员工不同的文化成长背景带来的对同一事物、现象的不同理解。现阶段的民航服务冲突大部分是由这一障碍造成的。

(四)情绪障碍

人是有情绪的动物,而情绪又会影响人的正常思维和行为。当人处于郁闷、悲伤、愤怒等情绪中时,沟通障碍就已经产生了。

(五)沟通方式不当

不同的沟通对象,适合使用不同的沟通方式。如果选择了不当的沟通方式,双方的沟通将不太愉快,甚至将难以正常进行。

六、民航服务沟通策略

(一)民航服务人员的沟通策略

1. 规范职业用语

服务人员与旅客交流使用的职业用语应通俗易懂,服务人员应用简洁规范的语言提供耐心、细心的服务。

(1)服务常用的礼貌称呼

您、先生、小姐、女士、老大爷、大妈等。

(2) 问候用语

欢迎、早安、晚上好、您好、再见、欢迎登机等。

(3) 服务用语

请问,您需要毛毯吗?

很抱歉,航班由于天气原因延误了,我们会及时为您提供最新信息。

让您久等了。

请稍等,我会尽力解决。

请问,还需要我帮助吗?

对不起,我可以收拾小桌板吗?

洗手间现在有人,请您稍后。

对不起,机组没有医生,这就为您广播找医生。

对不起,是我弄错了,我立刻给您找一份。

是,马上给您拿来。

感谢乘坐本次航班,希望再次见到您。

……

(4) 特殊情况时服务用语

对不起,请您收起小桌板,就要着陆了。

飞机10分钟后要着陆,请您系上安全带。

请别让孩子在过道走,飞机颠簸得厉害。

对不起,女士,我能看看您的登机牌吗?

请不要这样。

听从指挥。

到这边来。

服从我的命令。

请您注意,不要在客舱内使用手机。

(5) 禁止使用的服务用语

嘿!

老头儿!

土老帽儿!

没有了!

供应没了!

你去告好了!

这不关我的事!

你问我,我问谁去?

不是告诉你了吗,怎么还不明白。

我忙不过来。

有能耐你告去,随便告哪儿都不怕。

……

2. 多听少说,给旅客留有余地

一般人在倾听时常常出现以下情况:一是很容易打断对方讲话;二是发出认同对方的"嗯……""是……"等一类的声音。较佳的倾听却是完全没有声音,而且不打断对方讲话,两眼注视对方,等到对方停止发言时,再发表自己的意见。民航服务人员在与旅客沟通的过程中,理想的情况是让旅客多发言,服务人员多倾听,才会越握有控制权。说话时用自在的态度和缓和的语调,旅客会更容易接受。

有些民航服务人员在与旅客沟通时,常常一开始就有意无意地否定了旅客的说法。服务人员虽然只是下意识地说出了一句或两句话,但这些话却十分不礼貌,不体贴对方,而且对旅客的言行予以全盘否定,不留一点余地,让旅客感到很是尴尬。有时如果遇到旅客心情不好,状态不佳,身体不适等情况,当听到服务人员说出不留余地的话语后,一定会感到更加刺耳,从而火冒三丈。因此,民航服务人员在与旅客沟通的过程中要多听少说,更不能说完全否定旅客言行的不良话语。

3. 说错话后及时补过

人非圣贤,难免出现错误。民航服务人员也是人,不论如何小心、注意,有时忙起来,也会不由自主地说出一些令旅客不悦的话。说错了话,得罪了旅客,应该怎么办好呢?最好的办法是,一发现自己说错话,就该马上改过或者道歉,千万不能一错再错。人的心理状态会随着对方语言的变化而发生变化。假如你不小心说了伤害对方自尊心的话,但马上追补一句得体的或是道歉的话,让对方感觉到你的诚意或者歉意,那么之前的伤害会减少许多。

4. 善于运用沟通三大要素

人与人面对面沟通的三大要素是文字、声音以及肢体动作。经过行为科学家60年的研究发现,面对面沟通时三大要素影响力的比率是文字7%,声音38%,肢体语言55%。一般人在与人面对面沟通时,常常强调讲话内容,却忽视了声音和肢体语言的重要性。其实,沟通便是要努力和对方达到一致性以及进入别人的频道,也就是你的声音和肢体语言要让对方感觉到你所讲和所想的十分一致,否则对方无法收到正确信息。

民航服务人员在服务的过程中要善于使用微笑服务,微笑是最坦荡和最有吸引力的表情,是服务人员美好心灵和友好诚恳态度的外化表现,是服务中与客人交流、沟通的美好桥梁,是民航服务人员化解服务矛盾的有效方式。

(二)航空公司的服务沟通策略

旅客购买航空公司的服务分为购买前、消费、购买后三个阶段,每个阶段的服务沟通重点不同,其沟通策略也有所不同。

1. 购买前阶段的沟通策略

旅客购买航空运输服务之前,航空公司就要开始与旅客沟通了。这一阶段的沟通策略

主要有以下两个方面。

(1) 树立企业形象

旅客购买航空公司的服务之前,由于对于无形的服务了解不多,因此会感知到不确定性和风险性。航空公司在这个阶段与旅客沟通的重点在于降低旅客感知风险,可以通过树立企业形象来实现这个目标。航空公司企业形象的树立,可以建立企业形象识别系统,设计独特的品牌标志,通过广告宣传将企业形象和服务产品广泛传播;还可以进行各种公关活动,增加与公众的接触,与公众建立良好的关系,在公众心目中形成良好印象,如倡导环保节能、为社会提供资助、开展企业活动并召开新闻发布会等。

(2) 注重承诺管理

购买前阶段的沟通,必须十分重视承诺的管理。第一,航空公司可以通过制作更有效的沟通广告,广泛宣传企业的特征与优势,对旅客做出承诺;第二,在沟通中可以使用专人或建立团队来确保信息的协调一致,便于旅客建立一致的印象;第三,承诺必须切实可靠,必须做出切合实际的服务承诺,切忌海口承诺,海口承诺只会提高旅客的期望,甚至使他们产生不切实际的期望值,当航空公司未能满足这些不现实的期望时,最终会影响他们的满意度;第四,通过提供服务保证(如保证在三天内送达货物,否则赔偿运费等)来增加旅客对企业的信任感,进而增加他们选择公司的概率。

2. 消费阶段的沟通策略

在消费阶段,旅客或多或少参与了服务的生产过程,为了使旅客的感知质量有所提高,航空公司与旅客的沟通重点在于通过向旅客提供清晰的服务流程,将服务信息传递给旅客,使旅客顺利接受服务。服务人员在服务过程中要根据自己的角色与旅客进行有效的沟通。由于旅客的参与,所以航空公司应该让旅客清楚地了解整个服务流程,比如旅客到达机场出发大厅时,航空公司应该配备咨询柜台,由专门的服务人员为有需要的旅客解释乘坐飞机的流程,让旅客能够快速地办理相关手续,登上指定的航班到达目的地。对于航空公司来说,旅客要在涉及订票、登机、飞行直至着陆相当长的时间里,接触到不同的员工,在这段时间里,旅客可能会遇上各种各样的问题,需要有关人员的帮助。因此,在这个过程中,航空公司的服务人员要根据自己的岗位特点与旅客进行沟通,向旅客解释服务流程中的各个环节,让旅客获得所需的信息和协助。例如,登机柜台的服务人员需要征求旅客想要座位的意见、解释随身行李的规定、询问是否有需要托运的行李,使旅客成功办理登机手续;机舱服务人员通过语言或手势指引旅客尽快找到自己的座位,耐心介绍机上的餐饮项目并为旅客提供所需的餐饮。服务人员与旅客的沟通活动会影响到旅客感知的服务质量,最终影响旅客的满意度,如果沟通顺畅,旅客能获取相关信息,服务过程就会比较顺利,他们感知的服务质量就会较高,满意度就会提高;否则,旅客感知的服务质量会较低,满意度就会下降,甚至产生不满。

3. 购买后阶段的沟通策略

在购买和消费服务之后,旅客会对服务进行评价,这次服务的经历会影响到他们对今后服务的期望和是否要继续进行购买。如果评价很高,旅客则很可能会继续购买该公司的服务,增加品牌忠诚度,同时会产生好的口碑,强化航空公司的良好形象。航空公司与旅客继续沟通,能够减少旅客的认知冲突或不满,有利于产生好的口碑。这个阶段的沟通重点在于减少旅客不满,与旅客建立良好关系。要减少旅客不满,建立良好关系,服务沟通过程中就要积极对待旅客的投诉与抱怨,通过了解旅客的不满,进行及时的服务补救,向旅客展示航空公司的诚意,挽回旅客的信心;或者通过旅客意见的征询,找出工作中的问题所在,进行有针对性的改进,避免同样问题的发生。服务产品的生产过程也是旅客消费服务的过程,旅客的参与增加了服务的难度,沟通能够使航空公司与旅客进行信息交流,实现相互认识与理解,可以减少彼此间的误解和冲突,所以航空公司必须重视服务沟通。通过与旅客的沟通,将自身信息传递给旅客,了解旅客的需要与想法,为旅客提供有针对性的服务,提高服务质量,提升服务水平,获得更多的旅客满意度与忠诚度,进而带来更多的企业效益。

案例 2-2:

中国女乘客李维(化名)在维珍航班上遭遇种族歧视和不公待遇一事引发国内舆论关注,《环球时报》记者 2016 年 3 月 17 日就此事进行了跟踪采访。

李维在社交网站上发表文章,讲述了她 2016 年 3 月 1 日搭乘维珍航空 VS250 次由伦敦飞往上海时的遭遇。李维称,当日刚刚登机,正弯腰在座位上找耳机时,一名白人男子突然莫名其妙地走向她,用手指着她鼻子恶狠狠地骂她是"中国猪",让她"滚出去"。其间,维珍航空的空服人员没有加以制止,一名叫 Nathan Smith 的空少之后过来与这名白人男子小声交谈后,反而大声呵斥李维"不要吵架",要"尊重其他乘客",否则就把她赶下飞机。

当天在同一航班的吴小姐向《环球时报》记者证实了她目睹白人男子对李维恶语相向的情形,也确实听到空乘让李维冷静,不然可能让她下飞机的话。吴小姐称,她和朋友就坐在李维身后靠右的位置,当时情况"挺可怕的"。

李维称,那名白人男子自称患有精神病,她曾在入境时向浦东机场边检站举报该男子精神有问题,有暴力倾向并威胁他人,疑似携带违禁药品,要求边检帮助检查。然而边检方面给出的回应却是"只要外国人有护照和签证,我们就管不了"。浦东机场边检站 17 日接受《环球时报》记者电话采访时表示,上海边检总站已就此事回复当事人,不接受电话采访。

李维认为,边检方面的回复是"冠冕堂皇地推卸责任"。说起飞机上那名自称患有精神病的白人男子,目击者吴小姐表示:"看起来就是一个很凶的普通人,不像精神病,感觉像借口。"

维珍航空对此事是否知情?是否采取了相应措施?维珍航空上海办事处 17 日在邮件中向记者表示:"维珍航空非常重视近期在我们航班上所发生的事件,并正在彻查此事。乘客的安全和健康始终是我们最优先的考虑,我们会继续与该乘客保持畅通的沟通,确保此事能得到妥善解决。"该内容与维珍航空英国总部 17 日凌晨回复《环球时报》记者的采访邮件完全一致。

李维称,涉事空少 Nathan Smith 的名字是她临下飞机前向其他英国空乘要的,对方先是表示不知该空少姓名,后在她的坚持下经几人商量后勉强告诉她名字。《环球时报》记者通过 LinkedIn 网站查询到名为 Nathan Smith 的个人主页,资料显示他供职于维珍航空澳洲地区。李维看过资料照片后表示,飞机上的空少不是此人,空乘给出的名字可能是假的。为此,《环球时报》记者又联系了维珍航空澳洲地区新闻编辑室,对方表示不知道此事,正在了解情况。

来源:http://news.china.com/domestic/945/20160318/22112242.html.

中国女乘客已委托律师与维珍航空沟通或上法庭

中国女乘客李维(化名)2016年3月1日在乘坐维珍航空公司VS250次伦敦飞往上海的航班上遭受不公正待遇,维珍航空尚未就此事正式道歉。23日,李维独家向《环球时报》表示,称其已委托一家英国律师事务所与维珍航空就其法律责任,及其疏忽的职责进行沟通,不排除最终会告上法庭。

以下为李维声明全文:

最近几天对我来说非常困难,特别是在我被羞辱、歧视和不得不在恐惧中完成整个飞行之后。

正如我之前所说,在被另外一名乘客歧视和侮辱,发生冲突之后,我没有想到我会以这样的方式被维珍航空的代表对待。不管同行的那位乘客健康状况如何,我期望维珍航空在处理此类冲突的过程中给予更多的帮助,特别是在飞机起飞前。

因此,我已向英国当地律师咨询。目前,我已委托一家英国律师事务所与维珍航空就其法律责任,及其疏忽的职责进行沟通。

这件事可能最终会上庭,在此我将不做任何进一步的公开评论,关于案件进展我谨以请求所有媒体联系我的代表律师黄精明(Jackson Ng)律师,来自英国伦敦陈刘律师事务所(Chan Neill Solicitors)。

我一直为身为中国人而感到自豪,很欣慰看到许多同胞都对这类性质的事件为之不平和震惊。因此,我也想借此机会感谢所有人对我的支持以及将其发布的媒体。

来源:http://news.sohu.com/20160323/n441760121.shtml.

拓展训练:

一、知识题

(一)填空题

1. 沟通原则包括相互尊重、相互理解、_____、_____。
2. 民航服务沟通的屏障有_____、_____、文化障碍、情绪障碍。
3. 航空公司的服务沟通策略包括:_____、消费阶段的沟通策略、购买后阶段的沟通策略

(二)判断题

1. 主动就是"没有人告诉你而你正做着恰当的事情"。主动沟通就是主动和旅客打招呼,主动为旅客提供服务。(　　)

2. 作为服务人员,我们会接触到各种各样的旅客,每一个旅客的爱好和需求千差万别。这就要求我们学会包容,包容他人的不同喜好,包容别人的挑剔,但对无理客人,我们不必包容。(　　)

3. 承诺必须切实可靠,必须做出切合实际的服务承诺,切忌海口承诺,海口承诺只会提高旅客的期望,甚至使他们产生不切实际的期望值,当航空公司未能满足这些不现实的期望时,最终影响他们的满意度。(　　)

二、技能题

(一) 典型案例 1

我第一次乘坐飞机，也是第一次坐国航飞机是在 2009 年 7 月份。当时从武汉乘坐 CA8207 航班回成都。虽然是早班飞机，可武汉天河国际机场并没有像成都双流国际机场那样有早高峰现象的存在，旅客很少很少。可能是因为第一次坐飞机，我并不知道航班有紧急出口，也不知道第一排的位置很宽敞。等到值机员上柜的时候，我走过去换登机牌和托运行李，利用值机员验证证件的间隙，我环顾了四周，国航的柜台人很少，就我一个人排在柜台前。接下来，那位值机员很认真地问我，需要靠窗还是靠走道的座位？我说靠窗吧，然后她很麻利地帮我托运了行李，起身给我核对信息并且指引登机口位置。我心里顿时觉得很温暖，服务人员的服务也很热情，并没有因旅客少就敷衍了事，也没忽略服务的态度。

来源：http://news.hexun.com/2011-12-19/136454406.html。

思考：模拟上述沟通情境，并试从民航服务沟通的角度分析该案例。

(二) 典型案例 2

2011 年 4 月份去了趟沈阳。回成都时，朋友帮忙订了南航的早班飞机，是 Z 舱（也就是高端经济舱），这种舱级是可以直接去值机主任柜台办理手续的。由于担心箱子会超重，所以心里还有点纠结。8 点来到沈阳桃仙国际机场 T2 航站楼，旅客也不多，估计只有南航在那有基地吧。我来到值机主任柜台，几位工作人员在说话，我把身份证给一位工作人员后，他很快就把登机牌给我换了。之前我是在网上选过靠窗的座位，他却没有询问我是否已经打印过，然后托运行李时只是简单问我有没有易碎品，我说有，他就贴了一张易碎品标志在我的箱子上，没有叫我签免责条，也没告诉我登机口。

来源：http://news.hexun.com/2011-12-19/136454406.html。

思考：同为值机柜台服务人员与旅客之间的沟通，与典型案例 1 比较，这则案例中的民航服务沟通欠缺在哪里？

学习情境三　沟通基本技能

学习目标

1. 学习倾听的基本知识，掌握民航服务人员在旅客服务中的同理性倾听技巧。
2. 学习口语沟通的基本知识，掌握民航服务人员在旅客服务中的口语沟通技巧。
3. 学习身体语言沟通的基本知识，掌握民航服务人员在旅客服务中的身体语言沟通技巧。

导引案例

改进信息披露模式　增进乘客与航空公司间互信

每逢雷雨季节，航班延误会出现一个"小高潮"。2013 年 7 月 5 日至 6 日，受华东地区大范围雷雨天气影响,前一天午后至晚间申城两大空港出现大面积航班延误。上海虹桥机场发生多起因航班延误导致的乘客与民航工作人员冲突事件。3名旅客因所乘东航MU9237航班延误而情绪失控,将两名东航地勤女工作人员打伤,目前两名地勤人员伤情已无大碍。而该冲突事件的升级,更将航班延误这一让无数乘客"添堵"的现象推到舆论的风口浪尖。机场警方表示,事发后已将相关当事人带回调查。经验伤,被殴打的两名航空公司工作人员均为软组织损伤。经机场警方审理,对殴打他人的张某(男,45岁,上海人)、于某(男,62岁,上海人)分别给予行政拘留10天并处500元罚款的处罚。给予张某(女,44岁,上海人)罚款200元的处罚。

北京市某银行的李女士最近也遇到了让她郁闷的事儿:原本打算周末去香港放松心情,结果因航班延误完全打乱了计划。更令她不爽的是,在抵达机场直到起飞的14个小时里,分别被告知因天气原因无法飞行、因机组人员工作超时无法起飞。除了混乱的信息,工作人员也没有给予耐心的处置和妥善的食宿安置,"现在想起来还闹心"。

飞机延误,进而引发冲突的一个很大原因在于,乘客的知情权没有得到保障。在毫无意义的等待和延误行程的愤懑中,很容易造成情绪激动,从而把矛头指向机组工作人员。

君泰律师事务所高级合伙人殷杰表示:"从现有规定看,航班延误的原因目前只是航空公司自说自话。如何证明确实存在这些原因,消费者难以拿到有力证据。针对信息不对称问题,需要第三方介入。而航空公司在航班延误期间对乘客安置和经济赔偿不当,也是导致冲突的重要原因。"

针对"挤牙膏式"的信息披露,李斌认为,改进的关键是航空公司努力提高信息披露水平,而尽快建立强大的信用评价体系同样必不可少。信息披露的有效性对于乘客挑选航空公司将越来越重要。如何避免矛盾激化?

告别"挤牙膏式"信息披露,建立互信关系,及时维护乘客的正当维权主张。从延误到引发冲突,并不是靠简单的知情权和赔偿规定就可以解决的,增进乘客与航空公司间互信关系,才是治本之策。李斌指出:"从航空公司的角度看,既要及时、准确、有效地披露信息,也要树立服务意识,提供更人性化的服务。如果确属天气原因造成航班延误,属于不可抗力免责情形,不要过多退让,应坚持原则,但是必须主动安抚旅客情绪,妥善安置旅客生活。"

来源:http://news.ifeng.com/mil/air/hkyw/detail_2013_07/09/27301462_0.shtml。

对航空公司来说,航班延误是常见现象,在延误的过程中也比较容易发生冲突,但像上述事件这样发生肢体冲突,惊动公安部门却不常见。归根到底还是航空公司与旅客的沟通出了问题,那么在民航服务人员与旅客之间如何进行有效沟通?掌握一些沟通技巧就显得尤为必要了。

 理论知识

沟通在民航服务中占有重要地位,掌握沟通的技巧在服务过程中会事半功倍,我们可以从以下几方面来学习。

一、建立良好的信任关系

民航服务的目的是帮助旅客顺利出行并抵达目的地,服务人员与旅客建立良好关系是实现这一目的的重要基础。大多数情形下,旅客的不满其实是有关服务人员处理事情的方法与旅客的消费权益相互抵触引发的。对航空公司的不信任大多数发生在航班延误的时候,航空公司不主动告知旅客有获得赔偿的权利,必须等到旅客抱怨、吵闹甚至和工作人员发生冲突后才给予赔偿,企图息事宁人,出现一种"大闹大赔,小闹小赔,不闹不赔"的怪象。航班延误,工作人员多不告知旅客,等到延误时间太长实在说不过去了,才通知旅客延误,但也不说原因;等到旅客不耐烦了,才告知延误原因,多以"天气原因,航空管制"等理由搪塞;等到旅客耐心殆尽时才说出实情。由于航空公司的遮掩,造成了旅客对其的信任危机,使旅客和航空公司之间的关系日趋紧张。

心理学研究表明,一个人的情绪反应和他对突发事件的理解与判断有关。旅客主要通过机场和航空公司发布的信息,理解和判断事件的"真实"情况以及个人的处境。如果工作人员发布的信息、表现的行为和周遭的氛围都是很正面且积极的,旅客就会信任航空公司和机场,比较愿意合作和接受有关服务安排。所以,航空公司和机场如何在第一时间取得旅客的信任,就显得尤为重要。

案例 2-3:

航空公司撒谎欺骗乘客的小伎俩惹出诚信大麻烦

2012 年 8 月 12 日晚 7 点,周先生向重庆媒体爆料:"我们从西宁飞杭州,经停重庆,乘务员让我们把行李全部拿下去,说是要打扫机舱,谁知道是骗我们,那架飞机改飞大连了。"周先生坐的这班飞机前天下午 2 点 20 分从西宁起飞,终点是杭州,经停重庆。

面对旅客的质疑和不满,航空公司的工作人员解释称,这属于正常的航班调配,如果不这样调配,延误的航班可能更多。况且,公司也从深圳调配了一架飞机来重庆,保证滞留在重庆的旅客能够尽快回家。

航空公司的解释虽然头头是道,却改变不了以欺骗手段对待旅客的事实。既然是正常的航班调配,那为什么不能把真相告诉旅客,以取得旅客的支持和配合,而非要采取这种不入流的欺骗手段呢?先不说由此给旅客带来的时间和经济上的损失,这种欺骗也是对旅客感情上的一种伤害。

站在航空公司的角度说,公司担心如果向大家说明真相,可能有些乘客会拒绝更换飞机,而采取欺骗的手段却更容易实现让旅客换机的目的。航空公司这么做,首先就先入为主地把旅客都假定为不讲事理、不通情理的人,所以宁可采取欺骗的手段,也不愿意把真相告诉旅客。但无论如何,是不应该采取这种欺骗手段来达到目的的。即使有个别乘客不愿意更换飞机,那么航空公司也应该采取积极劝导或者是通过其他方式给予补偿的办法和乘客达成一致意见,取得旅客的支持和配合。以这样的态度对待自己的服务对象,无疑给人留下一种只顾自身利益而罔顾旅客利益的印象。航空公司的服务和经营理念确实存在问题。

最近几年,国内航空公司和旅客之间屡屡发生纠纷和矛盾,关系颇为紧张而难言和谐。

这其中一个很重要的原因,就是航空公司过于自大,缺乏真诚。航班扔下旅客独自飞走的事情,足以说明航空公司的傲慢自大,根本没考虑旅客的利益和感受。而类似行为只会加剧旅客对航空公司的不信任感,让本来可以轻松化解的矛盾变得更加棘手,更加难以解决。小伎俩惹出大麻烦,航空公司这又是何苦呢?

来源:http://news.cnair.com/c/201208/42007.html。

二、倾听

(一)倾听的含义

倾听属于有效沟通的必要部分,以求思想达成一致和感情的通畅。狭义的倾听是指凭借听觉器官接受言语信息,进而通过思维活动达到认知、理解的全过程;广义的倾听包括文字交流等方式。其主体者是听者,而倾诉的主体者是诉说者。

倾听不是简单地用耳朵来听,它是一门艺术,也是一种技巧。倾听不仅仅是要用耳朵来听说话者的言辞,还需要一个人全身心地去感受对方在谈话过程中表达的言语信息和非言语信息。倾听是高效沟通的关键。而倾听又恰恰是一般人最容易忽略的一项美德。倾听是一种修养,更是一门学问。用心倾听他人的声音,就是对对方最好的关怀和体贴。

倾听可以分为五个层次。一个人从层次一的倾听者成为层次五的倾听者的过程,就是其沟通能力、交流效率不断提高的过程。

1. 倾听的五个层次

(1)完全没有听——对方讲的一点都听不进耳神经,听者也完全没有注意说话人所说的话。

(2)假装听——人在心不在,听者其实在考虑其他毫无关联的事,或内心想辩驳,他们的兴趣点并不是听,这样容易导致关系破裂、冲突的出现和拙劣的决策制定。

(3)选择地听——他们只选爱听的、中意的、有利的、无害的听,其余都当耳边风,听而不讲。

(4)专心地听——听者主要倾听所有的字词和内容,但很多时候还是错过了讲话者通过语调、身体姿势、手势、脸部表情等所要表达的意思,一般听者是通过点头同意表示正在倾听,而不用询问澄清问题,所以讲话者很容易误解为对方已完全听懂并理解。

(5)同理倾听——以"同理心"的细密感受去体会对方的需求,听者容易在说话者的信息中寻找感兴趣的部分,获取新的和有用的信息。

2. 同理倾听的障碍

(1)高估说话的能力:有效的沟通不是说服,而是先倾听,倾听应该是说的两倍。

(2)没有重点:如果想要成为成功的倾听者,你需要专注在讲话者身上。

(3)精神疲惫:当你持续一段时间听人说话,你可能会觉得自己精疲力竭,而且任何一种精疲力竭都会抵消你的倾听能力。

(4)先入为主的看法:先入为主是倾听的最大障碍,只听到自己期待的话,而不是对方真正想表达主题的话。

（5）背负几个人的包袱：如果你常专注于某些事情，如果某个话题特别让你防卫自己，或者如果你经常把自己的意见强加在其他人身上，你可能需要先改正或调整自己，才能成为卓越的倾听者。

（6）沉浸于自我中：不倾听所带来的对自己的伤害比对他人的伤害还要多得多。

（二）民航服务中的倾听

1. 同理倾听

在民航服务中，服务人员与旅客建立良好关系的重要元素就是倾听和同理心。在服务过程中，服务人员要学会同理倾听，才能实现优质服务。

同理心又叫作换位思考、神入、共情。同理心来源于希腊词汇，它的意思是"情绪进入"，表示一种理解能力——觉察他人之个人经验的能力。通俗地说就是要学会换位思考，能够体会他人的情绪和想法、理解他人的立场和感受，并站在他人的角度去思考和处理问题。所谓同理倾听，就是情绪上与理智上全然投入，不是单纯、单一地听，它涵盖的范围广，是用耳朵、眼睛和心来倾听；是情感与旅客同步，对旅客做出适当积极的回应，充分理解旅客的意图与思想，通过倾听与旅客建立和谐的服务关系。

2. 同理倾听的技巧

（1）全神贯注，心无旁骛。旅客在说话时要全神贯注地听，即使这个问题可能已经被许多旅客问过上百次。同时身体前倾并直视对方，注意力要集中在脸、嘴和眼睛上，不要做其他事。在听的过程中不要插嘴，打断他人说话是对他人的不尊重。要表现出对旅客的看法非常重视，使对方产生依赖和好感，使讲话形成愉悦、宽容的心理。

（2）适当地反馈。一个优秀的服务人员总是能有效地讲述并发问，赞同和附和旅客讲话的内容时，要恰当地轻声说"是""嗯"，或点头表示同意。在开口之前先停顿一下，可以鼓励旅客继续说下去，也让自己拥有更多的倾听机会，更容易明白旅客话中的含义，还能让自己在对方眼里变成一个更体贴的人，获得对方的信任。

（3）重复对方的话。服务人员用自己的话重新复述旅客刚说的话，可以让旅客感受到你非常重视他，比如说"我重复一遍，看看这是您的意思吗？"这种方法可以让服务人员主导倾听部分，旅客主导谈话部分，据此来判断旅客的需要，提供富有针对性的服务。

（4）控制情绪。耐心倾听旅客叙说事情，然后迅速分析出事情的前因后果，有针对性地提出好的建议和解决方法。在工作中，由于航班延误等情形的发生，使得有些旅客情绪很难控制，将怨气发泄到服务人员身上，这时候服务人员一定要冷静、切忌冲动。另外，服务工作单调，容易产生厌烦情绪，所以在服务过程中要注意别把不良情绪发泄在旅客身上，要让对方说话，等旅客发表完观点、看法，再发言。

（5）忘掉自我。在沟通过程中要多倾听旅客意见，站在旅客角度思考问题。不要有旅客的需求"与我无关"的想法，更不能追求与旅客的"平等"，以我的心情、我的利益作为处理问题的出发点，按照"我"的标准去倾听和反馈。

案例 2-4：

客舱服务技巧之心契合

执行日本大阪至无锡航线的头等舱乘务员,登机前正在忙碌准备迎宾饮料时,日本地服送来头等舱旅客的信息,看到一位不止一次遇见的日本籍旅客 MR YANASE,从未想过今天的这次服务让 MR YANASE 敞开心扉,讲述其一段埋藏在心底的故事。

日本航线的旅客,非常有礼貌、有素养,这也让我对于自身的服务细节要求更为苛刻。MR YANASE 入座 1F,引导其入座后我立刻送上热腾腾的乌龙茶和热毛巾,MR YANASE 喜欢中国的茶,所以不必多问便知道其喜好。他向我点头示意表示感谢的时候,并不像之前几次搭机时会跟我讲"thanks",今天只是一个点头,这让我感受到了几许不安。

为 MR YANASE 挂好羽绒服及西装,送上毛毯,将他的皮鞋亲自放进鞋套,整理好他身边的一切。飞机正点起飞,从门帘的侧边,我看到他一直凝望窗外,平时他上飞机基本都是睡觉,而今却是沉重的面部表情。我不知道他发生了什么事情,但是我想去关心他,却又找不到一个契合点。

日本航线的旅客不同于国内旅客,日本旅客懂得用各种途径与渠道让自己成为公司的高端客户,累计各种积分以便达到尊贵客户的身份,而国内旅客通常成为会员身份后也经常忘记累积或查询自己的积分,这点和日本旅客重视个人权益的特色截然不同。在日本航线上不需要积极推销会员卡便会有旅客主动询问办理会员卡,以便累积里程。MR YANASE 也是一样,长年奋斗在日本—无锡航线上,成为白金卡客户。这也让我对其服务质量更为重视,更为重视其体验服务后的心理感受。毕竟他们常年感受各国航空公司的服务,深航的服务硬件虽无法与国际一流航空公司媲美,但我不服输的性格,依然期望能够用最佳的状态让其感受到中国大陆航空公司的机上软件服务,不算一流至少也要认可。这是我对自己的要求。

2 小时 30 分的航程,当我们的飞机飞抵上海上空时,我为其送上热毛巾,告知其落地时间及温度。当然我很庆幸,MR YANASE 的英语水平到了一个能够让我接受的程度,很多日本旅客的英文我很难去进行联想与辨认,而我又不会日语。对于高端客户的服务,这是一个弊端,但我极力想挽回因为语言沟通不畅的原因而导致的日籍旅客不想过多与中国籍乘务员沟通的这样一个事实。是的,我一直在找契合点。

很庆幸,我们的飞机正在飞越上海的黄浦江,我便蹲下来告诉 MR YANASE,我们现在正在飞越上海,舷窗下方便是黄浦江,黄浦江两岸一个是浦东,一个是浦西,当然我们全用英文沟通,我尽量让自己的英文变得简单,语速变得缓慢,以让其能够听懂。此刻,MR YANASE 说:"你是我见过的最不一样的空中乘务员,我能感受到你的用心,从你帮我将鞋子放进鞋套的那一刻,我就发现你与其他乘务员不一样。谢谢你,让我从空中看到黄浦江!"此刻,MR YANASE 一直在凝望窗外,脸上的表情,我能用心读懂一点其中的变化。

MR YANASE 告诉我,他儿时第一次来中国,是跟随其父亲大人坐轮船到上海,也是在黄浦江,那有他儿时的记忆。父亲大人因为在上海及江南一带经商失败客死异乡,是母亲大人带着他们兄妹 5 个艰苦生活,他永远无法忘记儿时有父亲大人陪伴的岁月,而今他已年近 70 高龄,他说他怀念过去的一切,他不知道自己能够活多久,但是,他就想多去父亲大人曾经奋斗过的地方,寻找曾经的记忆。

听到这里,我感动得泪眼模糊,这时心情凝重的我看着他的时候,他却是在整个航程中第一次露出了笑容。他在责问自己,为什么跟我讲这些,他不知为何会跟我滔滔不绝。他让我拿来纸笔,让我教他写一句中文,还看了一下我的工牌,让我拿着工牌,好对照着写出我的姓氏,那一刻,我真的被感动到了,就是一个平凡的航班,一次平凡的服务,触动的却是自己的心灵,我能感受到"年到黄昏后"的那种孤寂与对于曾经的期望,我想给他一个热情的拥抱,我想告诉他,这个世界很美好。

落地后,拿到他送来的一张留言卡,上面写着"好的服务,我很满意",其实是他让我教他写的中文字,但是后面这句日文我看不懂,问了会日语的同事才知道意思是:我对他的服务很满意,经常乘坐深圳航空往返无锡与大阪之间,这样的服务是第一次。从未享受过如此专业的服务。

我想,完美的服务不在于硬件设施的完善程度,而在于是否能够与旅客真心交流,哪怕语言不通,也能让心与心相连,让旅客深刻地感受到我的用心服务。虽然还有很多需要提升的地方,但我一直在期望跟公司共同成长,让更多的感动发生在客舱里,那样,飞行将变得更有意义。每一次飞行都会有一个故事,积累下来,那是一笔宝贵的财富。感谢 MR YANASE 对于深航服务的肯定,我只是深航乘务员大队伍里的一员,我也深刻期望没有我亲自为你服务的航程里,其他深航的兄弟姐妹一样能够给你留下深刻的印象。

找准契合点,跟旅客来一次心与心的交流,我相信,感动只属于你。

来源:http://news.cnair.com/c/201702/76445.html。

三、口语沟通技能

(一) 含义

口语沟通技能是指借助于口头语言实现的沟通。通常提及口语沟通时,一般都是指面对面的沟通,而通过广播、电视等实现的口语沟通通常称作大众沟通或大众传播。

口语沟通是日常生活中最常见的沟通方式。交谈、讨论、开会、讲课等都属于口语沟通。口语沟通是保持整体信息交流的最好的沟通方式。在沟通过程中,除了语词之外,其他许多非语词性的表情、动作、姿势等,都会对沟通的效果起积极的促进作用。并且,口语沟通可以及时得到反馈并据此对沟通过程进行调节。口语沟通中,沟通者之间相互作用,因而沟通的影响力也大。不过,与书面沟通相比,口语沟通中信息的保留全凭记忆,不容易忘记。

(二) 口头语言沟通的基本要求

1. 说对方想听的

首先弄清楚对方想听什么,积极探询说者想说什么。其次以对方感兴趣的方式表达,用对方乐意接受的方式去倾听,然后控制情绪,积极、适时回应与反馈,确认理解,听完复述或澄清。

案例 2-5：

在供餐期间，由于飞机上只有两种热食可供旅客选择，当供应到某位旅客时，他所要的餐食品种刚好没有了，这时乘务员去找了一份头等舱的餐食拿给乘客，说："刚好头等舱多了一份餐，我就给您送来了。"旅客一听，很不高兴，说："什么意思，头等舱吃不了的给我吃？我也不吃。"乘务员的好心得到的反而是乘客的不理解，可究其原因，还是我们没有掌握说话的技巧，即使是要别人接受，也要让对方高兴地接受。如果换个方式说："真对不起，您要的餐刚好没有了，您看我将头等舱的餐食提供给您，希望您能喜欢，在下一段航程的时候，我会首先请您选择我们的餐食品种，我将非常愿意为您服务。"如何才能让对方乐意地接受，如何才能让对方理解你的拒绝，这就体现在说话的艺术上。

来源：http://www.51test.net/show/4952931.html.

2. 懂得理解和尊重对方

理解是交际的基础，只有在相互间充分理解的基础上，彼此才能够心心相印，情投意合。尊重对方就要尊重对方的意见，在和对方沟通的过程中要善于听取对方的意见。理解和尊重对方，就要站在对方的角度和立场看问题或体会对方的感受和对方的想法。

3. 避开涉及个人隐私的话题

每个人都有隐私，都有自己不愿公开的秘密。如果在公众场合谈论他人的隐私，不但会让人失去面子，还会阻碍彼此交际活动的进行。

4. 找到与对方的"共鸣"

每个人的性情和志趣都存在着很大的不同，但也有共同之处。共同的兴趣和爱好、共同的目标和志向都能够使人走到一起去。能否跟对方很好地沟通，很大程度上取决于能否找到与对方的共鸣点。

5. 避免争论和批评对方

很多人喜欢争论，对一个问题或观点争得面红耳赤，大有针尖对麦芒之势。在跟对方沟通时，此举最不宜出现，否则可能会直接导致沟通的失败。善意的批评，一般人都能够接受，但绝大多数人都还是比较喜欢听好听的话。因此，在没有完全了解对方的性格特点之前，最好不要对对方进行批评，以免沟通不欢而散。

6. 尽量把说话的权利让给对方

俗话说："沉默是金。"一个人的言语实际上就是他行为的影子，我们常因言多而伤人，"恶语伤人恨不消"。做一个冷静的倾听者处处受人欢迎，且会不断了解许多事情；喋喋不休，言多必失。社会交际中，不说话也不行，但需说自己有把握的话，说温暖的话，说衷心的话，说能替人排忧解难的话，总之，一定要说恰当的话。

（三）民航服务中的口语沟通技能

不同的职业都有适用于该职业的沟通要求，民航服务中的口语沟通主要指在服务过程中，语言适当、得体，让旅客有愉快、舒适之感，对服务工作产生良好的反映。

1. 民航服务中的口语沟通要求

(1) 谈吐文雅，语调亲切

民航服务人员的沟通对象主要是旅客，在沟通的过程中要彬彬有礼，温文尔雅，不粗俗。说话时语调平和，声音甜美，音量适中，语速不急不缓，在平稳中使人感受到热情。

(2) 用词简练，清楚明确

在沟通的过程中不啰唆，简单明了，能用一句话说清楚就不用两句话。同时不能因为简单明了就让人捉摸不透，模棱两可，要使人一听就懂。

(3) 说话委婉、热情，要用尊称

在服务中说话不要太直接，表情不要呆板、生硬。回答旅客问题要热情，用良好的说话方式赢得旅客的理解和赞同。对旅客说话时都应该采用尊称，言辞中要加"请""您"等字。如"您请坐""请您稍等一下""您还需要点什么"等。

(4) 善用亲和力

服务人员与旅客讲话时，一定要以相应的举止和表情与之配合。仅仅依靠语言是无法充分展现服务人员的修养的，也难以达到优质服务的要求。最好的表情就是微笑，微笑是具有多重意义的语言，是最好的名片。微笑是人人皆会流露的礼貌表情，是人们亲切友好、最具美感的表情，优质服务不仅蕴含在语言中，也寓于说话的举止和神态中。

2. 民航服务中的口语沟通技巧

民航服务人员每天都在与成千上万、形形色色的乘客交流、沟通，一句话会给航空公司带来很多回头客；但也可能由于一句不得体的话，公司会失去很多忠实的客户，所以说服务沟通就显得格外重要。民航服务人员必须多学习口语沟通技巧，提高语言沟通能力。

(1) 声音要清晰、柔和

在对旅客服务满意度的调查中显示，服务语言是旅客对服务质量评价的重要标志之一。在服务过程中，语言适当得体、清晰、悦耳，就会使旅客有柔和、愉快、亲切之感，对服务工作产生良好的印象；反之，服务语言不中听、生硬、唐突、刺耳，会让旅客难以接受，有可能引起旅客的不满与投诉，给航空公司的信誉带来严重的影响。

(2) 态度要真诚

与旅客沟通，贵在真诚。口语沟通中真诚的语言，不论对说者还是对听者来说，都至关重要。因为每个人都有基本的分辨能力，虚假的语言只会让人觉得不舒服，甚至会在谎言被揭穿时引起不必要的争吵或投诉，只有认真诚恳，才能使人信赖，只有使人信赖，才能达到使旅客满意的效果。服务沟通中语言的真诚就是要有真实的情感和诚恳的态度，当然，这种真诚并不是一点技巧也不讲，完全一五一十地告诉旅客，而是以真诚为基础，掌握一点语言技巧，再加上恰到好处的表达方式。

(3) 不把自己的想法强加于人

工作中，民航服务人员总是想尽办法要把某个问题向旅客解释清楚，希望旅客能充分理解自己的好意，但结果往往是并不被旅客接受。还经常因为自己说话用词不当而得罪了旅客。因此，在与旅客沟通的过程中，应充分尊重旅客的想法，不能单方面地将自己的意见强加给旅客。服务人员必须注意采用易于让旅客接受的说话方式,让其心情愉悦。

案例 2-6：

有位乘务员在客舱巡视时,观察到一排座位坐着一家三口,旁边还有一位旅客,那个婴儿已经熟睡在母亲怀里。乘务员想如果把坐在旁边的那个旅客调开,孩子就可以平躺下来,这样不仅孩子能休息得更好,母亲也不用那么劳累。于是乘务员走上前跟旁边的那位旅客客气地商量:"先生,您看,这位母亲抱着孩子太辛苦了,今天航班中还有空座位,我帮您调换一下,可以吗?"没想到这个建议竟然被旅客断然拒绝:"我只喜欢坐自己的座位。"乘务员愕然,心想怎么遇到这样不知道体谅别人的旅客,却没有想到问题是出现在自己的沟通语言技巧上。同样的场景,另一个乘务员却是这样说的:"先生,您旁边的这位母亲抱着孩子,你们坐得都比较挤,今天航班中还有空座位,我帮您调换一下,您可能会更舒服些,您愿意吗?"这位旅客不仅欣然同意,还称赞这乘务员想得周到,那位母亲也很感激并向乘务员致谢。两个乘务员面对的是一样的问题,但仅仅因为其中一个乘务员在问题的处理上多了一些换位思考,将沟通的需要主体和立场由母亲换成了旁边的这位旅客,结果就完全不一样了。

来源:https://max.book118.com/html/2016/1129/66487976.shtm。

(4) 不要轻易允诺旅客

与旅客交流中,谈天说地都可以轻松愉快,但是在给旅客服务的过程中,或者是交流到有关航空公司的内容时,就要慎之又慎。说话之前要三思,有些话一旦说出口,旅客就会认为你说的事情一定能办到,如果你做不到,那么就是不守信用,很有可能会造成投诉,会给航空公司带来不好的影响。

(5) 不要轻易拒绝旅客

服务人员在为旅客服务的过程中,经常会遇到有些旅客提出这样或那样的要求或条件,有些是服务人员能做到的,但有些就会超出服务人员的能力范围。为了给旅客留有余地,也为了给自己留下一个考虑的空间,一般不要一口回绝。这样既能够显示对旅客的重视,也能利用时间争取主动。我们可以想办法尽量满足旅客的要求,或者用婉转的语言告诉旅客,我们虽然不能满足他的要求,但可以用其他方式代替,然后征询旅客的意见,看这样的解决方式是否能被接受。即使不能为旅客解决问题,他也会因为你的真诚,因为你以旅客为出发点的态度,而对你的服务给予充分的肯定,从而会留下较好的印象。

(6) 不能把话说绝

与乘客沟通时话不能说得过于绝对,这是服务用语的基本要点,目的是要给自己留下回旋的余地。如果当场表态:这个绝对不行,那个绝对不可。这样再想回旋已经没有余地了,也会把自己陷入被动的局面,所以不要轻易判断孰是孰非,避免用"绝对""一定"等词语。

知识链接：小语言大感受：乘务员客舱口语沟通技巧

在客舱里和旅客沟通,乘务员的语言技巧是关键。在实际工作中,辛勤的乘务员往往因一句无心之语令客人勃然大怒,也有可能因为一句话化干戈为玉帛。下面和乘务员一起分享一些客舱的小语言。

欢迎登机 VS 欢迎乘机

这里只有一个字的区别，改变源于一次航班延误。我搭乘同事执行的航班，在登机过程中同事在登机门欢迎客人："您好，欢迎登机！"已经饱受等待煎熬的客人没好气地回了一句："登机，登基，做皇帝呀！延误这么久！"虽觉这句话很逗笑，但也觉得难受。后又一次搭乘其他公司的航班，乘务长说："您好，欢迎乘机！"一个字的改变，顿感新鲜。登机只是一瞬间的过程，乘机却是在航班中的全过程。

您想要什么 VS 您喜欢什么

在航班中的餐饮服务时，乘务员会向客人介绍："我们有红烧牛肉饭、宫爆鸡丁饭……您要点什么"。"我要××饭。"这是一次程序化的服务。在客舱里乘务员问外国友人时，我们的用语是"Would you like…"。"like"是喜欢的意思，把想要点什么，变成喜欢什么，试一下，客人的感受就是不一样。

请等一下 VS 好的，马上来

餐饮服务后，用餐快的客人希望乘务员马上清理餐桌。可惜乘务员没有三头六臂，在忙碌的同时基本会对客人说"请等一下"。听到这句话的客人会有些失落，等一下，等多久？换一种回答说"好的，马上来"，客人会觉得很好，心想："她马上就会来，很快就可以解决我的餐桌的问题了！"

您有事吗 VS 我可以帮您做什么

有一次，航班客舱里的呼唤铃响起时，乘务员对客人说："您有事吗？""没事，好玩的！"双方都不高兴……从服务者的角度，变换一下："我可以帮您做什么？"如果您是客人，会觉得哪种问法好呢？

请您小心 VS 请注意安全

同样是提醒客人注意安全的话，在不同文化的客人听起来就会有差异。曾有航班中的港台客人听到这句话后提示我："在我们听起来，可能会觉得是在受威胁。"在不安全状态的时段用一句"请注意安全"来提示客人会更加专业。

短短一句话，一个字的变换就会给客人带来不同的感受。

曾经有一句话说：服务没有最好，只有更好！怎样做得更好？就是要从客人的角度着想，从服务者的角度演绎。客人的需求总是在不断变化的，对服务者的要求也是多元的。用心、用智慧，客舱服务也是很有乐趣的。

来源：http://news.carnoc.com/list/181/181177.html。

四、身体语言沟通技能

身体语言在人际沟通中有着口头语言所不能替代的作用。何谓身体语言？是指非语词性的身体信号，身体语言沟通就是通过动态无声的目光、表情、手势语言等身体运动，或者静态无声的身体姿势、空间距离及衣着打扮等形式来实现沟通。诸如鼓掌表示兴奋，顿足代表生气，搓手表示焦虑，垂头代表沮丧，摊手表示无奈，捶胸代表痛苦。我们在与人交流沟通时，即使不说话，也可以凭借对方的身体语言来探索他内心的秘密，对方也同样可以通过身体语言了解到我们的真实想法。

（一）身体语言的象征意义

1. 目光

眼睛是心灵的窗户，是透露一个人心灵最好的途径。喜怒哀乐都可以从一个人的眼神中流露出来，我们经常说"眼睛会说话""眉目传情""暗送秋波"等，都说明了目光在人们情感交流中的重要作用。

心理学家发现目光接触是最为重要的身体语言沟通方式。许多其他身体语言沟通常常直接与目光接触有关。人们都有经验，如果在沟通中缺乏目光接触的支持，那沟通会变成一个令人不快、高度困难的过程。看不到对方的眼睛，就无法了解对方说话时处于怎样的状态，也难以确认对方对自己的谈话究竟有怎样的反应。

2. 表情

表情一般指面部表情。面部表情是另一个可以实现精细信息沟通的身体语言途径。人的面部有数十块肌肉，可以做出上千种表情，准确地传达出各种不同的内心情感状态。来自面部的表情更容易为人们所察觉，但同时，由于表情肌的运动是自觉的，人们可以随意控制，因而也出现了虚假表情问题。很少有人能控制眼睛的变化，使其故意显示与内心状态不相一致的信息，但几乎所有人都能够随意控制自己的表情肌，使之做出与内心真实体验不相对应的虚假表情。

与目光一样，表情可以有效地表现肯定与否定、接纳与拒绝、积极与消极、强烈与轻微等各种难度的情感。由于表情可以随意控制、迅速变化，而且表情的变化容易觉察，因而它是十分有效的身体语言途径。人们可以通过表情来表达各种情感，也可以通过表情表达自己对别人的兴趣，可以通过表情来显示对一件事情的理解状态，也可以经由表情表达自己的明确判断。在人们的沟通过程中，表情是人们运用最多的肢体沟通语言之一。

3. 身体动作

身体动作是最容易被觉察的一种身体语言，因而身体的动作更容易引起人们的注意。

身体动作与语言沟通的关系非常密切。一般低头表示陈述句的结束，抬头表示问句的结束，而较大幅度的体态改变表示相互关系的结束，表示思维过程或较长的表达的结束。如果体态的改变到了不再正视对方的地步，则表示不愿再交谈下去，想把注意力转移到其他对象上去。如表 2-1 所示为常见情绪以及相对应的身体语言。

表 2-1　常见情绪以及相对应的身体语言

常见情绪	身体语言
紧张或害怕	睁大眼睛、好动、回避目光接触、手乱动
愤怒或受挫	皱眉、瞪眼、表情严肃、走路很快、来回踱步、握拳
急躁	叹气、点头、走来走去、跺脚
悲伤或严肃	哭泣、皱眉、耸肩、转过身去
不知所措	挠头、皱眉、摆手

续表

常见情绪	身体语言
撒谎	避免目光接触、以手掩口
怀疑	摇头、睁大眼睛
忧虑	双肩收紧、出汗、惊恐的表情、摆手
心不在焉	没有目光接触、行动缓慢、四下张望
厌倦	叹气、脑袋乱动、不耐烦的样子
生病	痛苦的表情、双臂胸前交叉、肩部收紧
窘迫	回避目光接触、咬嘴唇、咬手指、身体挪来挪去、拉扯衣服
疲倦或者筋疲力尽	闭眼或眯着眼、移动缓慢、用手抚弄头发、摸脸、放松肩部和脖子
积极、幸福或快乐	张嘴、睁大眼睛、张开双手、微笑
兴奋和惊奇	头部后仰、嘴巴微张、眉毛上扬
轻松或舒适	表情愉悦、双肩放松、跷起二郎腿
思考	一手托腮、皱眉
自信	身体挺直、目光接触、抬头、快走、肩部放松、微笑

(二)民航服务中的身体语言沟通技巧

真正将身体语言有效地运用到为旅客服务中去不是一件很容易的事，这需要做两件事情：一是理解旅客的身体语言；二是恰当使用自己的身体语言。理解别人的身体语言必须注意以下几个问题：同样的身体语言在不同性格的人身上意义可能不同；同样的身体语言在不同情境中意义也可能不同。恰当地使用自己的身体语言，应做到以下几点：经常自省自己的身体语言；有意识地运用身体语言；注意身体语言的使用情境；注意自己的角色与身体语言相称；注意言行一致；改掉不良的身体语言习惯。自省的目的是检验我们自己以往使用身体语言是否有效，是否自然，是否使人产生过误解。了解了这些，有助于我们随时对自己的身体语言进行调节，使其有效地为我们的日常交往和旅客服务。

1. 目光沟通技巧

民航服务人员在与旅客的沟通中要进行正常、自然的目光接触，否则会让人感到在拒他人千里之外，会使自己得不到别人的信任，会使自己与别人的沟通成为一个冰冷的、没有感情和生机的过程。在为对方服务时，眼睛不可走神，也不要将视线放在对方的胸线以下，不要老盯住旅客上下打量，更不能注意或久视旅客的生理缺陷，否则会让旅客感到服务人员对其不感兴趣、不尊重对方，或让对方产生紧张、压迫感，甚至感到难堪、窘迫或尴尬。另外也不要乱用眼神，比如对异性挤眼，西方人表示调皮诙谐，而东方人则是调情。瞪大眼睛在西方表示惊讶，而在东方则表示愤怒。

案例 2-7：

用眼神"暖"化你！

"这眼神太暖了，要是注视的是我该多幸福！""好有爱，我想知道这个空哥哪天还飞？"……

2017 年 2 月 7 日，一张飞机上的"暖男照"在贵阳许多网友的朋友圈被转发评论。照片上，一位帅气的男性空乘正托抱着一位行动不便的老奶奶上飞机。让人暖心的是，这位乘务员的神情非常柔和,略带微笑的嘴角更透露出他对老人的呵护与温情。而正是这样的"暖",为这张看似平凡的照片增添了无尽的温馨。

据了解,该照片拍摄于2月6日由贵阳飞往上海的CZ3657航班上。当天,73岁的韦奶奶与老伴儿前往上海。由于奶奶腿脚不便,其家人在购票时申请了轮椅服务。当韦奶奶被推至客舱门口时,由于其轮椅无法推入舱内,执飞该航班的南航贵州公司乘务员王超然与张绍雄立即主动上前,小心地从轮椅上抱起了韦奶奶。由于老年人身体虚弱,容易受伤。为避免老人在抱扶过程中出现不适,他们尽全身的力气尽量平稳地托住老人。

"当时我们得知老人全身基本都无法用力,双脚也不能着地。所以虽然我们可以按手册规定从旅客背后往前的姿势将奶奶抱过去,但考虑到机上过道比较狭窄,为了尽可能让老人舒适,我就让奶奶用手环抱住我的颈部,然后和同事一前一后这样抱到座位上。"——照片中的"暖男"王超然有些不好意思地笑着说,这样抱起来虽然相对耗时且麻烦一点,但奶奶会更有"安全感"。

在协助老人出行的过程中,虽然辛苦,但王超然仍然面露微笑,眼神温柔。飞行过程中,乘务长陈佳妮更为老人一行启动"细微服务",全程对老人嘘寒问暖,关怀备至。由于航班座位全满,无法将老人座位前调,陈佳妮与组员们便协调其他旅客,将老人由过道座位改为靠窗座位,避免了同排座位旅客通过时给老人带来不便。

"飞机到上海后,韦奶奶和老伴儿对我们道谢,但我们觉得这是应该的。自己家也有老人,所以我们小辈能做的就是尽量减少他们的担忧和不便。"两个90后的贵阳小伙子一同露出了朴实和帅气的笑容。

来源:http://news.camoc.com/list/390/390873.html。

2. 表情沟通技巧

在民航服务中,最好的表情沟通技巧就是微笑和真诚。当旅客走来时,应该抛开一切杂念,把精神集中在他们身上,并真诚地向他们微笑,仅仅靠面部肌肉的堆积是不够的,还要用微笑传达这份真诚。民航服务人员应思旅客之所思,想旅客之所想,站在他们的角度感知、体会、思考服务中的问题和不足,学会体谅旅客、感激旅客,一切为旅客着想,洞察先机,将最优质的服务呈现在旅客面前。

案例2-8:

一次北京至珠海的航班上,头等舱是满客,还有5名VIP旅客。乘务组自然是不敢掉以轻心。2排D座是一位外籍旅客,入座后对乘务员还很友善,并不时和乘务员做个鬼脸开开玩笑。起飞后这名外籍客人一直在睡觉,乘务员忙碌着为VIP一行和其他客人提供餐饮服务。然而两个小时后,这名外籍旅客忽然怒气冲冲地走到前服务台,大发雷霆,用英语对乘务员说道:"两个小时的空中旅行时间里,你们竟然不为我提供任何服务,甚至连一杯水都没有!"说完就返回座位了。旅客突如其来的愤怒使乘务员们很吃惊。头等舱乘务员很委屈地说:"乘务长,他一直在睡觉,我不便打扰他呀!"说完立即端了杯水送过去,被这位旅客拒绝;接着她又送去一盘点心,旅客仍然不予理睬。作为乘务长,眼看着飞机将进入下降阶段,不能让旅客带着怒气下飞机。于是灵机一动和头等舱乘务员用水果制作了一个委屈脸型的水果盘端到客人的面前,慢慢蹲下来轻声说道:"先生,我非常难过!"旅客看到水果拼盘制成的脸谱很吃惊。"真的？为什么难过呀？"旅客问道。"其实在航班中我们一直都有关注您,起飞后,您就睡觉了,我们为您盖上了毛毯,关闭了通风孔,后来我发现您把毛毯拿开了,继续在闭目休息。"旅客情绪开始缓和,并微笑着说道:"是的! 你们如此真诚,我误解你们了,或许你们也很难辨别我到底是睡着了还是闭目休息,我为我的粗鲁向你们道歉,请原谅!"说完他把那片表示难过的水果盘重新摆放了一遍,立即展现的是一个开心的笑脸。

来源:http://www.shangxueba.com/ask/9389607.html.

3. 身体动作沟通技巧

身体动作沟通技巧主要指恰当使用手、肩、臂、腰、腹、背、腿、足等动作。在人际交往中,最常用且较为典型的身体语言为手势语和姿态语。手势语可以表达友好、祝贺、欢迎、惜别、不同意、为难等多种语义。例如,民航服务人员在与旅客沟通过程中要能规范地使用不同弯腰度数的鞠躬礼表达欢迎或歉意,为旅客指示方向要使用标准的引导手势以示尊敬。当旅客咨询或提出问题时要微微点头表明自己在认真倾听,显示对旅客的尊重与理解。

案例 2-9:

飞机上被南航"暖男""公主抱"是种什么体验?

"公主抱",顾名思义,是一种男子双手横抱女子的姿势,因动漫中王子总是用这种姿势抱起公主而得名。日前,一名旅客就被南航工作人员以"公主抱"全程抱上及抱下飞机,人性化的爱心服务被机上近百名旅客纷纷"点赞"并称赞其为"暖男"。

2016年3月13日,由北京飞往贵阳的南航CZ3682航班上迎来一名因腿脚不便而完全不能行走的男性旅客。当地面工作人员推着旅客坐着轮椅来到登机口时,由于轮椅过宽而无法推客人进入客舱。南航贵州公司空保人员明意超得知情况后,立即赶到机舱口,带着善意和关怀的微笑低声询问旅客的情况。在征得旅客同意后,查看了旅客登机牌上的座位号,他小心翼翼地用双手将旅客从轮椅上稳稳抱起。由于机舱内空间限制,其他旅客登机后又在放行李或不时走动。明意超既要观察自己前后左右的旅客情况随时轻声提示,以免被抱着的旅客腿脚因甩动摇晃而不小心踢碰到他人;同时还要考虑到被抱旅客的舒适度与感受,不能走动得过快,也不能抱得太低,还要随时注意脚下是否有旅客手提袋或其他物品阻挡,以防被绊住后发生意外。当到达旅客座位后,明意超更是用全力保持着让旅客舒适的直坐姿势,自己努力弯下腰来半跪蹲着,然后以最轻柔的动作慢慢将旅客抱入座椅中,并为旅客系好安全带。

看似简单的"公主抱",因为在不算宽敞的客舱内进行,同时还要加倍关注旅客的情绪与感受,不能有丝毫的马虎和差错,所以一套"公主抱"动作下来,特别是在半蹲着抱起旅客时,让明意超这个大小伙子的额角上也不由迸起了青筋,冒出了一层薄汗。飞机抵达贵阳后,明意超又用同样的姿势,将旅客一路稳稳地抱下了飞机。由于全程服务与处理及时到位,该航班得以按时起降,未产生任何延误。

"给你们添麻烦了,多亏你们帮忙,小伙子辛苦了。把我照顾得也很好,抱得很稳当,很满意,很感谢。"下机时,旅客用"四个很"来形容他内心的感动和温暖。其他乘客也看在眼里,对其赞不绝口。

"真棒!""累不累啊,你们也挺辛苦的吧?""你们的服务真不错。""你是标准'暖男'啊!"

"中国好服务。"……旅客们对明意超和乘务组都不由竖起了大拇指并点头肯定。来自全机旅客的真诚赞扬让明意超这名来自南航贵州公司的年轻帅气的空保人员不太好意思地抱了抱拳,再次露出了他谦逊而朴实的"暖男式"微笑。

来源:https://www.toutiao.com/i6261843598174585345/.

拓展训练:

一、知识题

(一)填空题

1. 倾听的五个层次:完全没有听、_____、选择地听、专心地听、_____。

2. 同理倾听的技巧有_____、适当地反馈、重复对方的话、控制情绪、_____。

3. _____是指非语词性的身体信号,身体语言沟通就是通过动态无声的目光、表情、手势语言等身体运动,或者是静态无声的身体姿势、空间距离及衣着打扮等形式来实现沟通。

(二)判断题

1. 民航服务人员在与旅客的沟通中要进行正常、自然的目光接触,否则会让人感到被拒于千里之外,会使自己得不到别人的信任,会使自己与别人的沟通成为一个冰冷的、没有感情和生机的过程。(   )

2. 一个好的服务人员总是能有效地讲述并发问,赞同和附和讲话的内容时,要恰当地轻声说"是""嗯",或点头表示同意。(   )

3. 在人际沟通中要多参与,意味着要多说少听。(   )

二、技能题

(一)典型案例1

某航班从乌鲁木齐飞上海,在乘务组全部工作结束后开始巡视客舱时,24F的一名旅客问正在巡视客舱的男乘务员:"现在飞到哪儿了?"乘务员回答:"我也不知道。"旅客听后对于乘务员的回答非常不满,于是愤怒地说:"你是……吃啥饭的!"乘务员因为没听清就回头问了一下,旅客当时正看着窗户外面没有理会乘务员说什么,于是乘务员就拉了一下旅客的袖子,继续询问旅客:"先生您刚才说什么,有什么事吗?"于是旅客就说:"你是……吃啥饭的?你白干这工作的?"乘务员听后有些生气,没有很好地控制情绪而与旅客发生了争执,最后该旅客要意见卡投诉乘务员,经乘务长努力调解后旅客仍表示不接受道歉。

来源:http://www.shangxueba.com/ask/9389594.html.

思考:上述事件中既有语言又有动作沟通方式的使用,请你说说有哪些不妥之处。

(二)典型案例2

结局,意料之外

供餐结束,外场乘务员小G正在收取餐具和杯子。"呀!"旅客T突然发出了一声尖叫。原来小G不慎将水洒在了旅客T的电脑键盘上,小G立刻拿来餐巾纸,说:"先生,对不起,实在不好意思,我帮您擦干,真的太对不起了。""没关系,没什么事的。"旅客T态度平和地说。见到旅客如此客气,小G十分内疚却也很欣慰,为表示诚意,她主动将自己电话留给旅客 T 并表示如有问题找其解决。随即,小 G 便私下告诉外场乘务员 S 说:"这位旅客这么好,我们就不要告诉乘务长了,不会有事的。"乘务员 S 听闻旅客如此客气,便欣然同意。然而,航班结束后,小 G 却接到了旅客 T 的电话,他表示电脑键盘进水,乘务员小 G 必须将整台电脑买下,不然就投诉。小 G 表示不同意,仍然没有向乘务长和乘务部进行汇报。次日,旅客 T 便拨打 95530 进行投诉。

来源:https://mp.weixin.qq.com/s?__biz=MzAwMzI1MzM3Mw%3D%3D&idx=1&mid=2660660237&sn=62eac0d0d5c417ad039f6816e73f2369.

思考:发生上述事件,非常令人遗憾,请你从沟通的角度说说小 G 在处理事情上有什么不妥之处。

模块三

不同服务对象的沟通技巧

学习情境一　特殊旅客的服务沟通技巧

  学习目标

1. 了解重要旅客的群体特征和服务需求,掌握对重要旅客的沟通技巧。
2. 了解儿童旅客的群体特征和服务需求,掌握对儿童旅客的沟通技巧。
3. 了解孕妇旅客的群体特征和服务需求,掌握对孕妇旅客的沟通技巧。
4. 了解病残旅客的群体特征和服务需求,掌握对病残旅客的沟通技巧。
5. 了解老年旅客的群体特征和服务需求,掌握对老年旅客的沟通技巧。

  导引案例

因为贴心　所以信赖

2012年12月29日,一位国航白金卡旅客购票后拨打了国航高端旅客客户经理专线,提出第二天需要用国航专车将他送至首都机场。第二天,当他走出办公楼时发现原来接送客人的奥迪A6换成了宝马5系最新型轿车。自从国航2005年用6.88亿元改造波音747和空客A340两舱以来,针对高端旅客的全流程、无缝隙、高品质、个性化的服务已经保持了5年多时间,这次国航将宝马5系轿车加入高端旅客服务用车,就是旨在使服务硬件再上一个档次。

针对高端旅客,国航2010年年初推出了客户经理制,客户经理相当于五星级酒店的贴身管家,从售票、出行,一直到机场乘坐飞机,每位高端旅客都有客户经理直接负责。在国航地面服务部的电脑中,存储着4 700多名白金卡旅客的5 000多条信息,在旅客身上曾经发生的事情,旅客的习惯、爱好等,都有详细记录。平均每天都有300多名白金卡旅客从北京进出港,国航地面服务部的29名客户经理保证了对他们的个性化服务。不管旅客遇到什么问题,比如有的旅客把手机、衣服忘在了机舱里,只要给客户经理打个电话就能解决了。再比如有的旅客上午乘机走的时候不舒服,下午回来时客户经理就已经为他买好药等候在舱门口了。如果正好碰上旅客过生日,客户经理也不忘送上问候。

另一位坚持乘坐国航航班10年的白金卡旅客叙述了他的经历。2010年9月,他从青岛乘坐国航航班经北京中转去合肥,由于飞机从青岛起飞晚了两个多小时,他担心赶不上下一趟北京至合肥的航班,于是在青岛起飞前给北京的白金卡柜台打了电话,希望其将北京至合肥的登机牌提前打出,上飞机后他向乘务长说明了情况,临降落时乘务长请他坐到头等舱,以便第一个下飞机。当他下机来到中转柜台时,工作人员已经手持打印好的登机牌在恭候他了,没有耽误一分钟,他迅速赶往下一个航班登机口,赶上了北京至合肥的航班。无独有偶,当这位旅客时隔几天再次从北京飞往合肥时,遇到了堵车,在北京四环路上走了一个半小时还没上机场高速,他对赶上航班几乎不抱希望了,他试着给白金卡柜台又打了一个电话,说明堵车情况,问还能不能赶上飞机。工作人员告诉他不用着急,所有手续都会为他办好,来了就可以马上走。终于,当他离飞机起飞还有15分钟时下车,国航的工作人员已经手持登机牌在等候了,并引领他经过没人排队的白金卡专用安检通道,随后乘上一辆电瓶车到达登机口,在舱门关闭前跨进了机舱,短短15分钟就解决了问题。正是由于实行了客户经理制,有专人对每一位高端旅客负责,所以旅客才能如此顺利成行。

作为一家品牌航空公司,国航不断致力于满足高端旅客的需求,继改造空中两舱后,地面两舱服务也不断升级。为了解除旅客旅途的疲劳,国航在头等舱休息室增设了淋浴室、按摩室、睡眠室,24小时提供热餐,并且在国际头等舱休息室实行点餐服务,与西餐的服务程序完全相同。两舱休息室每月推出一次食品周和品酒会等,不但食品多种多样,茶、咖啡、饮料、汤也多达十几种。在影视区,频道增加到70多个,并且有英文电视节目。客人进入头等舱休息室时,有专人引领服务;客人中转时,在舱门口有专人接机。

国航针对高端客户的多项服务措施得到了旅客的认可,国航的白金卡旅客、大客户在不断增多,他们也给国航创造了可观的效益。

来源:http://editor.caacnews.com.cn/mhb/html/2011-02/02/content_70991.htm.

航空公司为高端客户提供了超品质的服务,除了本案例中提到的高端客户人群,老年旅客、儿童旅客、病残旅客等特殊旅客,都是航空公司在提供服务的过程中需要特殊照顾的人群,对这类旅客的服务沟通技巧不同于普通旅客,本章重点讲授这一特殊群体的服务需要与沟通技巧。

 理论知识

面向特殊旅客的有效沟通是民航服务人员综合素质和操作技能的具体体现,是民航服务人员的重难点工作。既考查服务人员对群体特征、服务需求的熟知程度,又考查对服务规范的熟练程度,更考验其基于特征、需求与规范的沟通应对。因此,面对不同类型的特殊旅客沟通,民航服务人员要做好三点:第一,要明确群体特征;第二,要明晰服务需求与服务规范;第三,依据沟通要点做好标准化、个性化、灵活化的综合处理。

什么是特殊旅客呢?特殊旅客是需要给予特殊礼遇和照顾的旅客,或由于其身体和精神状况需要给予特殊照料,或在一定条件下才能运输的旅客。特殊旅客的范围包括重要旅客、婴儿和儿童、孕妇、残障旅客、生病旅客、老年旅客、超胖旅客、犯罪嫌疑人及其押解者、被驱逐出境者和无签证过境旅客。

特殊旅客因其在年龄、身体、身份地位等方面情况比较特殊,有别于其他旅客。因为他们的身份特殊,因而也会提出较为特殊的服务需求。根据实际情况,我们对特殊旅客进行了一定的归纳与分类,总结出以下几种情况。

一、重要旅客

(一)概念及分类

重要旅客是指有较高身份、地位和知名度,在相关国家和地区或者对航空公司本身等有较大影响力的人物,或者是与航空公司关系密切的政府、企事业单位的决策人。因此,重要旅客服务也称为要客服务或者贵宾服务。

重要旅客一般分为三类:第一类为最重要旅客(VVIP),第二类为一般重要旅客(VIP),第三类为工商界重要旅客(CIP)。

1. 最重要旅客(VVIP——Very Very Important Person)

(1) 中共中央总书记、中央政治局常委、中央政治局委员、中央政治局候补委员;国家主席、国家副主席、全国人大委员长、全国人大副委员长;国务院总理、国务院副总理、国务委员;全国政协主席、全国政协副主席;中央军委主席、中央军委副主席;最高人民检察院检察长;最高人民法院院长。

(2) 外国国家元首、政府首脑、议会议长、联合国秘书长、国家指定保密要客。

2. 一般重要旅客(VIP——Very Important Person)

(1) 部级(含副级)党政负责人、在职军级少将(含)以上军队领导;国家武警、公安、消防部队主要领导;港、澳特别行政区政府首席执行领导。

(2) 外国政府部长(含副职)、国际组织(包括联合国、国际民航组织)的领导、外国大使和公使级外交使节。

(3) 省部级(含)以上单位或我国驻外使馆提出要求按 VIP 接待的客人。

(4) 著名科学家、中国科学院院士、社会活动家、社会上具有重要影响的人士。

(5) 北京市、上海市、天津市、重庆市及各省主要领导。

3. 工商界重要旅客(CIP——Company Important Person)

工商界重要旅客包括工商业界、经济和金融界有重要影响的人士。

对于机场来说,真正的 VIP 是国家领导人、党政机关军队的高级官员、两院院士等。而某些银行与机场有合作,作为银行白金卡持卡人,银行请机场也把持卡者当 CIP 对待,所以是银行的 VIP 就是机场的 CIP。

一般而言,机场 CIP 服务的配置是:专人协助办理登机牌(大部分有独立柜台),专用安检通道(大部分机场和头等/商务公用),普通休息室(一般在安检后),一般不需预约。

而机场 VIP 服务的豪华套餐一般包括:独立候机楼/候机入口,独立办理登机牌柜台,安检前休息室(方便同行人员送机),独立安检通道,安检通道后有小车送到登机口,一般需要预约。

(二) 重要旅客的群体特征

重要旅客有着一定的身份和地位,希望得到应有的尊重。由于重要旅客乘坐飞机的机会比较多,他们在乘机的过程中会对机上服务进行有意无意的比较。民航服务人员为他们服务时要注意热情、语言得体、落落大方,针对他们的需求更耐心周到、细致和用心。例如,当重要旅客一上飞机,就能准确无误地叫出他们的姓氏、职务;当重要旅客递给民航服务人员名片时,应当面读出来,这样可使重要旅客有一定的心理满足感。

与普通旅客相比,重要旅客通常有如下特征。

1. 社会地位方面

(1) 三者的身份地位都是较高的。

(2) VVIP 和 VIP 都是有一定的政治地位的领导及干部,两者相比较,VVIP 地位高,基本都是国家高级领导人。

(3) CIP 是在商业上有较高影响的人士。

2. 心理方面

(1) 更注重环境的舒适和接待服务时的感觉,他们的自尊心、自我意识强烈,希望得到与身份相符的额外尊重。

(2) 更希望能够得到服务人员提供的个性化服务、精细化服务。VVIP 旅客更加注重服务上绝对尊重,休息环境绝对安全、周到优雅;VIP 旅客更加注重被人尊重,环境舒适;CIP 旅客更加注重热情,认同感。

(3) 更注意精神上的沟通。民航服务人员要掌握更多得体的言谈举止,更优雅的气度风范,更灵活的变通能力,使重要旅客在整个航程中都心情愉悦。

知识链接:谁是民航班机的重要旅客?重要旅客服务注意些什么?

飞机就要起飞了,重要旅客却堵在了路上,飞机会选择等待,甚至等 15～20 分钟都很正常。那么,这些重要旅客都是哪些人呢?

1. 重要旅客包括谁

重要旅客主要包括高级领导和重要外宾,为了其正常公务不受影响,民航班机纳入重要旅客优先服务。一是省、部级以上的负责人;二是军队在职正军职少将以上的负责人;三是公使、大使级外交使节;四是由各部、委以上单位或我驻外使、领馆提出要求按重要旅客接待的客人。事实上,在实际的运行中,这个范围有所扩大。

把重要的客人服务好已是航空部门持续多年的任务。在中国民航局的要求下,几乎所有的航空公司、机场都设有专门接待重要旅客的"要客部",几个小时的飞行中,努力为他们提供顶级的 VVIP 服务。

早在 1993 年,当时的国家民航总局就已下发《关于重要旅客乘坐民航班机运输服务工作的规定》(简称《规定》),制定了详细的要客服务规定,成为各大航空公司制定要客服务手册时遵守的范本。

2. 要客投诉绝对、通通有效

在获悉要客要来的当下,一个 VVIP 保障预案就已经启动,分工之细,程序之多,非一般人所能想象。根据各大航空公司公开的地面保障手册,调度室调来一架状况最好的飞机还不够,维修基地还得对飞机来一次深度体检。同时,负责培养 VIP 航班乘务人才的质量管理室会展开乘务组人员的预先选拔和培训。

民航局同时规定,各单位对保密的要客乘机动态,尽量缩小知密范围。民航局还明确规定,在国务委员、副总理以上要客乘坐的航班上,严禁押送犯人或有精神病患者乘坐。

航班出港前,乘务组将会收到一份由航空公司运行舱汇编的要客喜好资料,对于这些从各种渠道得知的每个细节,空姐们都要熟知。

重要客人一句感谢的话,对于空乘来说是莫大的惊喜——可以获得不少的绩效加分。但要是要客们不满意,受到处罚的可不仅只有他们自己。

据业内人士透露,普通人投诉空乘,公司需要核实情况后再看有没有效,但要客的投诉通通有效,"如果要客不满意,整个飞行舱都会依次被降级"。南航海南分公司的规定更严,如果谁在执行要客航班任务中,受到中央领导批评,除了民航服务人员降级使用两年,甚至直接开除之外,民航服务人员所在单位领导也将被追究责任。

3. 给航空公司带来无形资产

就商业而言,航空部门未必是想从这些重要客人那里获得什么回报,而更多的是考虑品牌和口碑的效应。"把要客服务好,有助于树立品牌,是属于航空公司的一个重要营销手段"。

每次要客航班任务完成,乘务长都会写一份总结上交客舱服务部。对于航空公司来说,这份包含了要客评价、服务过程的报告,不仅是民航服务人员培训的实战案例,更是宣传自身形象的重要文案。

在飞机上,各航空公司也会试图更多地影响这些重要客人,宣传自己。因为有了舱内的良好互动,航空公司和重要客人之间的彼此了解自然也会延伸到舱外,尤其对一些身份是省部级领导的官员。如果能赢得各地政府的支持,各航空公司自然可以获得良好的发展环境,而各地政府官员也希望航空公司能为地方经济发展助力。

这种双赢的格局同样存在于航空公司和上级主管部门民航局之间。一方面,由于是民航局下达的要客接待要求,使得航空公司可能会为了接待要客牺牲一些经济利益。但另一方面,把要客服务好,在良好的口碑之下,各种业务也会接踵而来。且不说诸如"两会"这样的公务包机,即便是公务人员出国,民航局也会尽量考虑国内公司的利益。

来源:http://www.zgdlys.cn/gd/2014/0720/1908.html。

知识链接:

金银卡旅客、工商界重要旅客(CIP)是航空公司的顶级会员,虽然在职位上不同于重要旅客(VVIP、VIP),但他们是能够为航空公司带来巨大收益的高端旅客。

金银卡和CIP旅客的心理特点及服务:

金银卡、CIP旅客对其航空公司的忠诚度很高,其需求具有个性化、高层次的特征。这些客户大多为商务旅客,他们希望享受区别于普通旅客的更为舒适、差异化的增值服务,譬如宽松些的座位、多品种的报纸和餐食。

在飞机上静静地看看文件、闭目养神、不受干扰。所以客舱民航服务人员要为他们提供更加精细、个性化的服务,在航程中营造温馨舒适的商务乘机氛围。

如机上有金银卡、CIP旅客,带班乘务长应及时获取金银卡、CIP旅客的乘机人数和信息,接受金银卡、CIP旅客名单,并将信息通告区域乘务长和客舱民航服务人员,由其对本区域的金银卡、CIP旅客提供全程的姓氏服务、优先选餐、预留餐食及其他个性化服务。

带班乘务长应亲自向金银卡、CIP旅客作自我介绍,了解他们对服务的感受,征求意见,收集金银卡、CIP旅客相关信息并反馈到相关部门。

航班结束后,带班乘务长要将金银卡、CIP旅客信息单、要客的反馈信息填写在乘务日志上并带回有关部门。

来源:http://www.caacnews.com.cn/zk/zj/csj/201706/t20170602_1215674.html.

(三)重要旅客的服务需求与规范

1. 座位安排

对重要旅客在飞机上的座位应予以预留,通常会安排在其相应座位等级的可用区域座位的第一排或其他旅客的前排。若同一航班有多批重要旅客时,应按其身份级别高低从前向后安排,即重要旅客的座位排序应该为 VVIP—VIP—CIP,但要兼顾旅客的意愿及实际情况。

2. 候机服务

(1)重要旅客乘机行程预报

建立重要旅客信息数据库,与客运部服务系统对接重要旅客信息数据库,布置安排休息厅,组织当天的服务人员学习重要旅客的信息。

(2)重要旅客信息内部流转

根据重要旅客座位需求,提前预留座位,通知值机人员重要旅客座位预留情况,并提前打印重要旅客登机牌。服务人员将重要旅客信息及旅客需求交接给民航服务人员。服务人员填写《服务日志》完善重要旅客数据库信息。

(3)引导员服务

主动迎接,提供姓氏服务,引导至相应休息厅。确认重要旅客信息,递交登机牌并询问座位是否满意,是否需要更改。与随行人员交流,询问是否有行李需要托运,并告知最新安检规定。办理托运手续。协助填写贵宾服务卡,简要了解旅客对于候机服务的需求。将随行人员引导至休息厅,登机时间前10分钟,通知专用摆渡车到位,提示旅客准备登机。前5分钟到达休息厅,提示旅客注意安全。引导重要旅客至座位,放好行李后礼貌告别。将重要旅客服务卡交接给民航服务人员,写《服务日志》。

(4)休息厅服务

安排贵宾休息室时,应根据当时的VIP情况按照级别安排,如贵宾座位有限或不便多批贵宾集中安排,可安排到头等舱休息室候机,但应按贵宾等级服务。重要旅客本人无论是否持有头等舱客票,均应安排在当地机场头等舱休息室候机。

① 准备迎客:布置清扫休息厅、检查服务设备是否完好,服务器具是否齐全。提前预热毛巾,开启设备,准备好茶点,微笑站立在休息厅前等候客人。

② 服务过程:自我介绍,礼貌询问。快速为客人提供茶点,送至客人面前,并采用蹲式服务。简单了解旅客乘机时的服务需求。服务员退至服务间入口处,随时关注旅客用餐情况,及时为旅客提供服务。注意监听旅客所乘航班信息,并主动告知旅客。对旅客提出的意

见和建议耐心听,认真记,及时反馈和改正。

③ 送客及善后工作:提示立刻开始登机。将贵宾服务员交与引导员,礼貌道别,并目送客人离开。检查休息厅内是否有旅客遗留物,并及时通知引导员,填写《服务日志》。

案例 3-1:

头等舱旅客遗落名表　国航西南客舱快速归还

民航资源网 2017 年 2 月 23 日消息:"这是邓先生落在飞机上的表,之前已经电话与邓先生联系并核实过具体情况了,请您收好并尽快转交邓先生。"当西南客舱值班经理樊雪将这块精美的男士手表交到邓先生的秘书手中时,对方连说了好几声"谢谢",并告诉樊雪:"邓先生非常感谢 CA4110 乘务组的拾金不昧,也非常感谢能这么快就物归原主!"

2017 年 2 月 22 日 23:30,由国航西南客舱部李莉乘务组执行的北京至成都 CA4110 航班在成都双流机场平稳着陆。当头等舱旅客陆续下机,乘务员吕鑫和杜婉嫣在清舱过程中发现其中一个座位上有一块非常精美的男士手表。"这一定是刚刚坐在这里的男士不小心落下的,这么精美的表应该价格不菲,要尽快找到失主,免得他着急。"想到这里,吕鑫立即报告了主任乘务长李莉,并快速跑下机到头等舱 VIP 车去寻找失主。可是此时 VIP 车已经离开,已无法第一时间将表物归原主,只能暂时将表交给主任乘务长李莉。李莉接过这块表粗略一看,发现这是一款非常名贵的表,这么名贵的表一定要想办法尽快联系上失主。于是李莉将手表带回了客舱部,交到了值班经理樊雪手中,请樊雪经理帮忙找到旅客的信息并尽快归还给旅客。

樊雪经理仔细询问了李莉该旅客的座位、年龄并通过系统查到了旅客的姓名,接下来应该怎样才能获得旅客的联系方式,尽快联系到旅客告诉他表已经捡到了呢?樊雪突然想到生产运行室的经理以前在地面服务部工作,应该能够请地服部的同事帮忙调取旅客联系方式,与旅客取得联系。在两位经理共同努力和跨部门间的通力配合下,很快就得到了失主的联系方式。为了不影响旅客休息,樊雪经理在第二天一早七点联系到了失主邓先生,在经过电话里对手表特征的各项确认之后,邓先生对于手表能够失而复得非常欣喜,立即安排了秘书到客舱部取回遗失的手表,并且送去了对乘务组和西南客舱的感谢,于是出现了文章开头的一幕。

来源: http://news.carnoc.com/list/393/393185.html.

3. 登机服务

通常安排重要旅客在其他旅客登机完毕后再行登机。在国务委员、副总理级别以上重要旅客乘坐的航班上,严禁押送犯人或有精神病患者乘坐。登机时应派专人将其引导至机舱内,并与当班乘务长交接。如飞机停靠在远机位,应派专人将其送至飞机下并引导至机舱内,与当班乘务长交接。航班离港前,应填写"特殊旅客乘机通知单",将重要旅客及其座位号等信息通知乘务长。航班离港后,应拍发重要旅客电报,将其乘机信息通知经停站和到达站。当 VIP 旅客的专车到达时,民航服务人员要在机舱门口迎接问候、安放行李、入座后,立刻提供报纸杂志、温热小毛巾和饮料。

案例 3-2:

尽善尽美的服务

一般来说,要客享受到的照料从他订机票的那一刻就已经开始。

民航局规定,要客订座、购票,应该优先保证。接受《南方周末》记者采访的航空界人士均表示,每个航空公司的内部系统都有一个长长的要客名单。按照民航局上述《规定》的界定,如果订票者的身份是省、部级(含副职)以上官员,军队在职正军职少将以上军官,公使、大使级别外交官这样的重要客人(在一些航空公司的要客目录中,两院院士也榜上有名),系统就会提醒:要客来了。

起飞前一天,各大始发站都得将次日航班的要客名单表送至民航局、航空公司、机场及所有业务单位,其中最操心也是最核心的部门是航空公司。

对于一些特别的要客,航空公司高层要亲自迎送,有的会亲自驾驶飞机。根据深圳航空有限责任公司(Shenzhen Airlines Ltd.,简称"深航")的一篇宣传稿,2009年,一位省部级官员乘坐的从无锡出发的航班,就是深航无锡分公司总经理亲自掌的舵。

到了机场,办理乘机手续、托运行李这些杂事,要客部门有专人协助。而在硬件一流的机场贵宾休息室专用房间,要想辨认哪位才是省部级以上官员,有时候可以看看他手里捧的茶具是不是专用的。

"在我们这儿,所有省部级领导都有专用茶具,机场会一直为他保留,也会为新上任的省部级领导准备一套。"西部某机场要客部服务人员陈伟(化名)说,两院院士除外。

至于这些重要的客人喜欢喝什么茶,一旁的服务员都会记录在案,下次一来便知。"比如西部某省省长最爱普洱,也爱吃凤梨酥、牛肉干。"陈伟说。

随后,会有车辆通过免检通道将要客先行送达机舱门口,"要客如果来得太赶,不需要在机场停留,直接把车从办公室一路开到停机坪。"一位知情人士说。对于要客来说,有头等舱的航班坐头等舱,没头等舱的,民航局规定,航空公司也会给他们挑个舒适的座位。

刚刚坐下,是想来点面条,还是米饭?是吃软食,还是硬点的?是中餐,还是西餐?这些很多时候无须要客操心,上飞机之前,空姐们已经对很多重要客人的喜好有所了解。

海南航空股份有限公司的空乘人员在一篇公司宣传稿中回忆,他们曾发现一位重要领导对部分食物过敏,在一次包机任务中为他特制了清淡的餐食。如果是在包机上,要客们还可以享受点餐服务。根据金鹿公务航空公司的一份采购清单显示,可供要客选择的菜品有百种之多。

有的时候,飞机就要起飞了,要客却堵在了路上,这个时候,有的机长会选择等待。"等个15~20分钟都很正常,我们一般都跟乘客说是航空管制,大家已经习惯了飞机晚点。"某航空公司要客部空姐王璐(化名)说。

不过乘客为此付出的等待会得到回报。民航局规定,凡是要客乘坐的航班,不得随意取消或变更,而让有要客的飞机先飞起来,亦是多年来的原则。

如果飞行旅途中要客想好好休息一下,空姐们则会最大限度地保持安静。《南方周末》记者采访的民航服务人员回忆,他们在有要客的客舱巡视时往往是脚掌着地,没一点"咚咚"的声音,关洗手间也是极轻极慢地拉动门闩,不发出一点刺耳的噪声。

经过几个小时的飞行,飞机缓缓降落,按规定,要客会先走;民航局还规定:贴有VIP标志牌的行李应放置在靠近舱门口的位置,以便到达后优先卸机。

来源:http://news.carnoc.com/list/181/181191.html。

4. 到达服务

到达站应注意掌握重要旅客所乘航班的到达信息动态,接到其所乘航班到达信息后,应通知接待单位。航班到达后,应派专人引导重要旅客。贵宾接待人员应按规定程序在航班着陆前10分钟到达停机位,并准备好贵宾摆渡车。

知识链接:有关重要旅客乘机服务标准

第一条　高度重视重要旅客运输服务工作

1. 对重要旅客,值班领导要亲自迎送;对国务委员、副总理以上的重要旅客,各单位主要领导要亲自迎送。

2. 航空公司,省局、航站要设立要客服务部门(含兼管部门),并将该部门的职责、电话号码等通知当地党、政、军等有关部门。

3. 要客服务部门要选派有经验、表现好、责任心强的人员参加。

第二条　优先保证重要旅客的机票、座位

1. 重要旅客订座、购票,应予优先保证。

2. 接受重要旅客订座时,应请经办人详细填写《旅客订座单》,了解清楚要客的职务、级别和需要提供的特殊服务。

3. 重要旅客需预订联程、回程座位时,接受订座单位应及时向联程、回程站拍发订座电报,并在OSI项中注明VIP字样、职务(级别)和特殊服务的要求。

4. 联程、回程站接到重要旅客订座电报后,应保证座位并及时拍发答复电报。

5. 凡有重要旅客订座、购票的航班,不应随意取消或变更。如有变更,应尽早通知重要旅客的购票单位,并做出妥善安排。

6. 重要旅客取消旅行或改变乘机日期、航班时,原接受订座单位或值机部门应及时拍发变更电报,并通知各有关部门。

7. 在国务委员、副总理以上重要旅客乘坐的航班上,严禁押送犯人、精神病患者乘坐。售票处和值机部门要严格把关,并通知货运部门,严禁在该航班上装载危险物品。

第三条　做好重要旅客的信息传递

1. 重要旅客购票后,售票单位应及时(最迟在航班飞行前一天下午4时前)将重要旅客的姓名、职务、级别、随员人数、乘坐航班、日期、到达站、特殊服务等情况,通知始发站、中途站和到达站及重要旅客乘坐飞机所属公司的要客服务部门(部门代号为VP)。

2. 始发站的要客服务部门应在重要旅客乘坐航班飞行前一天编制次日航班的重要旅客名单表,并于航班飞行前一日分别送给管理局、公司、机场或省局、航站、分公司的领导和各有关业务部门。临时收到的要客信息要及时补充通知。

3. 始发站的值机部门在航班起飞后,应即拍发要客VIP电报,通知各有关中途站和到达站的要客服务部门,要客服务部门再通知驻机场各有关单位领导和各有关业务部门。要客电报应包括:航班、日期、飞机号码、要客姓名、职务、人数、行李件数和舱位等内容。

4. 航班不正常时,始发站商务调度部门应及时将航班延误情况发电告知各有关经停站和到达站要客服务部门,要客服务部门应及时报告有关领导、部门和接待单位。

各单位要对有关人员加强保密教育,对保密的重要旅客乘机动态,尽量缩小知密范围。

第四条　优先为重要旅客办理乘机、到达手续

1. 值机部门应优先为重要旅客办理乘机、行李交运、联运等手续。在未设头等舱的航班上,应尽可能地将较舒适的座位提供给重要旅客。

2. 重要旅客的行李要贴挂"重要旅客(VIP)"标志牌。装卸时,要逐件核对,防止错运、丢失或损坏。始发站和经停站在装卸行李、货物时,要将贴挂"重要旅客(VIP)"标志牌的行李放置在靠近舱门口的位置,以便到达站优先卸机和交付。

3. 重要旅客到达目的站后,应先向重要旅客交付交运行李。

第五条　做好重要旅客的地面接待服务工作

1. 要客服务部门接到有重要旅客的通知后,应事先准备好贵宾休息室,并备妥供应物品。

2. 要客服务部门应派专人协助重要旅客办理乘机手续和提取行李。

3. 服务员必须掌握航班信息,及时将航班起飞时间通知重要旅客,并负责引导重要旅客上飞机。

4. 航班延误时,应首先安排好重要旅客的休息和食宿。

5. 贵宾休息室的服务人员要按规定着装,举止大方,热情有礼貌,主动、周到地做好服务工作。

第六条　做好重要旅客的机上服务工作

1. 乘务组应事先掌握重要旅客身份和是否有特殊服务的要求,并根据掌握的情况研究具体服务方案。

2. 民航服务人员要热情引导重要旅客入座并为其保管好衣帽等物品。

3. 配餐部门应根据重要旅客特殊服务的要求,配备餐食和供应品,要保证食品新鲜、美味、可口。

4. 民航服务人员要根据每位重要旅客的情况,主动、热情、周到地做好机上服务工作。

5. 民航服务人员要加强客舱巡视,及时满足重要旅客的服务要求。

6. 民航服务人员应引导重要旅客先下飞机,并热情送行。

来源：http://industry.caijing.com.cn/2013-11-29/113629226.html。

(四)重要旅客的服务沟通要点

1. 服务语言要规范

重要旅客服务表达是一门以行动、语言为表达手段的富有创造性的工作。从事这项工作的服务人员要字正腔圆地进行表达,还必须在此基础上对语音、语调、语感、语速以及语言组织能力进行提高。

服务人员在为要客服务时可称呼职务;对国务院、政协等领导可称呼"首长";对要客夫人可称呼"夫人";对要客的陪同可称呼职务;对外宾的称呼要尊重其本国的习惯,如表3-1所示。

表 3-1　重要旅客服务的工作标准和话术范例

项　目	标　准	话　术　范　例
姓氏尊称	全程提供姓氏尊称服务,若知道旅客职务,则"姓氏＋职务"称呼优先使用	"王总,您好！/早上/中午/晚上好！"
介绍	有领导同行接待,与要客不熟悉,先向要客介绍领导	"王总,您好！这位是中国南方航空公司××总经理！"
	自我介绍,阐述清楚身份	"王总,您好！我是南方航空公司服务人员×××,很荣幸为您服务！" 中转/到达站—"王总,您好！欢迎来到××。我是南方航空公司服务人员×××,很荣幸为您服务！"
信息告知	引导过程中,耐心、准确回答旅客的询问。首次见面时应主动告知航班动态	"王总,您好！您乘坐的航班/衔接的中转航班,目前正点。"
中途离开	如应要客要求,不需陪同,则要为旅客指明方向,并提供咨询方式。同时告知下一流程点要客特征、路线,做好全程跟进服务	"王总,您好！向前走50米就是×××登机口/明珠休息室,沿路有清晰的指引;如果有任何疑问可向工作人员咨询或者拨打我们的服务电话。"（递上印有现场服务支持电话的卡片等）
道别	主动和要客礼貌道别	√客舱："王总,祝您旅途愉快！" √旅途结束："王总,欢迎您再次乘坐南航航班！"

来源：南方航空公司《重要旅客服务工作标准》

2. 服务态度显尊重和关注

服务要顾及重要旅客的身份和面子,通过微笑服务、问候服务、姓氏服务等来表现出更多的关切,提供文明、主动、礼貌热情、周到的服务。如在称呼要客时,全程使用姓氏尊称来服务,征求旅客意见后,通常用其姓氏＋职位或军衔来称呼国内的重要旅客。如表3-2所示为微笑与问候的工作标准与话术范例。

表 3-2　微笑与问候的工作标准与话术范例

标　准	话　术　范　例
√十步微笑：在距离旅客十步左右,工作人员应接触旅客的眼神,展示微笑 √五步问候：在距离旅客五步左右,工作人员应起立、主动问好	先生/小姐,早上/下午/晚上好！请出示您的证件及机票 Good morning/afternoon/evening. Sir/Madam, Please show me your ID card/passport and ticket

来源：南方航空公司《重要旅客服务工作标准》

案例 3-3：

好的服务,打动人心

某次航班上迎来了一名 VIP 旅客,在与地服人员交接好之后,乘务长便把其引导至普通舱第一排就坐并按要求为 VIP 旅客提供了服务。此时该名 VIP 却向乘务长提出需要坐到头等舱去。按照公司规定,乘务长马上询问旅客是想积分升舱还是现金升舱,该名 VIP 却生气地说："别的航空公司都是直接把我请到头等舱,你一个乘务长这点权利都没有,算了,不要废话了。"乘务长莞尔一笑,也没有马上进行解释。待平飞后,乘务长端着泡好的绿茶和红茶,一块热毛巾以及一份头等舱水果,来到 VIP 旅客身边,说："这是特意为您泡制的绿茶和红茶,还有为您准备的水果,请您享用。"旅客没有拒绝,神情也缓和许多。得知该 VIP 旅客第一次前往 N 地，乘务长随即又跟旅客介绍了 N 地的名胜古迹和特色小吃。带着轻松愉快的心情听完乘务长的介绍，VIP 旅客非常愉悦地向乘务长表示感谢。下机时，乘务长将旅客送至廊桥口，该 VIP 再次表示了感谢，随后便拨打了 95530 进行表扬。

来源：中国东方航空公司客舱案例手册 2016 年 11 月刊

3. 提前了解旅客信息

在航行前接到重要旅客信息后，带班乘务长可事先通过公司旅客信息库、互联网等相关媒介了解该旅客的各类信息，特别是喜好，同时登机后尽早向其随行人员了解他们的饮食习惯、生活习惯，为服务工作提供参考。

案例 3-4：

谁动了我的特权

W 女士是东航的银卡会员，因工作需要，经常乘机往返于 A 地和 B 地之间。同往常一样，W 女士登机之后便依据登机牌找到了自己的座位入座。可是，今天她却没有在自己的座位上看到任何一件提前为银卡会员准备的机上物品。正在疑惑之时，W 女士听见了民航服务人员在和身边的一位刚入座的旅客热情地打着招呼。带着强烈不满的情绪，W 女士飞完了这段旅程。下机时，W 女士径直走到机舱门口，她向乘务长表示外场民航服务人员误将自己身旁的旅客当成会员，为其提供了高端服务，自己却没有享受到相应的会员服务，还提出自己经常被民航服务人员误认为男性，因此强烈要求投诉。由于旅客信息库中对 W 女士的身份登记错误，造成了不必要的误会。旅游信息库是乘务员了解旅客最好的窗口，登记信息务必准确。

来源：中国东方航空公司客舱案例手册 2016 年 11 月刊

4. 服务环节要细致

不能因服务内容随意打扰 VIP 旅客的休息。一旦发现旅客想要休息，客舱服务人员要尽快将客舱的灯光调暗，调低音乐的声音，提供良好的休息环境。特别是夜间飞行的航班更要注意这些服务细节，服务人员一定要灵活，要能随时观察到旅客变化的需求，以满足他们瞬间的需要。在销售免税商品时，请 VIP 旅客优先挑选。

案例 3-5：

要客服务出错巧应对

从三亚飞往上海的南方航空公司的 3835 次航班上，有一位在普通舱前排就座的旅客。当该旅客刚走进公务舱，欲上前舱洗手间时，受到了前舱安全员和民航服务人员的劝阻。客人有些不悦，轻轻地问了一句："地面没有报给你们吗？"便很有涵养和风度地去了中舱。"报什么？"一句话弄得安全员和前舱民航服务人员高梦元一头雾水。高梦元带着疑虑把这件事及时地报告给乘务长张警予。富有多年乘务工作的张警予没有忽视旅客的这句话，而是等到该旅客坐好后，耐心细致地询问了该旅客的情况。原来该旅客是海南省某部门的领导，在乘机的空地服务中应该享受 VIP 的待遇，而且在候机楼时已经是这样做的，可是不知是什么原因，上飞机时地面人员没有报告给机组，所以飞机上就没有把该旅客按照 VIP 的规格进行接待，使得该旅客有些茫然。该怎么办？如果现在贸然地把该旅客安排到公务舱，显然不符合有关的规定,如果把他当成一般的旅客对待,对他来说显然有些委屈。

如何对待这位没有报名单的VIP旅客呢?本次航班,公务舱没有客人。张警予就让公务舱的服务人员高梦元重点关照这位旅客。一会儿送来咖啡、茶水,一会儿送来热乎乎的毛巾。该旅客要看报纸,高梦元又从飞机上给他找来各种报纸。张警予在征求该旅客对服务的意见时也向他表示:"在飞机上如有什么要求请提出来,只要不违反规定,在我们机组的权限范围内,我们尽量帮助解决。"

该旅客被张警予的真诚所感动,提出因为自己下飞机后要赶时间,能不能把托运的行李尽快取出。服务人员王浩东自告奋勇地来负责完成这项工作,使该旅客流露出满意的笑容。在2个多小时的旅途中,该旅客虽然被漏报了VIP,但是他同样享受了南航签约的优质服务。飞机刚停靠廊桥不久,王浩东便把该旅客的托运行李提到了他的面前,为他的下一步计划赢得了时间。下飞机时和前来飞机旁接他的朋友们一再对机组的热情服务表示感谢。

来源:http://news.carnoc.com/list/52/52119.html.

二、儿童旅客

(一)儿童旅客的定义

儿童旅客(CHD)是指在旅行开始日尚未达到12周岁生日但已达到或超过2周岁生日的旅客。儿童旅客按照年龄分,细分为婴儿、幼儿、学龄儿童,按照有无成人陪同也可以分为无陪儿童(年满5周岁但不满12周岁,没有年满15周岁且有民事行为能力的成年人陪伴、独自乘机的儿童)、有陪儿童等。

出生不到14天的婴儿不予承运。单独乘机的儿童,5周岁以下的无成人陪伴儿童不予承运。无人陪伴儿童指5周岁至12周岁以下无成人陪伴的儿童,无人陪伴儿童必须符合航空公司的运输条件方可运输。一个成人旅客携带4名或4名以上的儿童乘机时,应在乘机前7天向售票处提出申请,经有关部门同意后方可办理订票手续。

(二)儿童旅客的群体特征

1. 婴儿旅客

出生14天至2周岁以下的婴儿应有成年旅客陪伴方可乘机,不单独占用座位。两周岁以下的婴儿必须由其陪护人抱着,或乘坐在经局方批准的在其陪护的成年人座位旁的儿童限制装置内。

2. 有成人陪伴的儿童旅客

儿童性格活泼好动,天真幼稚,好奇心强,善于模仿,判断能力差,做事不计后果。鉴于儿童旅客的这些特点,民航服务人员在服务时,尤其要注意防止一些不安全因素的发生。如要防止活泼好动的小旅客乱摸乱碰飞机上的设施;航班起飞、降落时要注意防止小旅客四处跑动;给小旅客提供热饮时,要防止他们碰洒、烫伤等。

案例 3-6：

飞机颠簸 烫伤儿童

某航班，一对夫妇携孩子(儿童)乘机，乘机过程中孩子想要一杯水，客舱乘务员为其倒了一杯开水，孩子在喝水过程中飞机颠簸，不幸热水洒出，致使烫伤。

来源：http://www.kongjie.com/thread-458257-1-1.html。

案例分析：

1. 为旅客提供热饮时，除非旅客特别指出(热饮五成热度即可，按照矿泉水、开水 2∶1 的配比提供，口感微温，且要做好语言提醒)，防止因飞机颠簸或者人为原因造成烫伤。

2. 为小旅客提供热饮时，不要将热饮直接递给小旅客，尽量给其监护人并做好叮嘱。

3. 不论是民航服务人员的责任还是旅客自身的责任，发生烫伤第一时间首先做紧急处理，如确认伤势、冷敷、联系医生或地面等，并做好安抚旅客及其家人的工作。请旅客所填的各类单据、书面内容视情况而定，不要一味机械化、程序化地在其还处于极度不安的状态下填写，易引起旅客反感。

3. 无成人陪伴儿童旅客

无陪儿童独自一人旅行会害怕、惊奇、担忧、害羞、恐惧。经常独自旅行自然就变得老成、自信、自立。伴随着父母或亲人离开，有的孩子还可能表现出烦躁、坐立不安、不听解释、吵闹着要见父母。面对不同年龄层、不同乘机经历的无陪儿童，我们的沟通方式也应随之变化。客舱民航服务人员应格外注意其言行，给予特殊的照顾。

案例 3-7：

哭闹的无陪宝宝

正在哭闹的孩子名叫彭靖涵，是搭乘厦航 MF856 要前往天津的 6 岁无陪儿童。根据当班工作人员回忆，小朋友到现场的时候就特别紧张，小手紧紧拽着来送她的小姨的衣角。当工作人员要与她沟通时，她也是一个劲儿地躲在小姨背后。这样的紧张气氛一直带到了安检口，到了她与小姨不得不分开的时候，那时，小姑娘的眼睛里已经开始泛起了泪光。

后来小姑娘越哭越厉害，值机工作人员马上找到当时给小朋友办理手续时填写的《无成人陪伴儿童乘机申请书》，从上面找到了她小姨的电话。然而，小姑娘的小姨在送完小姑娘之后就赶往泉州办事去了，目前正在高速公路上，根本没有办法回来。于是，现场工作人员便试图让小姨通过电话安慰哭闹的小姑娘，但孩子看不到大人，怎么也不依，依旧哭不停。

孩子的哭闹引起了登机口服务人员和旅客不安的情绪，也引来了当天服务值班主任林龙萍的关注。身为人母的她可以说对小孩子的情绪是有更深感知的。果然，细心的她在查看了小朋友的交接单据时，发现了小姑娘有个很可爱的乳名"萌萌"。于是，她面带微笑地蹲在小姑娘面前，亲切地问道："萌萌，你为什么哭呀？"只是这一句话，你相信吗，孩子的哭声竟一下弱了下去。这一声乳名，似乎让她感觉到了最熟悉的亲人来到了她的面前，心中自然衍生出一份安全感。

突破了"萌萌"这道心理防线，林主任紧接着拿出纸巾帮她擦干了脸颊上的泪水。边擦边说道："萌萌，你来的时候是不是也是一个人来的呀？"小姑娘轻轻地点了点头。"那你来的时候有没有哭呀？"小姑娘轻轻地摇了摇头。"那为什么要回去还哭呢？是不是不想回去呀？"这时，小姑娘怯怯地说："来的时候是妈妈一直送我到飞机上的，这里没有人……"说着说着声音渐渐弱了下去。看着萌萌羞怯的脸蛋，林主任微笑着从手中的工作包里拿出事先准备好的糖果，塞进了她嘟起的嘴里，问道："好吃吗？"这时，萌萌终于露出了大家期待已久的笑容。

之后的时间里，林主任就一直陪在萌萌的身边，陪她聊天，陪她看随身携带的儿童书。而萌萌似乎也把林主任当成了"妈妈"，一直依偎在她怀里，脸上也一直挂着灿烂的笑容。

终于到了登机的时刻，林主任牵着萌萌的手，一步一步把她带进了客舱。到了要分别的时候，萌萌的眼中又闪出了泪光。林主任又拿出了纸巾，轻轻帮她把泪水拭去。"萌萌不哭，上飞机后要听漂亮姐姐的话。阿姨这里还有些糖果都给你，想哭的时候你就吃一颗。阿姨答应你，明年如果你还来厦门，阿姨亲自来接你，好吗？来，给阿姨笑一个。"一番温情的话语，萌萌最终留下了最灿烂的笑容。而关舱的那一刻，林主任的眼中却泛起了一丝晶莹的光。

来源：http://finance.ifeng.com/air/hkxw/20090831/1175629.shtml。

（三）儿童旅客的服务需求与规范

1. 婴儿旅客

（1）调整好通风器，注意不要让通风口直接对着婴儿及其陪伴人员。

（2）在飞机起飞、下降过程中可能出现压耳症状时，告诉陪同人员唤醒婴儿，提醒抱婴儿的旅客给婴儿喂水或奶做吞咽动作，来帮助婴儿缓解压耳症状。

（3）迎接他们进入客舱，找座位、安排行李，不可将抱婴儿的旅客安排在紧急出口的座位。

（4）提醒坐在过道旁的带婴儿旅客，婴儿的头部不可朝向过道方向，以免被过往的旅客和餐车碰到。提醒成年旅客不要将通风口吹向婴儿，以防婴儿着凉。

（5）主动向婴儿的母亲介绍机内紧急设备和服务设备（呼唤铃，通风器），厕所中婴儿换尿布的设备等的使用。如飞机洗手间可供婴儿旅客使用，服务人员应告知成人旅客厕所内婴儿板的使用方法。

（6）安排在前排或能放摇篮的地方，妥善安排好随身携带物品，帮忙系好安全带，用小枕头垫在婴儿的头部，提醒母亲在飞机起飞、下降和颠簸时保护好婴儿。

（7）向监护人征询婴儿喂食、喝水的时间和用量，有无特殊要求，将奶瓶、奶嘴洗净消毒，根据其要求协助冲好牛奶。

（8）许多航空公司在一些国际航班上，可为不占用机上座位的婴儿提供机上婴儿摇篮。同时，为使资源得到更合理的利用，规定只接受一岁以下、身高70厘米以下、体重15千克以下的婴儿。

案例 3-8：

婴儿饿肚在航班上哭闹　南航乘务长借奶救急

深圳—郑州的CZ3989航班飞机上有五个儿童和两个婴儿。当天飞机的APU有噪声问题，一位年轻的爸爸抱着一个婴儿走上飞机，可能是第一次乘坐飞机，上来后他有点茫然地站在那里。这时民航服务人员看到了就对他说："今天旅客不是很多，我帮你安排靠前的座位吧！

那样噪声会相对小一些,婴儿会舒服些。"然后就将他们安排到经济舱第一排的位置上。

但是没过多久,婴儿就开始哭闹。乘务长听到婴儿的哭声就走了过来。看到这位父亲太年轻,就问他是不是该给婴儿换纸尿布了?给小婴儿解开尿布一看,真尿了,然后乘务长就协助他给婴儿换好新的尿布,可是这样并没使婴儿的哭闹停止,反而哭得更加大声了。这时后排一位女士就说是不是婴儿饿了,该给她喂些奶了!民航服务人员说可以帮他去冲。可是这位年轻的父亲却犯难了,因为早上出来太仓促,竟然忘了带奶粉,这可把乘务长给难住了。飞机上的头等舱配有牛奶,但那是成人喝的,和婴儿的奶粉有很大的区别,怕婴儿喝了会有不良反应。这时客舱服务人员想起后舱还有一位带着婴儿的妈妈。民航服务人员建议能不能去和那位妈妈商量一下借些奶粉给这个婴儿充饥。于是民航服务人员就抱着试试看的想法找到了那位妈妈。当她听了乘务长说的这个情况后,马上拿出自己带的奶粉给民航服务人员。民航服务人员回到服务台按照说明给小婴儿冲了150毫升,试过温度后就拿给那位爸爸。当婴儿吃到了奶粉后马上就停止了哭声。当飞机平飞了一会儿后,小婴儿吃饱了躺在座椅上舞动着小胳膊、小腿,并不时地发出"咯咯"的笑声。看到这些,不仅年轻的爸爸笑了,客舱服务人员也笑了。

来源:http://news.carnoc.com/list/68/68471.html.

知识链接:婴儿乘机须提前申请

为了宝宝的旅行安全,航空公司规定出生14天以内的婴儿和出生不足90天的早产婴儿是不能乘坐飞机的。只要超过出生日14天,宝宝的身体机能便可以适应乘机环境。但也有医生建议,婴儿应在满月以后且无任何疾病表现时才可乘坐飞机。理由是未满月的宝宝比较娇嫩,对外界还不太适应,起居环境变化最好不要太大,也不太适宜长途旅行,所以旅行还是等宝宝满月以后为好。

如果带宝宝乘机,需要携带婴儿护照、出生证明或者户口簿等证件。乘机当日未满两周岁的婴儿,可按成人正常票价的10%购买婴儿客票,不单独占用座位。如旅客希望宝宝单独占用座位,那么就需要购买儿童票价客票了。需要注意的是,每名同行陪护成人只能享受一名婴儿的特殊票价,超过限额的婴儿应按相应的儿童票价计收。同时,为确保飞行安全,根据民航局制定的各机型旅客载运数量安全规定,每类机型每条航线的婴儿旅客载运数量均有不同的载运标准。所以,为防止超出所搭乘航班婴儿旅客载运数量标准,旅客最好为宝宝提前申请乘机。

婴儿在乘飞机旅行时面临的最大问题,是如何缓解客舱内气压变化而引起的压耳症状。因此,如果发现婴儿在飞机起飞或者下降时哭闹及躁动不安,这是气压变化太大造成了婴儿压耳。在飞机起飞和下降过程中,家长最好让宝宝叼上奶嘴。同时,在选择航程时尽量选择直达航班,以减少飞机起降对婴儿耳膜造成的伤害。

针对婴儿这个特殊的旅客群体,为了让其能够安全旅行,方便年轻父母在旅程中对其进行照顾,航空公司采取了一系列措施。首先,飞机上一般设有可供婴儿使用的洗手间,洗手间内都设有婴儿板,方便父母在乘机时为婴儿更换尿布。洗手间的具体位置可以在上飞机后咨询客舱服务人员。其次,还有一些航班配有婴儿餐,根据航线的不同,搭配也可能有所不同。旅客可以在购买婴儿票时,或者在飞机起飞前24小时拨打航空公司热线电话,要求其在航班上为婴儿配餐。此外,如果婴儿乘坐的是国际航班,在某些航线的部分航班中,航空公司可为不占用机上座位的婴儿提供机上婴儿摇篮服务,但旅客须在购票时或航班起飞前预先提出申请。

来源:http://www.caacnews.com.cn/1/6/201605/t20160518_1196811.html。

2. 成人陪伴的儿童旅客

(1) 全程给予儿童旅客关注,并观察是否有不适应或不舒服的感觉。
(2) 提供饮食时,征求陪伴者的意见,尽量照顾儿童旅客的生活习惯和心理要求。
(3) 飞机起飞、下降前,在小旅客腹部叠放一条毛毯后系好安全带。
(4) 尽量不要抱小孩,抱小孩时一定要经过家长同意。
(5) 儿童应安排先于其他旅客登机,根据旅客需求,提供引导服务。
(6) 提醒成人旅客为小朋友系好安全带,不要让孩子在过道内奔跑。
(7) 如果遇上因航行时间过长而哭闹的儿童旅客,可以用配备的甜点安抚。

案例 3-9:

对小旅客保持关爱与耐心

内蒙古分公司乘务组执行 CA1464 由贵阳到北京的航班。在旅客登机的过程中,所有的乘务员都注意到一对夫妇带着一双可爱的儿女,两个孩子可爱、调皮,但非常有礼貌。乘务员向他们微笑、问好,考虑到客舱空调较凉,还专门为两个小朋友准备了毛毯。关闭舱门后,由于流量控制的原因,飞机在贵阳地面管制了1个小时,在这期间乘务员不间断地巡视,做解释工作。这两位小朋友没有一丝的烦躁不安,反而争先恐后地向乘务员提出各种与飞机相关的问题,不论问到哪一位乘务员,她们都非常有耐心地进行解答,很快在乘务员与两位小朋友之间建立起了友谊。飞机起飞后,在客舱服务之余,乘务员依旧给了小朋友格外的关注。乘务员注意到两个孩子在用餐后并没有休息,而是在不停地画画。每当乘务员巡视客舱路过他们的时候,他们都会抬起头调皮地笑一笑,乘务员也会不失时机地夸他们的画画得好。

来源:http://news.carnoc.com/list/228/228922.html。

3. 无成人陪伴儿童

(1) 安排儿童入座后,主动为其提供儿童读物和玩具。随时掌握无陪儿童的空中情况,向无陪儿童介绍周围的服务设施,包括安全带、呼唤铃、阅读灯、邻近的洗手间及使用方法。
(2) 及时了解无陪儿童的冷暖,为其增减衣物,饮食上尽量照顾儿童的生活习惯。
(3) 对年龄较幼的儿童,用餐时可帮助其分餐。儿童的首选饮料是果汁类,应以冷饮为主,如果提供热饮,以温水为主,倒半杯为宜,注意不要烫伤小旅客。因厨房内有服务用具和咖啡、热茶等,应禁止无成人陪伴的小旅客进入厨房以避免其受伤。
(4) 飞机下降时,如无陪儿童处于睡眠状态,应将其唤醒以防舱内压力变化压迫耳膜。
(5) 无人陪伴的儿童,航空公司根据协议,最好派专门的民航服务人员主要负责照看,以防出现意外。

（6）无成人陪伴儿童应由儿童的父母或监护人陪送到乘机地点并在儿童的下机地点安排人予以迎接和照料。

（7）需要事先了解无陪儿童旅客的相关信息。地勤服务人员把儿童旅客送上飞机,向乘务长说明其目的地和接收成人的姓名。乘务长落地后移交给地面服务人员或来接机的成人,并将其所携带物品点交清楚。

（8）单个无陪儿童应尽可能安排在前排过道位置,多个无陪儿童应集中安排在便于客舱服务人员照料的适当的前排座位,但不得安排在飞机的紧急出口处。

（9）若无陪儿童乘坐的航班是在中途做短暂停留的经停航班,可将无陪儿童安排在飞机上,由当班乘务员在飞机上照料,不下飞机。

（10）飞机到达后,乘务长将儿童和文件袋交给目的站的地面服务人员,并按《B类单》办理交接手续,由地服人员带领儿童办理各项到达手续。

（11）如果航班延误,航空公司应指定专人照顾孩子并提供必要的食宿,同时通知接机的家长以及航空公司内部其他交接部门。如遇航班取消,应及时与家长联系并将孩子安全送回始发地。

（12）无成人陪伴儿童的承运必须在运输的始发站预先向航空公司的售票部门提出,其座位必须根据航空公司相关承运规定得到确认。

案例 3-10：

"儿童托运"完整信息必须有

谢女士的儿子豆豆上学后,她每年夏天都会为其买一张机票,让他独自乘机去黑龙江哈尔滨的爷爷奶奶家过暑假。"儿童托运"在每年的寒暑假深受职场父母的青睐。

无成人陪伴儿童是指在乘坐飞机时年龄已满5周岁未满12周岁,且无年满18周岁的成人陪伴同行、单独乘机的儿童。无成人陪伴的儿童在购票时必须向航空公司提出申请,航空公司售票处接受申请并核实无误后填开客票。当办理无成人陪伴儿童乘机手续时,应由儿童的父母或监护人填写"无成人陪伴儿童乘机申请书",无成人陪伴儿童必须由儿童的父母或监护人陪送到上机地点,并在儿童的下机地点安排人员迎接。

按照航空公司规定,谢女士提前3天到航空公司所属售票处或航空公司授权的机票代理点为豆豆购票,并且在购票时提出了无成人陪伴儿童服务申请。申请完毕后,她核对了机票信息,包括儿童姓名、年龄、乘坐的航班号及目的地等内容。

同时,她仔细查看了无成人陪伴儿童的机票与一般儿童票的不同之处:一般儿童票只在姓名后注明"CHD",而无成人陪伴儿童票在姓名后注明无成人陪伴儿童的代码"UM"。如果旅客购买了一般儿童票,到机场后再提出申请无成人陪伴儿童服务手续,航空公司一般是不予受理的。"为确保无成人陪伴儿童在飞行途中得到妥善的照顾,一般国内航空公司规定每个航班的无成人陪伴儿童限制在5名以内。家长应尽早向航空公司提出申请,以免超出限额被拒绝受理。"南航空乘人员介绍。

豆豆第一次被"托运"是去年的事。谢女士在机场值机柜台办理了相关手续后,豆豆免费得到了一件漂亮的黄背心,证件、机票等都放在了衣服上的心形口袋中。登机前40分钟,豆豆被漂亮的大姐姐带进了有各种玩具的候机室内候机。最初,谢女士有点儿不放心,待飞机起飞后很久才离开机场。随后,谢女士还给去接机的爷爷打了好几个电话。在豆豆被"托运"了几次后,谢女士再也不担心了,她反倒觉得,没有比这更让家长省心且能保障儿童安全的运送方式了。

目前很多国内航空公司除了可为5~12岁的儿童提供安全可靠的免费"空地一体式"陪护服务外,年龄超过65周岁且需要特殊照顾的老人,也可以享受到这种陪护服务。同"儿童托运"一样,需要特殊照顾的老人在购票时须事先准备好身份证件,到航空公司所属的售票处办理订座及购票手续,并在购票时填写"无成人陪伴旅客申请书"。乘机当天,在所乘坐航班起飞时间前90分钟,老年旅客将申请书交予机场地服人员,待工作人员核实有效证件后,会对其进行照料及引导。

来源:http://lyrb.lyd.com.cn/html/2013-01/23/content_898010.htm.

(四)儿童旅客的沟通要点

1. 语言沟通

与儿童旅客沟通时,最明显的是口头交流,这种方式包含几个要素:措辞、语音语调以及嗓音的高低。

(1) 注意语言的艺术性

对于好奇、活泼、淘气的儿童旅客,不要对其训斥或恐吓,应事先告诉其一些规定与要求。多赞美、少批评,给予他们行为或者心理的支持,赋予孩子充分的理解、尊重、喜爱。

(2) 丰富沟通的趣味性

民航服务人员拿出玩具、儿童读物、糖果等给儿童旅客或者做简单游戏,减少他们的孤独感,给他们营造一种轻松自在的氛围,让他们有一种亲切的感觉。

2. 肢体语言沟通

肢体语言沟通包括你和交流对象的身体接触,你的姿势、面部表情、触觉以及交流时的环境。不同于成人旅客,儿童旅客缺乏自我保护的能力,需要民航服务人员的陪伴以保证他们的安全,而他们心智的不成熟与敏感也使得民航服务人员在沟通时更需要注意语言动作对他们的影响。与儿童说话时,服务人员面部表情、说话声音、肢体动作都要让他们感到很亲切,这样孩子就会慢慢接受服务。

(1) 别要求眼神交流

当孩子真正听你说话时他完全没有看你的眼睛。要求眼神交流实际上会阻碍了孩子听你要说什么,进而破坏掉你们接下来的交流。孩子为了持续看着你的眼睛,不得不将注意力集中在这件事上,而与此同时听进去的便比较少了。孩子需要学会的是在放松的状态下和大人进行眼神交流,如果只是被命令要求,那么孩子很有可能只是看着你的眼睛,而听不到你在说什么。

(2) 建立多感官联系

与孩子沟通时,需要注意一个细节:沟通过程中,注重孩子的感受与体验。孩子对语言有了一定的感受与体验,才能够将语言所表达的道理或者概念等内化到内心,进而理解语言后面的含义。为了确保孩子能听进你说的话,有必要和他建立多感官的联系。比如在谈话前走近孩子,俯下身,温柔地将手放在孩子腿上、肩膀上或者背上。你做这些时候,表达了三种意思:让孩子听你说话,让他感觉你,看着你,即便只是用余光看你。你传递的信息不仅是"听我说",也是"我很在意你和这次沟通,我相信你能听进去"。这毫无疑问为接下来的沟通做好了准备。

(3) 注意距离和姿势

保持什么样的身体距离得根据各年龄段孩子的特点而定,小一些的孩子喜欢保护式,略微亲近的方式;对于大一些的孩子则需要保持一点儿距离,他们开始在乎个人空间了;你的姿势也很重要,使孩子抬头仰望,高高在上的样子会让他们觉得没得到尊重,所以需要蹲下来或和他们坐在一起交谈。

(4) 善用"道具"

有些机场会设置一些儿童游乐区,供候机儿童玩耍。飞机上也会准备一些专门为与儿童沟通使用的画笔、图画纸、玩具等,在与儿童沟通时,国内航空公司往往会视情况决定是否送与儿童,国外航空公司则会给每位儿童一份他们专属的纪念品,以缓解儿童乘坐飞机时的无聊感。民航服务人员要善于使用这些"道具"与儿童进行沟通。

案例 3-11:

多彩的内心世界

在东京飞往上海的航班上,民航服务人员小张接纳了一位无人陪伴的日本小乘客。这位小乘客上飞机后一直沉默不语,小张用英文向他问好,他只是胆怯地摇头,小张改用简单的日语问候,小朋友偶尔露出一丝微笑。

供餐的时候,小张用日语询问,日本小朋友仍然胆怯不语。怎么让"金口难开"的小朋友开心呢?小张灵机一动,将餐食品种用形象的动物表示并画在纸上给他挑选,只见日本小乘客在牛的下方画了一个笑脸,这使小张立即茅塞顿开,于是在照顾好日本小朋友用餐后,小张一路陪伴日本小乘客画了许多活泼可爱的图画,还共同玩了拼图亲子玩具等,日本小乘客的脸上终于绽放出笑容。分别时小朋友的陌生感荡然无存,与小张难舍难分。

来源:孙岚. 民航客舱服务案例精选[M]. 北京:化学工业出版社,2015.

案例 3-12:

机场儿童游乐园

在以关注成人需求为主的机场公共区域内,儿童娱乐设施的出现给孩子们的旅途增添了不少欢乐,也解决了许多家长担心孩子在候机时哭闹的烦恼。

杭州萧山国际机场为了给前来机场乘机的小旅客们打造一个丰富多彩的候机环境,引进了儿童游乐园、5D动感影院等配套设施。其中,位于2号航站楼内的儿童游乐园将面向未成年旅客免费开放,该游乐园配备了儿童木马、转椅、滑梯等娱乐设施,同时在地面和墙面铺设软垫,确保儿童玩耍的舒适性和安全性。据了解,3号航站楼隔离区内的5D电影院为迎接"六一"儿童节的到来,引进了多部儿童影片。

作为国内旅客吞吐量最大的机场,首都机场考虑到小旅客数量之大,在3号航站楼登机口区域共设立了6处儿童活动区,分别位于C04、C10、C30、E08、E20以及皇家园林旁。据首都机场工作人员介绍,为了孩子们的安全,在玩具的选择上,机场在注重其娱乐性的同时,对其质量、安全性也进行了严格的把关。

此外,自新航站楼正式启用开始,深圳机场就邀请专业从事儿童家具制造的"七彩人生"公司,在出发大厅的25号、26号登机口附近,专门设置了一个近150平方米的色彩亮丽的儿童活动区。活动区内有滑梯、蘑菇屋、魔术树、小狗车等多种儿童玩具器械。这个免费的儿童休闲场所受到了小朋友们的热烈欢迎。据了解,机场相关部门还计划对儿童活动区的设计和造型进行优化,使之更加有趣和具有娱乐性,能够符合小朋友们的需求,并增加休息区,以供大人看护小孩儿。儿童活动区的旁边还有一个小型的电子互动体验区,相信趣味横生的动画会激起小朋友们的无限乐趣。

成都双流国际机场共有4个儿童乐园,分别位于2号航站楼的夹层观影厅旁、出发层157号登机口旁、143号登机口旁以及CD连廊127号登机口旁。而珠海机场在候机楼二楼的隔离区内也开设了"儿童乐园",并在6号登机口处划定了儿童游乐区域,购买了大型儿童娱乐设施,且搭配防滑地毯,受到了候机儿童和家长的欢迎。

来源:http://finance.china.com.cn/roll/20140528/2432781.shtml。

3. 用心倾听

任何沟通都至少有两方参与者,当一方表达观点时,另一方就是倾听者。你在倾听孩子说话时的态度会对你们的沟通产生巨大的影响。每当孩子跟服务人员说话时,服务人员应该尽可能放下手头的事情,全神贯注地听孩子讲话,这能让孩子觉得服务人员很愿意听他讲的话,孩子感到受到了尊重和鼓励,会很愿意说出自己心里的感受。

4. 细致询问并反复确认

对于儿童旅客的服务沟通一定要仔细并复查。航班到达后还要确认小旅客的目的地和所有行李,并与地面工作人员做好交接工作,确保小旅客安全地回到亲人身边。

案例 3-13:

安全细节　不容忽视

某次航班上迎来了大批的旅行团游客。上客完毕,巡视客舱时,外场服务人员小D发现C座旅客怀抱婴儿与家属坐同一排,但是C座上方婴儿氧气面罩数量不足,考虑到安全的重要性,在征得同排旅客家属同意之后,小D便将怀抱婴儿旅客的座位调换至同排J座,同时也及时向乘务长进行汇报。然而,乘务长在起飞前安检查时发现怀抱婴儿的旅客仍坐在C座,乘务长耐心告知旅客C座上方氧气面罩数量不够,宝宝无法坐在那里,简单沟通后,旅客表示明白,乘务长又及时旅客换至J座。然而飞机平飞以后,小D巡视客舱时发现该名婴儿旅客又被换至C座,这引起了小D的重视,她立即来到旅客面前,重复着相关安全规定以及更换座位确保安全的重要性,并立刻帮其换至J座,直至落地,怀抱婴儿的旅客才一直坐在J座。

来源:中国东方航空公司客舱案例手册2017年1月刊

5. 善用家长监护人的沟通渠道

提供餐食时要小心谨慎,一定要提前询问家长,孩子是否对某些食物有过敏现象和平时的饮食习惯。

知识链接：与自闭症儿童旅客的沟通

有一些自闭症儿童能用口语跟别人有良好的沟通，但有一些自闭症儿童的口语却很奇怪和难以派上用场。比方说，有一些自闭症儿童可以把一整首歌或者一整卷录音带里的每一个字背诵出来，但是当他们需要喝水时却不说。另一些自闭症儿童会遇到的问题是他们也许还能说几句具有功能性沟通的话，但要用口语来进行对话就很困难。

这时可以用辅助与替代性沟通法。当然，还有一些自闭症儿童是根本没有发展出说话能力的。有一个以打字为主要沟通方式的自闭症患者分享了他因不会说话所经历的挫折，以及因不会说话而受到他人不同的对待所承受的痛苦。

像这样的患者，必须通过辅助与替代性沟通法来帮助他。辅助与替代性沟通法提供了很多方法和策略来增强、提升或者补充自闭症患者的口语表达，例如用字母板等其他辅助与替代性沟通法，包括通过书写、画图、手势、肢体语言、眼神注视、用手支持、脸部表情和手语等方式来进行沟通。

来源：http://www.sohu.com/a/46107471_198160。

三、孕妇旅客

（一）孕妇旅客的定义

由于在高空飞行中，空气中氧气成分相对减少、气压降低，因此孕妇运输需要有一定的限制条件。《中国民用航空旅客、行李国际运输规则》规定，孕妇乘机应当经承运人同意，并事先做出安排。只有符合运输规定的孕妇，航空公司方可接受其乘机。目前，国内航空公司普遍采用的一些规定如下：

（1）怀孕不足 8 个月（32 周）的健康孕妇，可以按一般旅客运输。旅客需要带好围产期证明，证明孕期在 32 周以内。

（2）怀孕不足 8 个月（32 周），医生诊断不适宜乘机者，航空公司一般不予接受运输。

（3）怀孕超过 8 个月（32 周），不足 9 个月（36 周）的健康孕妇乘机，应提供"诊断证明书"，内容包括旅客姓名、年龄、怀孕时期、预产期、航程和日期、是否适宜乘机、在机上是否需要提供其他特殊照料等。"诊断证明书"应在旅客乘机前 72 小时内填写（一式两份），并经县级（含）以上的医院盖章和该院医生签字方能生效，否则承运人有权不予承运。

（4）怀孕超过 9 个月（36 周），预产期在 4 周以内，或预产期不确定但已知为多胎分娩或预计有分娩并发症者，航空公司不予接受运输。（以上内容仅供参考，旅客出行前请咨询相应航空公司了解具体规定。）

（二）孕妇旅客的群体特征

（1）遇见危险情况，孕妇容易心理紧张、情绪激动，需要安抚。

（2）孕妇对飞机上的气味或者颠簸比较敏感，可以多提供一个清洁袋、一块小毛巾、一杯温开水给旅客。

(3) 低气压、低氧、客舱内空间狭小等条件,容易发生不适甚至早产的现象。尽管通常规定怀孕 8 个月以内的健康孕妇乘机没有限制,如有特殊情况,应在乘机前 72 小时内交验由医生签字、医疗单位盖章的"诊断证明书"。

(三) 孕妇旅客的服务需求与规范

1. 登机服务

在办理登机牌时,工作人员应主动为孕妇旅客安排靠前及靠近过道的位置,为了使孕妇旅客上下飞机及去洗手间更方便,主动帮孕妇提拿、安放随身携带的物品,注意调整通风器。

2. 客舱服务

(1) 介绍客舱服务设备:主动介绍客舱服务设备的使用方法与注意事项,如安全带、呼唤铃、通风孔的使用方法,洗手间的位置等,教她们怎么使用呼唤铃,必要时给予协助。

(2) 孕妇的座位不应安排在应急出口、通道处。选择靠近过道的座位,方便孕妇起身活动。在飞机上每隔 1 小时走动一下,让下肢血液循环畅通。也可定时做一些简单的运动,如活动双肢、转转脚踝。

(3) 协助孕妇将安全带系于大腿根部,并告知解开的方法。一般来说,孕妇在系安全带时,绝对不能轻率,首先要调整腰部护带,将其放在隆起的腹部下方,绝对不要放在上方,这样可以减少飞机颠簸撞到腹部的概率,如果有肩部安全带,同时系好肩部安全带。腹部略宽松,肩部略紧即可。

(4) 孕妇应由指定的客舱服务人员负责照料,在紧急情况下,指定两名援助者协助孕妇撤离飞机。客舱服务人员应及时了解孕妇的情况并给予适当适时的照顾,尤其是出具医疗证明的孕妇旅客。

(5) 起飞和下降前给孕妇在小腹下部垫一条毛毯或一个枕头。

(6) 孕妇容易饥饿,事先多准备一点食物。为其多准备几个清洁袋,以免孕吐频繁。

3. 到站服务

(1) 到达目的地后,帮助孕妇提拿物品并送下机,与地面工作人员交接。

(2) 民航服务人员应提醒孕妇旅客上下机时不要着急,提醒其他旅客注意不要碰撞到孕妇旅客,以及提醒坐在孕妇旅客前排的旅客在航班中尽量不要放倒座椅靠背。

案例 3-14:

维吾尔族孕妇机上早产　厦航乘务平安接生

2017 年 3 月 7 日,在天津飞往乌鲁木齐的 MF8229 航班上,一位维吾尔族的年轻孕妇突发早产,在航班上没有医生的情况下,厦航民航服务人员按照平时训练过的医疗程序为这位孕妇平安接生。目前产妇与婴儿已到乌鲁木齐当地医院就医,母女平安。

7 日中午,MF8229 航班在天津上客时,一位肚子很大的维吾尔族孕妇引起了乘务长顾娟的注意。经询问,这位旅客叫迪丽拜尔,这是她的第二个孩子,随身携带的医疗单据显示,她已经怀孕 29 周。

按照民航相关规定,怀孕32周以内可以乘机。顾娟请孕妇和家属填写了特殊旅客乘机申请书,帮她垫好腰,找来加长安全带给旅客系好,并叮嘱她有任何不适就马上告诉乘务长。

12:00,飞机正常起飞,顾娟不时地观察询问孕妇的情况,14:20,孕妇说她胸口闷,肚子疼,顾娟在报告机长的同时,把孕妇调到商务舱,并通过机上广播寻找医生。不巧的是,该航班上没有医生、护士。顾娟一边安抚孕妇的情绪,一边记录疼痛的情况,并再次报告机长。此时距离乌鲁木齐还有一个半小时的航程,机长评估了备降机场敦煌的距离和医疗水平之后,决定继续飞往乌鲁木齐。

14:40,孕妇开始出现持续的疼痛,顾娟拉好隔帘,指挥乘务组成员赶快分工产妇需要的物品和可用的机上应急医疗设备,包括垫纸、毛毯、急救箱、应急医疗箱。另一方面,机长通知地面员工协调机场安排最近机位,联系医生做好准备。乘务组把商务舱九条毛毯全部找出来,铺到地上,让迪丽拜尔安稳地躺好,按照平时培训所学的内容,找出乘务手册,一步步记录、处置。

15:13,孕妇羊水破了,婴儿的头已经可见;15:30,一个漂亮的女婴平安出生。拍背、吐水,婴儿响亮地啼哭,为其包上乘务外套和毛毯,顾娟才长长地舒了口气。顾娟守着产妇,每隔2分钟,询问产妇的情况,直到航班15:48落地。舱门一开,地面6位医生迅速登机,为产妇进行检查,处置婴儿脐带。

"各位旅客朋友,我们有一位旅客刚刚在飞机上生了孩子,请大家耐心等待。"机上旅客静静地等着,直到医生用担架把母女俩平安送走。旅客在下机时纷纷对乘务组竖起了大拇指。

来源:http://www.sohu.com/a/128338766_114731.

(四)孕妇旅客的沟通要点

1. 询问排查危险

发现孕妇乘机时首先要确认孕妇是否符合乘机标准,若孕妇的怀孕时间超过36周,应劝其改换交通工具。

2. 嘱咐应急呼叫

民航服务人员要帮助孕妇提拿行李、安排座位,特别要告知其呼唤铃的使用。注意调节通风口的方向以免孕妇着凉。提供小毛毯给她们垫在安全带下面,以防安全带过紧、过硬而影响胎儿。

3. 特殊状况沟通

如果遇到孕妇即将分娩,尽量安排孕妇到与其他旅客分离的适当位置。迅速广播寻找医生、护士或年长女旅客的帮助,报告机长整个事情的发展情形,以便必要时做好紧急迫降的准备。关闭孕妇座位上方的通风口、安抚孕妇的情绪,对所需工具进行消毒,准备大量的开水,利用现有的药物,与孕妇、医生商量安排分娩的工作。分娩处理应根据航空公司操作流程,报告机长通知地面采取相应措施。

4. 语气温和,亲切友好

关心注意孕妇身体状况,注意让孕妇休息,不要打扰。

案例 3-15：

2017年1月11日晚，在韩国首尔飞往青岛的山航 SC4778 航班上，一位怀孕女乘客突然出现了早产迹象，在山航机组和地面工作人员的全力协助下最终顺利分娩，母女平安。

当天 20:10，山航 SC4778 航班在韩国首尔仁川国际机场准点起飞，前往山东青岛。起飞五分钟后，坐在 6C 座位的男乘客突然呼唤民航服务人员，表示 6A 座位的女旅客身体状况出现异常。当班的山航客舱民航服务人员张玉娇立即前往查看，经询问得知，这位女乘客已经怀孕，现在腹部剧烈疼痛。

张玉娇将情况报告给乘务长马楠，乘务长立即安排民航服务人员拿取毛毯、枕头、热毛巾，并安排广播寻找医生。同时，马楠将此情况报告给机长吴维凯，机长决定返航首尔，并与首尔机场取得了联系，请求医护人员及车辆保障，同时通过航空器通信系统将相关信息通知山航运行控制中心。山航运行控制中心立即与山航派驻韩国首尔的商务人员联系，关注车辆及医护人员到位情况，全力提供协助。

"尊敬的各位旅客，我是本次航班的乘务长马楠，我们航班上有一位孕妇乘客，刚刚突然腹痛，我们现在广播寻找医生和医务工作者，如果您具备相关医务工作经历，请立即到客舱前端联系我们，谢谢！"乘务长略带焦急的声音在机舱广播中响起。然而，本次航班旅客中并没有医生，两位曾经有过护理工作经验的热心乘客王女士和武女士听到广播后赶到了前舱提供力所能及的帮助。

20:20 左右，怀孕乘客疼痛加剧，情况紧急，客舱服务人员们用毛毯将 6 排座位遮挡，搭建出了一个临时"产房"，并准备好了机上的氧气瓶和急救药箱。20:30 左右，怀孕乘客出现了分娩前兆，乘务长马楠跪在客舱地板上，一手托举孕妇头部，一手给孕妇带上氧气面罩协助吸氧，武女士和王女士一位接生，一位助产。其他民航服务人员和安全员一边维持客舱秩序，一边轻拍孕妇面部，让孕妇意识保持清醒。20:40，在大家的共同努力下，一个小女婴顺利降生，民航服务人员立即找来毛毯，将孩子包裹起来，客舱内响起了热烈的掌声。

20:55，航班在韩国首尔仁川机场降落，滑行至停机位后打开舱门，在场的医护人员立即上机对孕妇旅客和孩子进行检查，确认新生儿身体健康，孕妇身体状况也良好。随后，孕妇旅客及孩子被送上救护车，前往医院。

经后续了解，孕妇旅客母女平安，孩子重 2.36 千克，身体健康。山航机组和地面工作人员在整个过程中积极协作，默契配合，全力提供保障，彰显了"厚道山航"的文化精神。

来源：http://www.dzwww.com/shandong/sdnews/201701/t20170112_15423983.htm。

四、病残旅客

（一）病残旅客的含义

病残旅客指在乘机过程中突然发病的旅客及有生理缺陷的旅客。这些人较之正常人自理能力差，有特殊困难，迫切需要他人帮助。病残旅客一般包括身体患病旅客、肢体伤残旅客、失明旅客、担架旅客、轮椅旅客、精神病患者旅客等。

(二)病残旅客的群体特征

1. 总体特征

(1) 很强的自尊感

病残旅客较之正常人自理能力差,有特殊困难,迫切需要别人帮助,但是他们的自尊心特别强,一般不会主动要求帮忙,总是显示他们与正常人无多大区别,不愿意别人讲他们是身体障碍者,或把他们看成身体障碍者,尤其介意别人用同情的眼光看他们。在乘机过程中,经常会发生一些旅客突然发病的突发事件,对于这种情况,民航服务人员除了需要掌握一些急救常识外,遇到突发情况发生时,要给予旅客足够的关爱,及时采取措施。

案例 3-16:

细微之处见服务能力

在上海到海口的航班上,客舱服务人员刘某在旅客登机时就发现有一位旅客胡女士脸色苍白、精神萎靡,就连弯腰整理行李都显得力不从心。于是,在之后的服务过程中,客舱服务人员刘某一直特别关注她的动态,提供饮料时向她推荐热饮,在她睡醒时立刻送上一杯温水。通过沟通了解到,胡女士的确身体不舒服,上机之前曾发过高烧,但为了不延误旅程,还是坚持上了飞机。

供餐时,客舱服务人员刘某又细心地发现胡女士几乎没有用餐,放在面前的餐食只是稍稍地尝了两口,便放下了餐具。可能是因为旅客餐食偏油腻,造成还处于恢复期的胡女士没有食欲。于是民航服务人员刘某将自己机组早餐中的白粥和开胃小菜提供给她,当民航服务人员将餐食送到胡女士面前时,她激动得几乎说不出话来。虽然只是个小小的举动,却让旅客感受到了最大的温暖,胡女士说这是她遇到过的最好的服务,今后也一定会再选择这家航空公司的班机。

来源:中国东方航空公司客舱案例手册 2017 年 1 月刊

(2) 很深的自卑感

病残旅客由于身体的原因自感不如他人,暗暗伤心,同时在外表上却表现出不愿求别人帮助自己。因此,样样事情都要尽自己最大的力量去做。民航服务人员应尽可能多地去关照他们,而又要不使他们感到心理压力,对他们携带的行李物品,要主动协助提拿,关心他们的身体状况,消除他们对乘坐飞机的恐惧感。

案例 3-17:

接纳特殊旅客是人性化体现

有新闻称,某旅客带着 13 岁患有自闭症的儿子乘机,临登机前,被工作人员以其子"行为怪异"为由,拒绝他们登机。航空公司负责人称,为了航班及其他旅客安全着想,才拒绝其正常登机。

不可否认,自闭症少年确实与普通少年有所不同,会出现怪异行为,存在发生各种意外情况的可能性。而且,根据《中国民用航空旅客、行李国际运输规则》的规定,承运人认为旅客的行为、年龄、精神或者健康状况不适合旅行,或者可能给其他旅客造成不舒适,或者可能对旅客本人或者其他人员的生命或者财产造成危险或者危害,承运人有权拒绝运输旅客及其行李。航空公司为了确保航班及其旅客安全,拒绝自闭症少年登机,应当说有合理性。毕竟飞机这种交通工具不比其他,安全是第一位的,一点儿安全隐患都不能有。

但是,从呵护和关怀自闭症少年角度说,航空公司拒绝自闭症少年登机显然缺少了一些人情味儿。自闭症少年虽然不同于普通少年,但终究不同于精神病患者。只要航班采取的保障措施到位,给自闭症少年创造他熟悉的环境,那么自闭症少年的一举一动都会在可控制范围之内,不会出现很大的情绪波动及恐惧。况且,自闭症少年不是一个人乘坐航班,而是在监护人的陪伴之下,可控度就更高了。

从实践层面来看,民航也早就有自闭症少年乘坐航班的先例。2013年春运期间,东航MU2992航班就搭载了一名17岁的自闭症少年。当时航班工作人员详细分工,细心照料自闭症少年,最终以自闭症少年只是撕掉十几本杂志的代价,让自闭症少年顺利回家过年,赢得广大网友点赞。这足以说明,拒绝自闭症少年登机并不是最佳选择,只要航空公司多一些善意,多采取一些临时措施,就能确保自闭症少年安全乘坐航班。

来源:http://www.caacnews.com.cn/1/6/201611/t20161124_1205650.html。

2. 具体特征

(1) 盲人旅客

孤独感是盲人旅客的普遍特点之一,这与残疾造成行动困难、自卑感、亲属厌弃、社会歧视及社会公共设施不利于身体障碍者活动,缺少正常人的帮助有关。他们不能与社会融合,身体障碍者情感比一般人丰富、敏感,且自尊心强,盲人因缺少视觉感受,行动不便,平时多较文静,爱听音乐,听广播小说等,天长日久,大多数人形成内向的性格,情感不外露。

(2) 聋哑旅客

听觉的丧失给人的认识活动带来严重影响。由于得不到声音刺激,有听力障碍的人对复杂的环境的感知不够完整,在每一瞬间能够直接反映到他们大脑中的只是处于视野之内的东西。聋哑人缺少语言和语言思维,他们情绪不稳定,容易变化,破涕为笑,转怒为喜的情况比较多见,聋哑人的情感缺少含蓄性,很容易流露于外。

(3) 使用轮椅、担架、拐杖的旅客

由于身体患病或者肢体伤残,需要使用轮椅、担架、拐杖的旅客,特别在意别人谈起或者触碰旅客残疾患病的部位,也不爱去麻烦别人帮助自己。客舱乘务人员要了解这些旅客的特点,特别注意尊重他们,不要伤害旅客的自尊心,最好悄悄地帮助他们,让他们感到温暖。

(三) 病残旅客的服务需求与规范

除非特别申请并获得航空公司批准外,对于需输液以维持生命或生命垂危的病人,为其安排的座位应尽可能地靠近客舱服务人员的座位或靠近舱门出口座位处,但不可安排在应急出口座位,一排座位只能安排一名病残旅客就座。

(1) 起飞前服务

被指定的客舱服务人员应向在紧急情况下需由他人协助方能迅速移动到出口的旅客进行个别介绍。介绍的内容应包括:告诉该旅客及其随从人员在紧急情况通往每一适当出口的通道,以及开始撤往出口的最佳时间;征询旅客及其随从人员,关于帮助此人的最适宜方式,以免使其痛苦和进一步受伤。

(2) 始发站服务

如果病残旅客已提前申请特殊服务并且获得承运人同意(按照民航相关规定,承运人有权拒绝运输或续程运输多类病残旅客),始发站地面服务人员会接到病残旅客服务通知。如有条件,服务人员可以提前与已提出服务申请的病残旅客取得联系,确定到机场的时间并提供必要的设备。旅客到柜台后,查验病残旅客乘机证件、客票、诊断证明书、乘机申请书及其他必需的运输文件合格后,地面服务人员应尽量满足病残旅客的乘机要求,但是这个要求必须满足承运人的运输条件——如根据机型不同,每个航段上限载1名担架旅客或者2名轮椅旅客,不允许旅客自己携带氧气袋,特殊情况下应持医生证明,并事先提出申请,在获得承运人同意后方可携带。

病残旅客通常先于其他旅客登机,他们的座位一般安排在靠近客舱服务人员或者靠近客舱门的位置,但必须是非紧急出口位置。担架旅客安排在经济舱后排靠窗口的位置,通常占用6个座位。航班离港后,应拍发特殊旅客服务电报,将病残旅客的乘机信息通知经停站和到达站。

(3) 到达站服务

到达站根据收到的特殊旅客服务电报或者病残旅客乘机信息后,地面服务部门应进行记录,并通知旅客的迎接人和机场相关部门,安排接机引导、摆渡车、医生等,按照信息保障要求准备急救车辆、平台车、升降机、轮椅等辅助设备。一般情况下,病残旅客最后下机。

(4) 紧急撤离

飞行前应由乘务长确定病残旅客撤离出口的位置和撤离次序,并进行必要的机组协作,明确乘务组协助人员的分工。在可能的情况下,轮椅和担架旅客应安排专用的撤离通道,迅速、及时地组织撤离。

(5) 陪伴人员服务

陪伴人员应有能力在旅程中照料身体障碍者,并在紧急情况下协助其撤离。陪伴人员应在订座时声明陪伴关系,并单独出票。除安全原因外,陪伴人员的座位应紧靠残疾旅客的座位。

满足以下条件的旅客需要增加陪伴人员:身体障碍者没有能力对客舱服务人员介绍的安全说明和注意事项加以理解或做出反应,或不能与客舱服务人员进行交流;不能自行从航空器上紧急撤离。

(四)不同类型病残旅客的具体规范

1. 盲人旅客

盲人因为眼睛看不到,非常需要通过触觉的感知来对某些情景进行确认。所以在服务时要主动帮助盲人,让他感受到你就在身边,给他以安全感和亲切感。主动做自我介绍,热情帮助盲人旅客上下飞机。

（1）在登机时，服务人员应主动让盲人旅客扶住你的手臂，不断提醒前后左右，引导入座，遇到障碍物时要及时告诉旅客，帮助盲人旅客提拿和安放行李。旅客入座后，客舱民航服务人员应拉着盲人旅客的手触摸安全带，并告知操作方法，以及呼唤铃、座椅调节、餐桌的使用方法，介绍紧急设备的方向、位置和使用方法。

（2）在提供餐饮时，服务人员要向盲人旅客介绍餐饮的种类，并提供特殊服务。送餐食时，服务人员要将各种食品以时钟的位置向旅客介绍，将餐盘内的各种食物和饮料的摆放位置告诉旅客，亦可引导其自己触摸。帮助其打开餐盒盖、餐具包，如有需要，协助其分好餐食，并提醒旅客哪一种食物是烫的。提醒旅客会烫的食物位置，避免旅客烫伤。

（3）盲人旅客随身带导盲犬，可将其安置在该旅客座位的前方地板上，将导盲犬的头朝向过道并与周围的旅客做好沟通解释。帮助盲人旅客妥善放置盲杖，可以拉着他的手摸一下盲杖所在的位置以方便其随时使用。

（4）引导盲人旅客进、出洗手间，让其触摸洗手间内设备并向其介绍使用方法。

（5）飞机下降前帮助盲人旅客整理好所有物品，告知落地后下机的相关事宜，让其放心。服务人员要填写好特殊旅客空中生活记录，下机时，引导其下飞机，并帮助提拿行李，与地面服务人员办好交接手续。

（6）飞行中由专人负责，经常询问盲人旅客的需求，多与其交谈，以免其寂寞。

知识链接：盲人旅客购票值机　航前准备要做好

坐飞机需要机票，那么导盲犬乘坐飞机要买票吗？答案是不用，导盲犬乘机不收取任何费用。根据《身体障碍者航空运输办法（试行）》规定，对于携带导盲犬进入客舱，应在订座时提出申请，最迟不能晚于航班离站时间前72小时。各航空公司对于携带导盲犬乘机的购票规定大同小异：必须在航班起飞前72小时或48小时，在直属售票处或营业部提出订座申请，且只能购买经济舱机票；须提供有效的导盲犬身份证、驯养证、工作证、免疫证、检疫合格证等书面证件。据南航工作人员介绍，旅客携带导盲犬乘坐航班，必须在航班起飞前72小时，到始发地的直属售票处或营业部购买特殊客票，并在购票时提出申请，填写"特殊旅客申请表"。

出发当天，导盲犬和其使用者须至少提前2小时到达机场办理登机手续。旅客首先要到承运航空公司的值班主任柜台确认申请，然后前往特殊旅客值机柜台办理值机。在办理手续时，旅客须出示导盲犬身份证、驯养证、工作证、检疫证、消毒证明等书面证件，经工作人员审核后即可打印登机牌交给旅客。

1. 安检候机，特服人员伴左右

办理好值机手续后，航空公司会派出特服人员陪同旅客前往安检通道。安检工作人员会在查验身体障碍者证件和动物检疫合格证明后，引导旅客和其导盲犬通过安全检查。之后，特服人员会陪同旅客到达登机口，等待登机。为了避免因导盲犬排泄问题影响乘机环境，导盲犬要在上飞机前进行排泄，以保证机舱内的清洁。

由于导盲犬乘坐飞机的情况并不常见,候机楼内的旅客多数会感到好奇,拿出手机或者相机拍照留念。陈燕告诉记者,导盲犬是盲人的眼睛,相机和手机的闪光灯会对导盲犬的眼睛造成损伤,因此一定要关闭闪光灯。同时,陈燕还希望旅客见到导盲犬能够做到"四不一问",即不呼唤、不抚摸、不喂食、不拒绝和主动询问。呼唤、抚摸、喂食都会影响到导盲犬的工作状态,严重时会令使用者发生危险,同时不拒绝导盲犬陪同盲人进入公共场所,并且主动询问盲人是否需要帮助。

2. 飞行途中,安静驯服不显眼

由于导盲犬在整个飞行过程中要趴在主人的脚边,因此航空公司一般会将旅客安排在客舱最后一排,这样可以保证导盲犬先上后下的登机顺序,使其在整个飞行过程中能得到一个比较安静的环境,不会影响客舱餐车服务,也最大限度地保证了其他旅客不受到导盲犬的影响,让他们从内心感受到导盲犬和所有旅客一样能够正常地、无障碍地乘坐飞机。

东航的一位服务人员告诉记者,民航服务人员在培训中会接受相关的导盲犬培训,在乘务手册上也有相关内容。比如导盲犬的座位要安排在经济舱,一般为舱位的第一排或者最后一排等。在飞行期间,导盲犬需要戴口罩,不能进食,头的方向避免冲着旅客。

据中国盲人协会主席李伟洪介绍,导盲犬受到过严格的专业训练,不同于一般的宠物狗,既不会咬人,也不会吠叫,因此在机上不会对其他旅客产生影响,甚至不会被其他旅客发现机上有导盲犬。

其实,导盲犬和人一样,在起飞降落阶段会有压耳的感觉,再加上狗的汗腺长在舌头上,长时间佩戴口罩不能张嘴,既不利于缓解压耳状况,也不便于导盲犬排汗。根据《身体障碍者航空运输办法(试行)》的规定,航空公司在征得导盲犬机上活动范围内相关旅客同意的情况下,可不要求主人为导盲犬戴口罩。

据悉,目前东航、南航、海航、厦航都有导盲犬进入客舱的先例。其余航空公司由于规定不一,建议盲人朋友乘坐飞机出行前致电航空公司询问。

来源:http://editor.caacnews.com.cn/mhb/html/2012-08-08/content_101253.htm。

2. 聋哑旅客

(1) 随时掌握聋哑旅客的空中生活情况,提供适当的关注和必要的帮助。

(2) 聋哑旅客落座后,以手语或书面形式与聋哑旅客进行沟通,向其介绍紧急设备、服务设施的使用方法,卫生间的位置以及供应的餐饮及航线概况。因聋哑旅客听不到广播,客舱民航服务人员要将如延误或改航班等重要信息设法告知旅客。许多聋哑旅客会读口型,客舱服务人员在与之交谈时应面对旅客,而且放慢说话速度。

(3) 如果旅客不明白或语言不通,则需要借助文字、符号或手势,但必须有礼貌,必须注意手势礼节。

(4) 如遇过站,只要聋哑旅客自己愿意下机,客舱服务人员要与地面人员交接,同时要确保聋哑旅客重新登机。到达目的地后,客舱服务人员必须将聋哑旅客送交地面服务人员。

案例 3-18：

空姐苦练手语　演绎"无声精彩"

2010年4月21日9时55分，中国南方航空公司大连分公司（以下简称南航大连分公司）CZ6433大连—西安—成都航班，正点抵达经停站西安咸阳机场。这批特殊客人是大连市聋人协会组织的30人旅行团，他们的目的地则是此次航班的终点站——成都双流机场。当民航服务人员将蛋糕送到他们手中后，30名团员兴奋地将双手举过头顶不停挥舞着。

7时10分，CZ6433航班开始登机，在南航大连分公司地面服务人员的精心安排下，聋哑人旅行团提前进入客舱。"他们都很兴奋，"精通手语的本次航班服务人员润鹏笑着说，"你看他们的手，一直在头上挥舞着，这就是高兴的意思。"

南航大连分公司特地安排优秀的服务人员在该航班上服务。此前，大连分公司也特地安排了多次手语培训。润鹏不仅承担着客舱的服务任务，还扮演着一个重要的角色——手语翻译。"我们都是利用休息时间进行手语培训。"润鹏说。在润鹏和其他人员的努力下，30名团员顺利拿到自己所需的早餐。

飞机上，润鹏对自己从事的工作做了总结："手语培训确实占用了业余时间，但对一个年轻的民航服务人员来说，这是一种新的技能，使我们能为特殊人群做好服务！"

航班上，乘务组精心为包括30名特殊客人在内的所有乘客安排了机上互动环节。出乎意料的是，除了特殊乘客积极参与外，普通乘客也参与到"看手语，猜词汇"的环节。

来源：http://dalian.sina.com.cn/news/jiaodian/2010-04-22/082262446.html。

3. 轮椅旅客

（1）在登机时，客舱服务人员主动搀扶可以行走的轮椅旅客上机，帮助其提拿、安放行李。对完全丧失行走能力且无人陪伴的轮椅旅客，则协助地面人员将其接上飞机，并安置于指定的座位。不要把轮椅旅客安排在靠近紧急出口的座位。一般说来，轮椅旅客要优先登机，最后下飞机。

（2）帮助旅客妥善放置好随身拐杖，并及时提供其使用。根据轮椅旅客需要，热心推介适宜的餐食和饮料。关注其用餐情况，及时收回餐盘以方便轮椅旅客行动。

（3）如果轮椅旅客去洗手间等有困难，民航服务人员应该主动提供耐心、细心的帮助，介绍飞机颠簸时如何固定、保护自己。在飞机下降前，带班乘务长应该通知机组人员轮椅旅客的类别，使地面人员获取相关信息，准备轮椅。

（4）根据情况，决定是否需要升降车。责令民航服务人员帮助轮椅旅客整理好所有物品，告知落地后下机的相关事宜，让其放心，并填写特殊旅客空中生活记录。

（5）下客时，搀扶、协助旅客坐上轮椅，并与地面人员办好交接。

4. 担架旅客

（1）如果有担架旅客乘机，飞机上应有专用担架或者能将医用担架在飞机上牢固地固定。必须在飞行前通知机组，客舱服务人员要事先了解该旅客的病症，确认陪同人员，以及有无特殊要求等。一般说来，担架旅客应先上飞机。如果担架随机，那么客舱服务人员应协助将病人和担架安置在普通舱后三排左侧。如果担架不随机，那么客舱服务人员可以在座椅上铺垫毛毯、枕头,根据病情让客人躺卧,并帮助旅客系好安全带。飞行途中,应由专人(客舱民航服务人员)负责经常观察、询问旅客及其陪同人员情况,并根据其需求尽可能提供帮助。

(2) 客舱服务人员与陪同人员商量,提供特殊服务。与陪同人员进行沟通,了解担架旅客的病情,以便于调整服务预案。飞机下降前,客舱服务人员应通过机组与地面联系安排交接事宜。飞机下降时,客舱民航服务人员应提醒病人躺好、扶稳、系好安全带。飞机到站后,担架病人最后下飞机。下机时,客舱服务人员应协助整理、提拿手提物品。

(3) 被运送的担架旅客及护送人员要在规定的合同上签字,保证在可能发生的应急撤离中,担架旅客和病残旅客不能先于其他旅客撤离,如在上述情况中发生意外事件,航空公司均不负责。

5. 拐杖旅客

(1) 在登机时,客舱服务人员应主动帮助拐杖旅客提拿和安放手提物品,引导旅客入座。手杖或拐杖可以沿机身墙壁竖放在不靠紧急出口的座位下,或放在一个许可的储藏空间内,手杖也可以平放在任何两个非紧急出口窗口座位下面,但手杖的长度不能进入过道。

(2) 对于使用拐杖的旅客,客舱服务人员应该留心观察,当发现旅客需要使用拐杖时,应尽快将拐杖递给旅客并热情搀扶引导。如果旅客需要使用洗手间,客舱服务人员应协助开门,在门外等候并帮助旅客回座位,询问旅客下机时是否需要轮椅。

(五) 病残旅客的沟通要点

1. 适当的语言沟通

病残旅客由于自身问题,在乘机中多有不便之处。民航服务人员在解释问题的过程中,要有耐心,语气要缓慢,动作要谨慎,措辞也要十分注意,一定要尊重旅客的意愿。不要一开口就说"你怎么什么也不会?"等伤人自尊的话,禁止使用"你看不见呀""你没听到"等忌语,要切实照顾到病残旅客的特殊之处。面对视力障碍旅客时,应注意语言表达,不得交谈关于用眼可看到的相关语言。面对聋哑旅客时,可多借用肢体语言、文字书面表达等,要注意客舱广播的局限性,做必要的服务替代。

2. 善于发现和留心

病残旅客因为各自病患的部位不同,有些旅客的病患我们一眼就能看出来,这时应立刻提供帮助,如四肢不健全的旅客。但有些旅客我们并不能立刻发现,如聋哑旅客,在外观上民航服务人员不容易马上发现,他们也不愿意别人发现自己的残缺。这对乘务服务工作提出了更高的要求,用心去观察,去揣摩和分析旅客的诉求和意见。

在服务过程中对于不能用语言表达的旅客,民航服务人员要迅速地反应过来,然后不动声色地提供细致周到的服务,切不可歧视、嘲笑甚至模仿病残旅客。

案例 3-19:

济南机场人性化服务　情暖特殊旅客

济南机场候机大厅地上躺着一名旅客,工作人员询问后发现该旅客与常人不同,有语言障碍。经了解,该旅客称当时身上只有100元人民币,要求在候机大厅过夜,经机场急救中心初步检查发现该旅客精神失常,公司值班领导得知情况后,召集机场急救中心、宾馆、安全护卫部等部门现场处理。

为确保旅客的身心健康,机场为该旅客在机场宾馆安排了住宿,把饭菜送到房间,并指定安全护卫部人员看护。随后,公安部门对该旅客身份进行确认,安检部门对他的身份证进行验证,均符合乘机的规定。经过多方努力,机场工作人员与该旅客家人取得了联系。得知该旅客患有间歇性精神病,是从上海出差到济南,该旅客家人请求机场阻止他去北京。机场的工作人员根据家人的请求,一方面指定专人耐心细致地做工作,减轻该旅客的思想压力,减少情绪波动,保证人身安全;另一方面及时为该旅客送饭、送水,稳定他的情绪,并为其办理退票手续。机场安全护卫部人员看护该旅客两天两夜,机场为该旅客提供治疗、吃住等方面的服务。该旅客家属赴济南陪同旅客离开济南机场宾馆时说,他们对济南机场以人为本,认真负责的人性化、亲情化的服务深为感动。

来源:http://editor.caacnews.com.cn/mhb/html/2007-04/11/content_6803.htm。

3. 善于倾听,积极回应

不一样的旅客需求不同,对之应采取不同的沟通方式。对病残旅客,服务人员尤其要学会倾听,不计较旅客的语气和表情,在倾听的过程中做出合适的语言和肢体回应,如"嗯""是""请继续",并适时地点头、微笑。

案例 3-20:

一位空乘的真实飞行日记

今天的飞行任务是太原—长沙—三亚,航班起飞前我们没有接到任何有关飞机上有特殊旅客的通知。太原至长沙航班中,当我们为10A座的一名男性旅客提供饮料时,他只是指了指咖啡壶。"是咖啡吗?"我问。他点了点头。第二次提供饮品时他又指了指高的瓶子,我说:"您需要可乐?"他摇了摇头,我指了指雪碧,他点了点头。好纳闷啊,这个人怎么就不说话呢?长沙到了,为了飞行安全,我们要求所有中转旅客携带好随身行李下机。等旅客下机以后我发现在10排ABC行李架上有两瓶陈醋和一袋山西的特产,带班乘务长说就把它们放在廊桥口吧,这样一会儿它们的主人看到了就会拿上飞机的。过一会儿上客了,我正在紧急出口做评估,突然发现一个男士在冲我叫,可那些单独的音符却明显不是说话,他不断地指行李架,能感觉他很着急,很气愤,我才想起来刚才那些东西可能是他的。我便带着他来到廊桥口,给他指了指廊桥口的行李。他的脸色缓和了下来,点了点头,拿起东西回到客舱里。客舱里出现了一片小声的议论,有些旅客的眼神中透露出了疑惑的情绪。其实,当听到他带有急切和愤怒的声音时,我也有些慌张,想帮助他但是沟通不了怎么办?等他坐回座位,我向他绽放了一个灿烂的微笑,我相信他能明白。过了一会儿,他招手叫我,将自己的手机递给我。上面写着:"我是一位聋哑人,刚才一上来看见我的东西不见了很着急,所以情绪有些激动。把你吓到了,我很抱歉,希望你能谅解!"我赶紧在清洁袋上写道:"没事的,我们因为要保证飞行安全需要清舱,所以把您的东西拿到了廊桥口上,以为您上机时会看见,真是对不起了!"他看完后,笑了……

提供晚餐时,我突然想到了他,一会儿点餐时,他是不是又会尴尬呢?连忙写了小纸条问他:"先生,我们一会儿要提供晚餐,有鸡肉米饭和猪肉面条,您喜欢哪一种?"他指了一下鸡肉米饭。我们四目相对,会心一笑。整个航程中,每一次到了他那里我们都会多看他一眼,看他有没有什么需要,给他一个微笑。飞机要降落了,我写了小纸条告诉他:"我们将在18:10到达三亚凤凰机场,三亚的地面温度为25℃。请您根据气温增减衣物。"下降检查时,看到了他感激的眼神和笑容,我的心里不禁美滋滋的!

他是最后一个下机的,手机上写了很长的短信给我,很长!他说,他很感谢我为他做的一切,他努力地想和我说一声"再见",虽然从他发出的声音里无法听出那两个字,可是我的心听到了!

离开时,他脸上的笑容是我永远难忘的。他是我接触的第一个特殊旅客,我感受到了这位特殊旅客的孤独和善良。回到家,我想了很多,不只是感动,还有懊悔,在他第一次用手指点喝什么的时候我就应该能感觉到他的特殊……我应该做得更多更好,在今后,我一定可以做得更多更好。

来源:http://mu-ly.blog.sohu.com/165583775.html.

4. 真诚表达,拉近距离

对待病残人士一定要真诚,要充满爱心地与其交流。病残旅客比较敏感,也比较自闭,所以包括眼神、语言、肢体表达等都需要透露出对其的关心和爱护,为进一步的沟通做好铺垫。

5. 语言得当,鼓励引导

病残人士一直生活在疾病的阴影与痛苦中,自卑和挫折感明显且容易反复。因此,与其沟通时语言一定要朴实,切勿轻易许愿,或是给予其夸大的效果,否则会适得其反,加重他的挫折感,导致其不信任。

案例3-21:

轮椅旅客的特殊服务

2016年5月15日,CA1762航班有一名旅客在值机柜台临时申请地面轮椅,旅客单独成行,没有家属陪伴。国航重庆分公司地面服务部旅客服务室服务员蒋晨昕于该航班登机前到达值机柜台,把轮椅旅客稳妥地推到了CA1762航班登机口,考虑到该航班停靠远机位,在整个登机过程中旅客需要上下摆渡车,到达远机位后还需要通过客梯车进入客舱,蒋晨昕将该航班登机流程预先告知了旅客。

没想到旅客陈先生突然提出,自己由于行动不便,只能走平路,上下阶梯几乎做不到。得知此情况后,蒋晨昕立即将此事上报给当日服务室值班主管。经了解,旅客的家属在值机柜台申请临时地面轮椅服务的时候,没有将轮椅旅客身体状况详尽地告知值机柜台人员。

于是,服务室值班主管积极向生产调度室申请残疾旅客平台车,但由于时间太紧,无法提供。看着旅客焦急的神情,值班主管微笑着轻声安抚:"陈先生,您别急,我们尽力想办法帮助您顺利登机!"一句简单的话语,似乎让这位轮椅旅客眉宇间的那份凝重放松了一些。值班主管立即通知服务室调度员,要求再调配一名男服务员到登机口,一起商量怎么协助旅客登机。蒋晨昕看了看旅客的个头,感觉还好,不算太壮,说道:"要不我试试背着他上客梯车?"值班主管征得旅客同意后,两名年轻的男服务员将旅客搀扶上摆渡车。

来到飞机下,值班主管快步登上客梯车与乘务长交接轮椅旅客的情况,服务员蒋晨昕把旅客背在背上,感觉有些吃力,往常几个箭步就能登上的客梯车梯步,此刻显得比平时长了许多。

另一名服务员在旁边把旅客托着,避免旅客上身后仰。在大家共同努力下,成功地将旅客送入了客舱。陈先生落座后,一把抓住服务人员的手,激动地一直说:"谢谢了,真的辛苦了!"服务员蒋晨昕微笑着说:"不客气,应该的。"

做好特殊旅客服务,是航空公司义不容辞的责任。尽管这次能让旅客顺利地成行,但在这次服务过程中,还有改进的空间和值得深思的地方。

在航空旅行中,当遇到临时申请轮椅旅客不能自行上下飞机,管理人员和员工愿意背扶旅客登机,体现的是一种担当和对旅客发自内心的真情服务。然而这种做法存在一定的风险,如果服务人员与旅客双双摔倒,后果将无法预测;也有可能旅客并不愿意接受这样的服务。

来源:http://www.hkxyedu.cn/hk/hkgs/9532.html.

知识链接:术后旅客须出具医院证明

无论是微型整容还是类似于心脏搭桥等大型外科手术,民航部门规定,术后旅客乘机须出具相关的医学证明材料,否则航空公司有权拒绝其登机。

为什么民航部门对术后旅客乘机有如此严格的规定?有关研究表明,手术后坐飞机对伤口有较大影响。由于气压对人体的影响随飞行高度的增加而扩大,一些在地面上可能没有出现或出现轻微的症状,在高空低气压环境中则会出现严重的症状,可能导致伤口开裂出血。如做过腹部手术的患者在乘机时,受之前手术麻醉、术中操作的影响,容易出现肠部蠕动减弱甚至肠粘连等情况,较容易发生胃肠积气。储存在胃肠道中的气体在高空受气压降低的影响而膨胀,此时人体就会感到腹痛。如果患者的肠粘连、肠麻痹、胃肠胀气等症状较严重,则会出现剧烈的腹痛,严重者可能诱发肠梗阻甚至有生命危险。

所以,航空公司一般建议旅客在手术做完14天后再乘机,不过这种要求视旅客所做手术的类型和恢复情况而定。在通常情况下,为了保证旅客的人身安全,对于新近接受手术的旅客,必须有正规三甲医院出具的可以乘坐飞机的证明。

当然,在乘坐飞机时,除了出具医院证明外,对于做微型整容手术的旅客来说,由于面部特征已与之前有所差别,旅客应及时更换身份证和护照照片,以免在机场值机和接受安检时遇到麻烦。如果是在国外做的整容手术,来不及更换护照照片,在乘机时更需要美容院或者整容机构出具相关证明。

来源:http://www.macau-airport.com/cn/media-centre/news/news/16293.

五、老年旅客

(一)老年旅客的定义

老年旅客是指年龄在70岁以上(含70岁),年迈体弱,虽然身体并未患病,但在航空旅客中显然是需要他人帮助的旅客。年龄超过70岁,身体虚弱,需要轮椅代步的老年旅客,应视同病残旅客给予适当的照料。

(二)老年旅客的群体特征

人到老年,体力、精力开始衰退,生理的变化必然带来心理的变化。老年人在感觉方面比较迟钝,对周围事物反应缓慢,活动能力逐渐减退、动作缓慢、应变能力差。老年人由于年龄上的差异与青年人想的不同,因而心境寂寞,孤独感逐步增加。尽管老年人嘴上不说,但他们内心还是需要别人的关心、帮助的。他们关心航班的安全,关心飞机起飞、降落时带来的不适应感。

1. 认知功能减弱

老年人记忆力下降,容易忘事。视力、听力下降,容易误听,误解民航服务人员与他人谈话的意义,出现敏感、猜疑、偏执等状况。说话重复唠叨、再三叮嘱,总怕别人和自己一样忘事。抽象概括能力差,思维散漫,说话抓不住重点。

2. 活动能力减弱

由于年龄原因,老年人体力、精力下降,动作缓慢,应变能力差,对周围事物反应缓慢,活动能力逐渐减退,行动及各项操作技能变得缓慢、迟疑、不协调,甚至笨拙。

3. 好强,自尊感强

有些独立能力强的老年旅客(特别是外国旅客),一般不愿意别人为他提供特殊帮助,民航服务人员应掌握这些旅客的心理特点提供恰当的服务。

4. 寂寞孤独感增强

老年人由于年龄上的差异与青年人想的不同,孤独感逐步增加。

5. 抵触情绪明显

老年人乘机时出现抵触情绪,一方面是因为身体原因,担心自己无法承受高空带来的压力;另一方面是因为安全原因,担心飞机在几万英尺高空的飞行安全,所以在乘坐飞机时或多或少都会有些紧张。

6. 具有怀旧情结

老年人向往中国的历史及传统文化,需要不断地去回忆和谈论自己一生中所取得的那些成就和荣誉。

案例 3-22:

在温情中感受温度

"小姑娘,可以拿条毛毯给我吗?谢谢。"一位身体瘦弱的老年旅客叫住了正在进行起飞前安全检查的民航服务人员小A。虽然毛毯已经全部发完,但小A还是亲切地对这位老年旅客说:"阿姨,实在不好意思,我们已经在前后舱都找过,毛毯目前全部发完了。飞机马上就要起飞了,我先把我的外套拿来,您先盖上。起飞后,我再帮您想办法借一条。我们也和机长沟通过,调高了客舱温度,您先休息一下,一会儿就会暖和起来了。您看可以吗?"不一会儿,小A就为阿姨拿来外套,还十分周到地拿来一个用矿泉水瓶自制的暖水瓶,给旅客保暖。平飞后,小A端着一杯温水,第一时间来到老年旅客身边,问:"阿姨,现在觉得暖和些了吗?有没有不舒服呢?我去想办法看看能不能帮您借到一条毛毯。"就这样,小A一直全程关注着该名老年旅客,让其体验到了客舱中如家一般的温暖,下机时旅客更是感动得一直表扬着小A。

来源:http://www.sohu.com/a/168287154_795564.

(三)老年旅客的服务需求与服务规范

按老年旅客的服务需求,可以分为无特殊服务需求老年旅客、一般服务需求老年旅客和特殊服务需求老年旅客三种类型。患有冠心病、高血压、糖尿病、心脑血管病、哮喘等病症及其他不适于乘机病症的老年旅客,一般不适于航空旅行。如提出乘机申请时,应提供适于乘机的"诊断证明书"和填写"特殊旅客(病残)乘机申请书",否则航空公司拒绝承运。患有上述疾病的老年旅客,如果乘机过程隐瞒病情所造成的后果,航空公司不负责任(此类旅客运输受严格限制)。

1. 主动协助其使用洗手间

飞行中,主动询问老人是否要上洗手间,需要时引领或搀扶老人,协助打开马桶盖、铺上垫纸,向老人介绍冲水阀门和水龙头的使用方法,等老人方便后再扶回座位。

2. 上、下机服务

(1)主动帮助老人提拿行李、引导入座、放好手杖(放在座椅下面,紧贴机舱壁板放),放置行李时让老人确认位置和件数。

(2)注意应尽量安排方便老人上洗手间的座位。

(3)乘务长指定责任民航服务人员照顾老人,该民航服务人员应及时自我介绍,尽快与老人建立相互信任关系。老人就座后,送上热饮、毛巾、毛毯、枕头、暖水袋及其他用品。

(4)热情搀扶需要帮助的老年旅客上、下飞机,主动帮助其提拿、安放随身携带的物品。

(5)帮忙系安全带并示范解开的方法。

案例3-23:

多部门配合为老年人服务

马德里—北京航班中有一名82岁的老年旅客单独乘机,飞行中乘务组为其更换了宽敞的座位,对老人的餐饮、身体状况重点进行特殊照顾。服务人员不时找老年旅客说话,了解他的需求,缓解他单独乘机的孤独感,还帮助他上几次厕所,老人很是高兴,对服务人员的服务很是满意。但困难还是来了,老人到北京后还要转机青岛,有托运行李,国际转国内,偌大的候机楼,繁多的手续对老人来说真是很难。乘务长联系地服,由于是大清早或其他原因而联系不上。老人人生地不熟,动作又缓慢,跟不上其他的旅客,于是服务人员扶着老人慢慢走,安慰他不用着急,会送他去转机,老人很感激。乘务组对这名服务人员的工作很支持,让他不要着急,带好老人,其他组员会帮他办理手续。该服务人员牵着老人慢慢走到边防,帮他办了手续,又带着他到行李区域领取行李,过海关,到中转柜台,才把老人转交给中转工作人员。

来源:http://news.carnoc.com/list/205/205553.html.

3. 自我介绍与设备介绍

主动介绍服务项目、服务设备的位置和使用方法，特别是阅读灯、呼叫铃、耳机、座椅的调动、卫生间的位置及使用，并告诉老人全程扣好安全带。如果航班配发耳机，服务人员应主动帮助老人调节好音量，并选择适当频道。

4. 餐饮服务

送餐时优先满足老年旅客的需要，因为老年人对餐饮会有些特殊要求，会有忌口，如温度、辛辣、软硬度等。客舱空气干燥，建议老人多喝些温开水，少喝冷饮、咖啡。老人用餐速度会较慢，一定不要催，使其能细嚼慢咽，慢慢品味。

老年旅客在乘机前应注意饮食，避免在乘机时出现头晕、胸闷、恶心、胃肠胀气甚至呕吐等症状。如不要吃油性较大的食物和高蛋白食物，不要食用大量粗纤维食物。切不可吃得过饱或空腹上机，防止心脏和胃负担过重或产生低血糖反应。

知识链接：老人需控制乘机次数

医护人员介绍，老人体质较差，许多老人都患有不同程度的心脑血管疾病。因此，当飞机穿越云层时，高空大气压的变化会引起老人血压升高、呼吸困难等症状。如果老人带病乘机，更易引起充血性心力衰竭、心肌缺血、肺动脉高压和高血压并发症，甚至危及生命安全。虽然航空公司往往都建立了一套完善的紧急救治机制，但对病情较为严重的患者，还是难以在最有效的时间内对其进行有效的施救。

所以，为了保证老年旅客的平安健康，在老人选择乘坐飞机旅行时，需控制乘机次数。虽然航空公司对老年旅客乘机没有年龄和次数等方面的限制，但长时间、多频次乘机毋庸置疑会增加老年旅客的疲劳感，从而引发系列疾病。航空医学人士表示，高血压、糖尿病、动脉硬化等老年疾病患者如果长时间久坐，会导致下肢静脉血液回流不好，容易形成下肢血栓，从而引发心梗、脑梗、肺梗，甚至导致猝死。因此，老人要适当地控制乘机次数，加强休息。如无法避免长途旅行，老人应尽量选择乘坐舒适程度较高的大型或中型飞机。如果老人身体虚弱、行动不便，建议在乘机前，家属主动带老人去医院进行一次全面检查，在听取医生的建议后再决定是否乘坐飞机，并在乘机前主动出示适宜乘机的证明。

老人在乘机过程中应尽可能在机舱内多活动手脚或起身活动一下身体，防止血液回流不好，形成下肢血栓。在选择座位时，建议老年旅客坐在靠过道的位置上，如突发病症，方便民航服务人员对其施救。

航空医学专家表示，通常来讲，有以下7种情况的老人是不宜乘机的：① 年龄在70岁以上并患有严重贫血，同时血色素指标在6克以下的老人；② 中耳炎、鼻窦炎、鼓叶变薄、畸形等造成严重听力障碍的老人；③ 近期曾做过手术的老人；④ 患有出血性胃溃疡的老人；⑤ 患有中耳炎的老人；⑥ 患高血压并伴有脑血管疾病的老人；⑦ 患有严重心律失常的老人。

来源：http://www.macau-airport.com/cn/media-centre/news/news/16293。

5. 其他

（1）对于在空中需要特殊照顾和陪护，但行动方便，不需要借助轮椅或担架的特殊老年旅客，可以参照无人陪伴儿童的运输程序予以承运，但应与无人陪伴儿童合并计数，在每个航班承运数量上满足公司各机型无人陪伴儿童数量限制。

（2）对于需要借助轮椅（WCHS或WCHC）或担架运输的特殊老年旅客，按照各航空公司病残旅客的运输政策和程序承运，并须满足相关限制规定，对于仅需要地面接送，而在客舱中不需要特殊照顾和陪护的特殊老年旅客，其承运数量不受限制。

（3）对于需要与地面服务人员交接的特殊老年旅客，地面服务保障部门应做好地面引导和接送工作，并在需要时与客舱民航服务人员进行交接。

案例3-24：

您的安全 我的安心

一次上海飞北京的航班上迎来了两位特殊旅客，登机后，乘务组发现原来是一对无人陪伴的老夫妻。旅途中民航服务人员们对两位老人关怀备至，飞机落地前，乘务长S还特意叮嘱两位老人最后下飞机。然而，旅客下机结束后，乘务长却并没有在机门口等来两位无陪老人，乘务组也没有人发现老人已经下机这一情况。乘务长S立即拿起特殊旅客单拨打接机人的电话，对方表示还没有接到老人，虽然接机人表示没有关系，但想到这对老人都已是接近90岁的高龄，乘务长还是毅然决然地立刻冲下了飞机，沿着旅客下机后的路线一路寻找，终于在行李提取处发现了他们的身影。乘务长帮两位老人拿着行李，直至送到出口接机人处。对方非但没有责怪乘务组的大意，反而一再向乘务长表示感谢。

来源：中国东方航空公司客舱案例手册2017年1月刊

（四）老年旅客的沟通要点

1. 沟通时尊重老年体征

（1）讲话速度要放慢，声音要柔和，音量略大。经常主动关心、询问老人需要什么帮助，洞悉并及时满足他们的心理需要，尽量消除他们的孤独感。

（2）语言通俗易懂。语气要缓，动作要慢、稳。使用文明用语，少用专业术语，如工作中服务人员将1、2、7、0发成幺、两、拐、洞的音，但和旅客交流时7170航班就不能读成"拐幺拐洞"。

2. 沟通更注重耐心和主动

消除老年旅客对乘机可能产生的恐惧感，不能让他们有心理压力。主动介绍服务设备，如安全带、阅读灯、呼叫铃、耳机的使用方法和邻近洗手间的位置；主动介绍供应的食品，尽量送热饮、软食；在国际航班上主动帮助老年旅客填写CIQ表格，经旅客本人确认后由本人签字等。

3. 营造愉快放松的沟通氛围

（1）登机过程中，民航服务人员要主动、热情地向老年旅客打招呼，引导他们就座，帮助安排行李。短程航线中，航班配备的枕头毛毯较少，民航服务人员应提前为老年旅客准备好。

（2）起飞前重点为老年旅客介绍客舱设备、安全注意事项，特别是帮他们系好安全带、教他们使用呼唤铃,告诉他们如有需要可按压呼唤铃,找民航服务人员帮忙。

(3) 起飞后,了解一下老人有什么需求,关注老人对客舱温度是否适应,为其做好保暖。对于有个人娱乐系统的机型,教其怎么使用,帮助老人调到喜欢看的节目。提供餐饮时,优先满足老年旅客的需要。

案例 3-25:

贴心服务　细微关怀

某航空公司执行乌鲁木齐—北京的航班。在旅客下机时,乘务长发现一名女性老年旅客很吃力地提着三件行李,动作很缓慢。乘务长过去帮她提行李,得知她是一个人乘机,一会儿还要转机东京,还有托运行李。老人是第一次从北京转机,对北京候机楼不熟,感觉不知如何是好。乘务长一边安慰她不要着急,一边帮她拿着行李往候机楼走,心里在想着如何才能帮助这位老年旅客。国内转国际行程较远,需要办理出关手续,还需要转候机楼,老人家一个人肯定很困难,而乘务长还有后续航班,到起飞时间所剩不多,国内隔离区到国际隔离区还需要安检,而乘务长不执行国际航班不能进入,真是心有余而力不足。于是他赶紧找地服人员帮忙,但遇上两个地服人员都因为其正在执行航班任务而分不开身,找到第三个地服人员,刚好赶上她下班,听到乘务长说的情况,她立马答应送老人去转机,一直送到登机口,老人很是高兴,非常感激,乘务长也是很感激,心里的石头终于落地了。

来源:https://www.douban.com/note/184721864/。

4. 多用口头提醒

对于需要帮助的老年旅客,民航服务人员应主动搀扶其上、下飞机,帮助提拿行李、找座位,关注老年旅客行走的安全,特别是对视力不好的老人,上、下飞机台阶还需要口头提醒。

5. 航程中多关心老年旅客

长航线中高空低氧,客舱压力的变化会对身体产生影响,需要及时了解老人的身体状况,多关注。空闲时间,民航服务人员可以和老年旅客聊天,以减少他们的孤独感,使其有效缓解疲劳;老人若长时间久坐,下肢静脉血液回流不畅,脚会发麻,应提醒老人需要起身活动;起飞着落阶段,客舱压力的变化会产生压耳症状,民航服务人员可以教老年旅客做一些简单动作来缓解症状,如吞咽、捏着鼻子鼓气等;飞机下降前,了解老年旅客后续的转机、行李问题及是否需要轮椅等,解决他们的后顾之忧,切不可安排老年旅客坐在紧急出口旁的位置。

案例 3-26:

老年旅客突然发病　实施空中紧急救护

2009 年 3 月 18 日,王老太太乘坐南航 CZ6989 航班前往西安旅游。在飞行途中,王老太太突然出现抽搐、呕吐症状,南航乘务组发现后及时进行急救,并专门申请直飞航线,提前抵达西安机场,为急救赢得了宝贵时间。

由于高空氧气相对稀薄,容易引发老人的潜在病症。因此,有冠心病和高血压病史的老人在上飞机前要注意准备些急救药物,如硝酸甘油等以防意外发生。有些老年乘客发病后无法与工作人员交流,因此老年乘客在出行时最好能够将自己的基本情况和病史写在纸上,同急救药品一起随身携带。建议老年乘客随身带上口香糖或硬糖。因为紧张和劳累也会让个别中老年人出现低血糖的症状,吃几块糖可以缓解紧张感,也能预防低血糖的发生。此外,中老年人一般容易口腔干燥,飞机起降或是碰到气流时,机身会有些颠簸,也会产生较大的噪声。此时硬糖有助于唾液分泌,以缓解耳鸣等不适情况的发生。

在远程航班上,老年人长时间保持基本固定的姿势,缺乏活动,加上机舱内湿度小、气压低,体内的水分容易流失,极易形成下肢血栓,也就是我们常说的"经济舱综合征"。航空医学专家建议老人如果长时间乘飞机,可在登机前服用1片25毫克的阿司匹林,以防血液黏稠。同时在飞机上要多喝水,以稀释血液,但不要喝酒精类饮料,以免脱水。在飞行途中,应至少每小时离开座位一次,在机舱过道内适当走动,或者在座位上伸展手臂、活动腿脚,也可不时地站立片刻,以便于血液流通。

来源:http://editor.caacnews.com.cn/mhb/html/2009-03/23/content_43665.htm。

知识链接:如何做好老年人乘机的服务?

俗话说"百善孝为先",孝道作为中华民族的传统美德,多年来一直是中国人奉行的守则。在交通发达的今天,为人子女都倾向于在假期时间带上家里的老人出门走走,饱览祖国大好山河,而飞机作为目前最快捷、使用人数最多的交通工具,更是家人出行的首选。

然而多数老年人对于坐飞机心里都会有所抵触;一方面是因为身体原因,担心自己无法承受高空带来的压力;另一方面是安全原因,担心飞机在几万英尺高空的飞行安全。所以在乘坐飞机时或多或少都会有些紧张。航空公司在为旅客提供优质服务的同时,更希望给每一位旅客带来"家"的感觉,所以在服务老年旅客时,民航服务人员一定要拿出耐心和爱心,消除他们的紧张感,让老人家找到"家"的感觉,才能真正享受一段舒适愉快的旅程。

在迎客过程中,首先要发现无家人陪同的老人,主动上前帮助老人提拿行李并且协助其找到座位。待老人入座后向其介绍安全带的使用方法和洗手间的位置,并主动为老人提供毛毯和热水。主动的关心和协助才能让老人家在乘机时消除顾虑,让老人家知道,我们会随时为他们提供及时必要的帮助。

待飞机平飞提供餐饮服务的时候,关注老人们是否需要热水或者茶水,若老人提出需要饮料,则应主动向老人介绍饮料的口味并且询问老人是否适合饮用这类饮品。提供餐食的时候详细告知老人餐食的烹调方法,让老人家能够吃得安心。巡舱时要更加注意对老人的细微服务,要知道我们的一个不经意的动作,也许都会让老人感动不已。

飞机下降前也要主动询问老人是否需要使用洗手间,同时也要向老人介绍洗手间内服务用品的使用方法,很多老年人第一次乘机,对于使用洗手间也比较抵触,提前向老人介绍,才能让他们使用时更加放心。

每个人家中都有老人,对于老人生活的不便,相信我们心里也都有感触。若每一位民航服务人员都能像对待自己家中的老人一样来照顾航班中的老年旅客,那么相信越来越多的人都会放心让家中老人乘坐我们的航班,因为他们会相信在我们的航班中,也会有人把他们当成自己的家人,也会让每一位乘机的老人发自内心地流露出满意的微笑。

来源:http://www.caacmooc.com/showinfo-115-244-0.html。

拓展训练：

一、知识题

（一）填空题

1. _____周的孕妇乘机应办理乘机医疗许可,该许可在乘机前7天内签发有效。

2. 关注老年旅客行走的安全,特别是对视力不好的老人,对于上、下飞机台阶还需要_____。

3. 在称呼要客时,全程使用_____来服务。

（二）判断题

1. 怀孕20周以上的孕妇,预产期在9周（含）以内的孕妇,原则上不予承运。（　　）

2. 遇见对于不能用语言表达的病残旅客,民航服务人员要迅速地反应过来,然后不动声色地提供细致周到的服务。（　　）

3. 遇见老年旅客沟通时讲话速度要放快,音量不能太大,动作要快,体现工作效率。（　　）

二、技能题

（一）典型案例1

"哇——哇"一声孩童的号啕大哭打破了客舱的安静,正在巡视客舱的民航服务人员小Z立即前去查看,原来是一位小朋友的眼角被座椅扶手砸到了。眼见小朋友哭泣不止,小Z立刻拿来机上的小零食哄宝宝,让其停止哭闹；随后又立即向乘务长进行汇报。乘务长赶来,通过询问得知,由于座椅扶手自然落下,砸到了躺在座椅上宝宝的左眼角,并且已经出现红肿的症状,小Z及时提供冰块和湿毛巾帮宝宝冷敷。乘务长关切询问是否需要落地之后第一时间通知医生上机为宝宝检查,征得家长同意之后,乘务长及时告知机长通知地面救护上机检查并启动旅客伤亡处置程序。整个航程,乘务组一直全程关注宝宝并及时询问提供帮助。通过检查,宝宝并无大碍,家长表示不需要进一步检查治疗,但是旅客对乘务组的积极处置仍然表示十分感谢。

来源：中国东方航空公司客舱案例手册2017年1月刊

思考：请你依据儿童旅客的沟通技巧知识做简要点评。

（二）典型案例2

某航班旅客登机入座后,一名老年乘客怀中抱着一件大件行李紧紧不放。民航服务人员小刘提出将行李放在行李架上,老人坚持不肯,在没有多加沟通的情况下,民航服务人员小刘立即提起了老人怀中的行李塞入了其座位上方的行李架,随后转身离去。尽管民航服务人员执行安全规定没有错,但还是引起了老人的不快,直接向带班乘务长投诉该民航服务人员工作方法简单粗暴,对老年人没耐心,不够尊重。小刘接到投诉后,很不服气。

来源：中国东方航空公司客舱案例手册2017年1月刊

思考：请你依据老年旅客的沟通技巧知识做简要评析,说一说如果你是小刘,后续工作该怎么办？

学习情境二 其他特殊旅客的服务沟通技巧

 学习目标

1. 了解醉酒旅客的群体特征和服务需求与规范,掌握与其沟通的技巧。
2. 了解犯人旅客的群体特征和服务需求与规范,掌握与其沟通的技巧。
3. 了解额外占座旅客的群体特征和服务需求与规范,掌握与其沟通的技巧。

 导引案例

醉酒旅客扰乱客舱秩序

中国南方航空股份有限公司 CZ6993 西宁—北京航班上,一名醉酒旅客登机后扰乱客舱秩序,经劝说无效,该旅客被公安人员强行带下飞机。

2010 年 11 月 17 日 21:30 左右,从西宁到北京的旅客正在登机,突然,一名浑身酒气、步履不稳的旅客粗鲁地撞在当日航班乘务长许冰身上。乘务长立即扶起他,不料该旅客直接往前冲去,企图闯进飞机驾驶舱,乘务长和安全员立即将其拦住。

随后,该旅客又强行坐在安全员座位上,无法站立也拒不回座。此时,飞机开始滑行了,而该旅客还在不停地打电话。安全员见状上前制止,该旅客即在客舱内大声谩骂,并随意地到处呕吐,还险些与一名劝他的旅客动起手来,该旅客的行为引起周围旅客的强烈不满。

鉴于以上行为,许冰乘务长从航空器安全和其他旅客的乘机感受的角度考虑,决定报告机长。

10 分钟后,飞机滑回机坪,地面公安人员将其强行带下飞机。安全员对飞机进行局部清舱后,飞机关门起飞。由于该醉酒旅客的原因,CZ6993 航班因此延误 40 余分钟。

据不完全统计,醉酒旅客登机后闹事以致航班延误的事件频频发生。醉酒旅客机上的行为不仅延误了航班、影响了自己和其他旅客的行程,还将危害航空安全。这里航空公司提醒广大旅客,乘机前切勿大量饮酒,如出现上述情况,不仅自己经济受损,还将受到机场公安部门的治安处罚。

遇见醉酒旅客,沟通时要重点关注是否影响航程安全和是否影响他人安全,问题升级要及时上报,与地面协调,万不可以盲目自大,自我逞强采取解救方法。

来源:https://bbs.airacm.com/read/55774。

上述案例中的醉酒旅客给航班正常飞行带来了很大的麻烦,这种情况在多家航空公司都有所发生。面对此种情况,服务人员如何提供服务并与之沟通,是本节要重点学习的内容。

理论知识

一、醉酒旅客

(一)定义

醉酒旅客,是指失去自控能力,在航空旅行中明显会给其他旅客带来不愉快或反感的乘客。航空公司有权根据旅客的外形、言谈举止判断决定,可不予承运或拒绝继续承运。

按照民航局有关规定,醉酒旅客不得乘坐民航客机,这主要是为旅客自身的安全考虑。第一,酒后乘机对乘机者健康不利,酒后高空飞行易突发心脑血管疾病;第二,醉酒乘客行为失常,不易控制自己的行为,对客舱其他旅客的安全构成隐患。

(二)醉酒旅客的群体特征

(1) 酒后乘机对乘机者健康不利,酒后高空飞行易突发心脑血管疾病。

(2) 醉酒乘客行为失常,不易控制自己的行为,对客舱其他旅客的安全构成隐患。据有关研究表明,酒精对人体的影响随飞行高度的增加而加重,饮用同量的酒在地面上可能没有出现或出现轻微的症状,而在高空低气压环境中,则会出现严重的酒精中毒症状。

(3) 酒精还会导致人体的心理和生理功能失调。醉酒旅客乘机,由于情绪失控导致的不良行为,会给飞行安全造成一些隐患。在飞机上,醉酒旅客往往大声吵闹,加上其醉酒后的呕吐物,不仅影响机舱内的乘机环境和秩序,也易引起其他旅客的反感,而且某些过激行为还可能威胁飞行安全。

(三)醉酒旅客的服务需求与规范

(1) 醉酒旅客一般不予运输。

(2) 根据醉酒旅客的外形、言谈举止,航空公司自行判断决定。

(3) 对酒后闹事、影响其他旅客旅行的醉酒旅客,航空公司有权拒绝其登机。

(4) 在飞行途中,如发现旅客仍在处于醉态不适于旅行,或妨碍其他旅客时,机长有权令其在下一个经停站下机。

(5) 醉酒旅客被拒绝登机时,退票按非自愿退票处理。

案例 3-27:

国庆长假乘机前喝酒要有度

可能有人要问,违法自有法律根据事实判定制裁,那么,因醉酒原因而被取消登机资格的依据又是什么呢?机场公安相关工作人员介绍,根据《中国民用航空旅客、行李国际运输规则》第二十九条规定:"承运人可以安全原因,或者根据规定认为属于旅客的行为、年龄、精神或者健康状况不适合旅行,或者可能给其他旅客造成不舒适,或者可能对旅客本人或者其他人员的生命或者财产造成危险或者危害情况的,有权拒绝运输旅客及其行李,由此给旅客造成的损失,承运人不承担责任。"醉酒就属于上述情形之一。

1月19日,一架从印度飞往英国伯明翰的印度航空波音787飞机上一名醉酒乘客做出了惊天的举动——在众目睽睽之下脱下了裤子小便。该乘客(Jinu Abraham)在飞机着陆后立即被警方控制。他承认在飞机上确实处于醉酒状态,并且被伯明翰地方法院处以300英镑的罚款。

检察官John Cardiff称,当时Abraham带着10岁的儿子登机。由于喝了酒,所以他变得非常有攻击性。空姐让他坐回自己的座位,他拒不配合。鉴于其醉酒的状态,空姐拒绝向其提供酒,而且也对其行为提出警告。但是在降落前40分钟,他在走道上脱下裤子,向地板和座位的方向小便。他随后被空乘制伏,直到飞机降落才移交给警方。

Abraham承认自己喝了两杯威士忌,而且目前正在服用抗抑郁药物,对于在飞机上发生的事情也已经不记得了。辩方律师称,由于他不小心将药物放在了托运的行李中,加上对于飞行非常焦虑,因此他尝试自我治疗,但是事与愿违。幸运的是飞机上没人受伤,航班也安全降落了。

把过道当厕所的酒鬼并不止Abraham一个。2011年8月,法国演员杰拉尔·德帕迪约(Gérard Depardieu)搭乘法航的航班从巴黎飞往都柏林,飞机准备起飞时,他向服务人员表示想使用厕所,服务人员告知他飞机起飞后才可以去厕所。该航班延误了20分钟,德帕迪约竟当众就地解决,该事件迫使此航班又延误了2个小时。

来源:http://news.carnoc.com/list/337/337314.html.

(四)醉酒旅客的沟通要点

(1)发现醉酒旅客,要耐心、礼貌。

(2)发现醉酒旅客都有义务劝阻和通知机长、乘务长采取措施。联系机场医务处,医生将检查该旅客是否适合登机,并采取解酒措施。

(3)处理问题时,言语要文明,说话和气,特别注意旅客的情绪,恰如其分地关心旅客,注意不要在语言和行动上刺激旅客,引起旅客冲动;如醉酒旅客有其他旅客陪同,则提醒其他旅客给予细心照顾。

(4)发生纠纷时,民航服务人员一定要冷静,避免争吵。

(5)严格禁止与旅客发生正面冲突,尽可能将旅客带离现场以免产生负面影响。

(6)发现已购票的醉酒旅客可根据情况礼貌劝阻旅客退票或待酒醒后再登飞机,并安排专人留意旅客行为和跟踪处理,以免产生不必要的麻烦。

(7)若遇到的旅客有蛮横无理、情绪激动、行为失控、打骂民航服务人员等情况,立即通知机长,情节严重的与地面公安机关联系依法处理。

知识链接:面对醉酒旅客的处理方法

面对醉酒旅客不同的情况与特征,应采取不同的沟通方式。

表现1:呕吐。对于这种旅客,给他安排一个相对安静、旁边人较少的座位。但是胃里的食物在酒精的作用下,很可能随时被呕吐出来。由于醉酒后神经反应变慢,喉咙肌肉张力下降,人在仰卧的状态下,呕吐物很可能会卡在喉咙,或误入气管,堵塞呼吸道。醉酒后不宜立即睡觉,可以先吃点西瓜、香蕉、葡萄解酒,西瓜利尿,可缓解身体发热;葡萄可治反胃、恶心;香蕉能缓解酒后胸闷。等到酒醒得差不多了再睡觉。乘务人员可以以一种关心的态度和乘客沟通,告知旅客什么睡觉姿势会更舒适,可以更好地满足其需求,及时为旅客提供毛毯和水。

表现2:吹牛。有些人平时表现得挺谦虚,可是喝醉了以后就开始吹牛,这是过度饮酒后人体的头脑部位的思维意识不受控制导致的。乘务人员可以为其提供一些茶水和点心,在与其沟通时岔开话题。

表现3:骂人找碴儿。面对这种旅客,为了防止影响到其他旅客,乘务人员可以先态度亲和地劝说一下,并告知其行为的不良影响和不良后果,如若不听,可严肃地给予警告,告诉他此种作为会被惩罚。

表现4:哭。其实没有悲伤的事情,但是有些人喝醉了就是会哭,大概就像睡觉一样。这一类人大多有心事,或受到过伤害。这些乘客可能此时内心世界比较脆弱,乘务人员应多给予关心,服务态度一定要亲和与贴心,尽量满足他们的需求,让他们感受到乘务人员对他们的关心。因为这样他们也会体谅乘务人员的辛苦,会配合乘务人员的工作。不过可能此时他们正沉浸在自我的世界里,乘务人员最好不要打扰,最好给他安排一个相对安静一些的角落座位。

来源:https://www.douban.com/group/topic/20438499/。

二、犯人旅客

(一)定义

犯人旅客是指违反国家法律,需要飞机运输,且由专门的警察执行羁押的旅客。

公安机关押解犯人,一般不准乘坐民航班机。按照相关规定,押解犯人的运输方要从严控制,确有特殊情况需要乘坐飞机押解的,须由押解所在地公安机关报请民航总局公安局批准同意,并由省、市级(含)以上公安部门出具押解证明,民航方可押解运输。犯人旅客及其押解人员仅限于乘坐经济舱。

(二)犯人旅客的群体特征

由于犯人是受到国家现行法律管束的,在处理犯人运输时,必须与有关公安部门以及通过外交途径与有关外交部门取得密切联系。

在办理犯人运输中,应注意符合我国有关法律、法令和对外政策及有关国家的法律。运输犯人必须经运输始发地最高一级运输业务部门负责人根据有关规定负责审校批准。在国外由办事处负责人批准。如果需要通过外交途径与有关国家外交部门取得联系和配合时,必须事先请示总局,遵照总局指示办理。

犯人旅客在运输中必须有两人监送。监送人员在运输中对犯人负全部责任。监送人员携带武器,在飞行中,一般应当交由机组保管。运输犯人,只限在运输始发地申请办理订座售票手续。

（三）犯人旅客的服务需求与规范

（1）必须严格执行"谁押解、谁负责"的原则并履行相应的审批程序。运送犯人旅客时，押解警力一般要3倍于犯人旅客，对犯人旅客可以使用必要的械具。在押解的过程中不允许犯人旅客单独行动，防止犯人旅客失控，但押解人员乘机时不得携带武器。

（2）一架飞机上运送的犯人旅客不得超过3名。被押解人员不属于涉嫌暴力及恐怖犯罪。如果押解人员认为有必要限制犯人旅客的行动，可正面将其双手铐住。在任何情况下都不得将犯人旅客铐在机舱座位或航空器上以及其他无生命的物体上。

（3）乘务长接到运送犯人旅客通知后，应确认犯人旅客和押解人员的人数、座位安排等情况，并详细报告机长。因为情况特殊，服务人员不要议论并对其他客人保密。

（4）押解犯人旅客应安排在客舱后部3人座的中间座位，他们的座位不得靠近或正对任何出口及应急出口，以防出现意外（情绪失控乱动舱门等）。民航服务人员应去除领带丝巾，不能为犯人旅客和押解人员提供含酒精的饮料，也不得为犯人旅客提供刀、叉等餐具，在经押送人员检查同意后，可以向犯人旅客提供食物和一次性餐具，同时尽量减少饮料供应。供餐饮前应事先征求押解人员的意见，不允许犯人旅客在飞机上来回走动，并对其使用厕所进行监控。

（5）上、下机时，犯人旅客应先于其他所有乘客登机，所有旅客离开后再下机，避免对同机旅客造成不便；在中途站经停时，犯人旅客是否下机，由押解单位决定。如不下机，则要求有3倍于犯人旅客的警力在飞机上留守。安全员不得离开岗位，协助做好安全保卫工作。下机后应认真检查其座位周围的遗留物品。

（6）当航班着陆后，安保组和乘务组应协助地面公安将犯人旅客押下飞机；如果是政治犯、经济犯，这些不用特别对其人身自由采取限制。如果是杀人犯或者有暴力倾向的罪犯，可以采用手铐或者软铐，但是在下飞机时一般用衣物遮盖一下，以免引起周围旅客的恐慌。当所有人都走出客舱后，空警、安全员再次对客舱进行认真的清舱后再离开飞机。

（四）押解犯人旅客的沟通要点

（1）乘务组接到通知后，及时传达给每位乘务员。

（2）要像对待一般旅客一样对待犯人。

（3）尽量避免犯人的身份暴露给其他旅客。

（4）应该最先上飞机，最后下飞机。

（5）地勤方面，由机场公安分局的人带领过来办理值机手续，查验证件手续齐全，电话申请地服调度。标准语言为"地服调度，××航班有×位××犯人，有××位执法人员，有无携带枪支，证件齐全，能够接受？"

案例3-28：

优中选优：双套机组＋"金盾组"乘务员

按照计划，此次包机任务航程为广州—雅加达往返，全程飞行10小时，通宵往返飞行。为确保圆满完成任务，南航高度重视，派出波音737机队领导带队飞行，精心挑选政治觉悟高、飞行技术强的双套机组执行此次特殊运输任务。飞行机组选派了两名机长和两名副驾驶组成双机组，特意选派两名机务和一名配载人员随机保障。飞行机组提前准备，对航路情况、目的地机场、沿途备降场等进行详细梳理和分析，对可能遇到的各类特殊情况做出详细的处置预案，确保飞行万无一失。

南航还选派资深兼职安全员（持有安全员执照和乘务员双执照）执行押运航班任务，考虑到本次押运嫌疑犯中有女性，特别安排两名女兼职安全员执行航班任务。参加这次押运航班的乘务组成员，大都来自全国青年文明号"金盾组"，多名队员曾执行过金边和马尼拉等押解航班任务，具有多次执行"急、难、险、重"航班任务，特别是押解航班任务的经验。

2015年11月9日17:30，在航班起飞前三个小时，机组、安保组、乘务组成员在航前进行了认真的航前协作。航班乘务长王钊本科学的是应用心理学，在十年的飞行生涯里，积累了丰富的航班经验和特殊事件的应急处置能力，在协作时，他对每位乘务员的职责进行了细化布置，并强调了特殊航班注意事项和执勤纪律，确保航班万无一失。

9日20:22，去程航班在白云机场起飞飞往雅加达。在去程的航班上，南航安保组和负责押解的地面公安进行分工协作，对回程在雅加达机场的二次安检及犯罪嫌疑人的座位安排等细节都做了安排。航班于11月10日1:00降落在雅加达机场，完成短暂的地面保障工作后，安保组两名空警负责一名犯人旅客，开始对犯人旅客实施严格的"二对一"安检，而七名女性犯人旅客则由安保组里的女安全员实施安检，整个安检过程严整有序。在保证现场秩序的同时，每完成一名犯人旅客的检查后，再交给地面公安带入客舱看管。对于犯人旅客中的三名孕妇，两名女安全员都在保障绝对安全的前提下，快速实施安检。深夜的雅加达机场非常闷热，而二次安检只能在廊桥实施，空警安全员的制服很快就被汗水打湿。全体空警安全员用时不到半小时，就完成了全部39人的安检。

起飞后，安保组也和乘务组通力配合，加强巡视客舱的力度，按照航前协作制定的预案对客舱实施全程监控。

回程餐食不见刀叉。本次航班的乘务组全部由男性乘务员担当，其实他们都是具有安全员和乘务员双重身份的南航兼职安全员，在雅加达过站期间，安保组完成二次安检后，他们配合地面公安将犯人旅客带入客舱并妥善安排好座位。回程航班虽然是夜航飞行，和普通航班不同的是客舱里也保持灯光明亮。乘务组在起飞前还将高端经济舱的隔帘去掉，以方便安保组对客舱实施全方位监控。在服务的过程中，他们都去除了领带，平时客舱里为旅客提供的刀叉、杯子、餐盘等物品也都消失了，为机上的特殊旅客提供的只有简单的面包、三明治和瓶装水。

11月10日7:57，CZ8624航班终于安全降落在白云机场，安保组和乘务组又协助地面公安将犯人旅客押下飞机，当所有人都走出客舱后，空警、安全员再次对客舱进行了认真的清舱后才离开飞机。经过长达15个小时的通宵工作，安保组和乘务组成功完成了此次特殊航班任务。

来源：http://news.ccaonline.cn/hot/5977.html。

三、额外占座旅客

（一）定义

额外占座旅客也称自理行李占座旅客，是指为了个人舒适而要求占用两个或两个以上座位的旅客。旅客额外占座，应在购票时提出申请，经承运人同意后方可运输。办理乘机手续时，为旅客发放一个登机牌，在登机牌上注明旅客占用的全部座位的号码。旅客的座位，应根据旅客本人的情况安排。如属于特殊旅客，应遵守有关特殊旅客座位安排的规定。额外占座旅客的免费行李额，按其所购客票票价等级和所占座位数确定。

（二）额外占座旅客的群体特征

额外占座旅客分为很多种。一般额外占座旅客很多都是超胖旅客，他们的行动可能相对比较迟缓，而且这些旅客也有较强的自尊心和较为敏感的心理。滑稽、怜悯的表情和目光或过分周到的服务都可能会激怒这些旅客。还有一些是行李额外占座等。

额外占座和手提行李占座应在订座时提出申请，在取得航空公司同意后方可运输，并填写适用的"乘机申请书"。售票人员在接受额外占座旅客购票时应及时拍发运输通知电报或者采用传真方式通报始发站、经停站、目的站的服务保障部门。额外占座旅客的免费行李额，按其所购客票票价等级和所占座位数确定，自理行李占座客票没有免费行李额。

案例 3-29：

胖子乘机要买两张票　　法航发生拒载乘客纠纷

文章中说："法国男性让·保罗·图泽体重170千克，日前他被法国航空公司拒载，理由是他太胖了，一个座位坐不下，除非他买两张票，才能让他上飞机。图泽为此感到万分委屈：胖又不是他的错。他当即向法院提起诉讼，状告法航歧视胖人。此案一出，各路记者纷纷打听其他国家航空公司对待胖乘客的做法。结果各家航空公司竟然一个鼻孔出气。代表全世界265个航空公司的国际航空运输协会表示：完全支持法航的做法。"航空公司限制胖人乘飞机不仅出于商业考虑，同时也是为了保证飞行安全。

为什么胖子乘机会影响安全呢？当然是胖子的体重所带来的问题。飞机的起飞重量（Take Off Weight）是由飞机的空机重量、商载重量和燃油重量的总和来决定的，而商载重量包括旅客的总重量。但在实际航班生产中舱单上没有反映出旅客个人的实际重量。目前是按照人头平均值来计算。在我国，国内旅客人均重量的平均值是按照75千克/人计算。如果航班中胖旅客多，当然影响商载重量的准确性。商载重量的不准确直接影响起飞重量的不准确，这样一来，飞行安全就会受到影响。

来源：http://news.carnoc.com/list/113/113538.html。

（三）额外占座旅客的服务需求与规范

（1）办理乘机手续时，为旅客发放一个登机牌，在登机牌上注明旅客额外占用的全部座位的号码,旅客的座位应与额外占用的座位连在一起,并根据旅客本人的情况安排。

（2）额外占座旅客应遵守相关规定,每一座位放置的行李物品、总重量、国内航班不得超过 72 千克,国际航班或者国际航班国内段不得超过 75 千克,总体积不得超过 40 厘米×60 厘米×100 厘米,占座行李不计入免费行李额。

（3）额外占座旅客应遵守特殊旅客的运输规定,不要安排坐在出口座位,安全带必须可以延接使用。

知识链接：

客舱预订占座行李(CBBG)是指旅客为其购票而带入客舱的物品,该物品一般是由于易碎、贵重等原因不能交运,并且体积太大或太重而不能当作手提行李储存。旅客在购票、交运此类客舱占座行李时,需注意以下事项：

（1）旅客须在订座时提出占座行李的申请,经航空公司同意后方可承运,并为行李购买占座票。

（2）在每个座位上承运的预订占座行李总重量不得超过 75 千克,总体积不得超过 40 厘米×60 厘米×100 厘米。

（3）行李应用恰当的方式包装或覆盖好,以防止对其他旅客造成伤害。

（4）旅客购买的占座行李票没有免费行李额。

（5）客舱预订占座行李的收费按下列两种办法计算运费,收取较高者：① 根据占座行李的全部实际重量,按逾重行李计算运费。② 按行李需占用的座位数,以运输起讫地点之间,与旅客本人所持客票舱位等级相同的标价计算运费。另外,由于一般代理旅行社不受理此类机票销售,旅客需到达直属售票处购买或致电 95539 服务热线购买。

来源：http://news.carnoc.com/list/265/265165.html。

（四）额外占座旅客的沟通要点

（1）注意观察,必要时提供加长安全带；介绍其使用机上较大的洗手间；落地后及时收回加长安全带。

（2）完全以对待普通旅客一样的态度来为他们服务。身材肥胖的旅客其实都不太喜欢被人谈论和注视自己的体形,特别是女性。

（3）对于私自额外占座的旅客,要耐心解释,如多次劝说无效,则向上级汇报,情节严重者中断其行程。

案例 3-30：

私自占座旅客

2015 年 2 月 26 日傍晚有网友发微博称,在由上海虹桥机场飞往广州的 FM9311 航班上,一名男子在登机时没有按照自己登机牌的座位号就座,反而挑选了一个靠窗座位坐下,执意坚持按公交车先来后到占座的规则就座,并与其他正常就座旅客发生纠纷,客舱机组以及地面商务人员劝说二十多分钟也无效,导致航班晚点,最后该旅客被机场公安使用手铐强行带下飞机。据说该男子为沪上某知名大学博士研究生,因公出差去广州,占座的理由是为了方便观看窗外的风景。

记者随后在航班查询网站上看到原本应于2月26日17时30分起飞的FM9311航班延误至19时12分起飞。警民直通车——上海机场官方微博对此事做出了回应,表示确有此事:"该旅客邓某的行为造成航班延误1小时40分钟。机场公安到场后将邓某带回调查,并因其扰乱航空器上秩序依法做出行政拘留七日的处罚。"

来源:http://www.chinanews.com/fz/2015/02-28/7086849.shtml.

拓展训练:

一、知识题

(一)填空题

1. 办理乘机手续时,为旅客发放一个登机牌,在登机牌上注明旅客额外占用的_____。

2. 押解犯人旅客应安排在客舱后部_____,他们的座位不得靠近或正对任何出口及应急出口以防出现意外。

3. 如不下机,则要求有_____的警力在飞机上留守。

(二)判断题

1. 客舱民航服务人员不能为犯罪嫌疑人和押解人员提供含酒精的饮料,也不得为犯人旅客提供刀、叉等餐具。(　　)

2. 额外占座旅客应遵守相关规定,每一座位放置的行李物品的总重量,国内航班不得超过72千克。(　　)

3. 犯人旅客应该最后上飞机,最先下飞机。(　　)

二、技能题

(一)典型案例1

2015年8月,赵女士在首都机场安检时被工作人员告知其行李中的一瓶洋酒不能带上飞机,而当时已经来不及去托运。为了不浪费,赵女士当场将一大瓶XO洋酒"干"了。事后,赵女士因醉酒被拒绝登机。

8月21日中午12时左右,赵女士从美国回到北京后,需要在首都机场转机前往温州,其随身携带了一瓶在美国购买的XO洋酒。在首都机场通过国内安检时,工作人员告知她洋酒属于液体,不能随身携带上飞机。

据工作人员介绍,赵女士当时说100多欧元买的洋酒扔了太可惜,也没有足够的时间办理托运,就找了个地方把酒喝了才过的安检。不料,在登机口候机时,赵女士的酒劲开始发作,在登机口大喊大叫并倒地不起,航空公司工作人员无奈之下报了警。

据办案民警介绍,赵女士是温州人,40岁左右,是一个人出行。在国外一些机场的安检中是允许乘客携带液体登机的,"这和我们国内的安检不一样,赵女士可能不太清楚。她当时醉酒很严重,整个人意识不清,在地上打滚大喊大叫,自己都站不起来,我们找了轮椅把她推回的休息室"。

"我们到现场的时候飞机马上就要起飞了。"民警说,当时她要乘坐的航班机长认定赵女士当时的状态不适合乘机,"按照规定,机长有最终处置权,机长主要是看赵女士只身一人,担心她醉酒状态乘机会出现人身安全问题或是对飞行安全造成影响"。

来源:http://news.163.com/15/0824/01/B1OFENJS00014AED.html.

思考:请设想你是机场地勤人员,面对醉酒旅客,你会怎么沟通处理?

(二) 典型案例 2

据澳大利亚媒体 2013 年 5 月 28 日报道,澳政府官员押解一名盗窃团伙头目返回德国,他们的飞机途经曼谷转飞。但这两名官员发现,飞往德国的换乘航班被延误了 8 小时。他们遂与泰国安保官员会面,此过程中犯人消失。根据泰国官员公布的监控录像,德国犯人已于清晨 4 时离开曼谷机场。

来源:http://www.guancha.cn/broken-news/2014_09_28_271747.shtml.

思考:请你结合犯人旅客的服务要求与规范,简要说明押解犯人旅客进入机场或客舱时需要注意哪些事项。

模块四

不同服务处所的沟通技巧

学习情境一　电话咨询旅客的沟通技巧

 学习目标

1. 了解电话咨询的服务内容和服务沟通的特点。
2. 掌握电话咨询服务沟通的一般要求。
3. 掌握电话咨询不同服务内容的沟通技巧。

 导引案例

国航推出统一服务热线95583，可提供三大类服务

2011年10月25日，国航正式推出国航全新服务热线95583。它统一了原有服务热线、销售热线、知音会员热线、白金卡热线及客户关系维护中心投诉热线，集合了各热线服务内容，向旅客提供一站式全方位服务。

全新国航热线可提供三大类服务：第一类为常规服务，包括机票购票及退改签服务、国航知音会员服务和商旅卡客户服务；第二类为专项服务，包括白金卡专线、大客户专线等服务；第三类为增值服务，包括酒店预订、中转服务、贵宾旅客接送等服务。

国航力求通过电话呼叫中心的功能升级，使旅客以更为便捷的方式获得更多的信息、更周到的服务及更佳的问题解决方案，在提升服务一致性的同时不断优化客户体验。

国航热线95583提供7×24小时全天无间断服务，并可支持中文、英文服务。我国大陆地区可直接拨打95583接入国航热线。身处境外的旅客可选择直接拨打国际服务热线接入，并且可免收国际长途费。北美地区可拨打0018002808122，欧洲、日韩地区也已在20个国家开通了国际服务热线80086100999，拨打前加拨本地国际接入码即可接入。

来源：http://news.carnoc.com/list/203/203775.html。

 理论知识

国航推出95583服务热线提供了更为便捷的方式，能让旅客获得到更好的服务体验及更佳的服务质量。目前很多航空公司和机场都推出了自己的服务热线，以此来更好地与旅客沟通，不断提升服务质量。服务热线作为电话沟通的一种方式，具有其自身特点。下面就针对包括服务热线在内的电话咨询这种沟通方式进行介绍和阐述。

一、电话咨询的服务内容

目前，一般的航空公司和机场都设立了专门的服务热线，为旅客提供电话咨询服务。不

同的民航企业其具体服务内容略有不同,但大致都包括以下三种。

(一)问询服务

电话问询涉及的内容较为广泛,主要围绕"出行"来进行,既有关于航班信息的咨询,包括时间、舱位、票价、机型、航班号等询问,又有关于出行要求、出行方式选择的询问等。

(二)投诉处理

处理投诉也是电话咨询的一项重要内容。目前尽管民航企业经营日益完善,服务人员的服务意识和服务水平也在不断提升,但旅客投诉的事件也时有发生。对此,所有的民航企业都非常重视,纷纷开通专门的客户服务热线(比如国航的95583、黄花国际机场的96777等)来解决旅客的投诉问题,以不断发现和改进工作中的问题,不断提高服务质量和服务水平。

知识链接:

部分航空公司的服务热线如表4-1所示。

表4-1 部分航空公司服务热线一览表

航空公司	服务热线	航空公司	服务热线
中国国际航空 CA	95583	中国南方航空 CZ	400-669-5539
中国东方航空 MU	95530	海南航空 HU	95339
上海航空 FM	95530	厦门航空 MF	95557
深圳航空 ZH	95361	四川航空 3U	95378
山东航空 SC	95369	成都航空 EU	028-66668888
首都航空 JD	95071999	奥凯航空 BK	4000668866
联合航空 KN	400-102-6666	华夏航空 G5	4006006633
吉祥航空 HO	021-95520	祥鹏航空 8L	95326
西部航空 PN	95373	大新华航空 CN	950718
天津航空 GS	95350	河北航空 NS	0311-96699
昆明航空 KY	0871-96598	西藏航空 TV	4008089188
幸福航空 JR	4008680000	长龙航空 GJ	0571-89999999
长安航空 9H	95071199	东海航空 DZ	400-088-8666
青岛航空 QW	0532-96630	瑞丽航空 DR	400-005-9999
福州航空 FU	9507-1666	广西北部湾航空 GX	95071111
乌鲁木齐航空 UQ	95071059	春秋航空 9C	95524

来源:根据各航空公司官网资料整理

(三)业务办理

业务办理也是电话咨询的主要服务内容,主要涉及日常的服务业务,比如订票、退票、改签、VIP卡服务等业务。通过电话办理业务省事、方便、快捷,因此深受旅客欢迎。

二、电话咨询的特点

电话咨询是人际沟通的一种方式。它是借助电话媒介来传递文字语言信息和声音语言信息的一种沟通方式,在信息传递的过程中具有一定的特殊性。因此,电话咨询作为一种服务沟通的主要方式与现场服务沟通也有一定的区别,有自身的特点,主要表现在以下几个方面。

一是信息的不全面性。电话咨询时信息传递只含有文字信息、语音语调信息,没有肢体语言信息,相比口头沟通而言,信息的传递不够全面。通话双方不能见面,往往需要根据文字信息、语音语调信息进行判断揣测,增加了沟通难度,限制了沟通效果。

二是即时性。电话双方的信息传递遵循发送—接收—发送的过程,是立即开展的,同时进行的,具有很强的即时性,这就增加了信息接收的难度。

三是间接性。沟通双方需要借助其他信息渠道,双方通过自己的听觉器官以及心灵,借助电话接收感知对方发出的信息。另外,线路畅通与否,背景环境的好坏,也都会影响沟通效果。

三、电话咨询的常见问题

电话咨询中常常会犯声音缺乏热情、有气无力、缺乏礼貌、对对方情况不了解、不聆听而急着插话等错误,具体表现为:

(一)声音缺乏热情与自信

接电话者此时接收信息主要来自于语音语调信息,热情、自信、肯定的声音会产生巨大的影响力;反之,无力的、没有感情的、吞吞吐吐的声音会产生负面影响。

(二)缺乏必要的客套与礼貌

缺乏必要的礼貌用语,不是用"您好,是……吗? 我是……请帮……谢谢……"之类有礼貌的语言,而是用"喂! 是张三吗?"这样没有礼貌、语音冷淡、蛮横的言语。

(三)不会聆听、急着插话

不会聆听、急着插话是缺乏耐心的表现,容易引发旅客反感,影响沟通效果。

(四)电话中的话语缺乏连贯性与条理性

在电话咨询的过程中,服务人员也经常会出现话语停顿、不连贯、重复、没有条理的现象,这不仅让旅客觉得有失专业水准,还会影响信息的接收,造成很大的负面影响。

四、电话咨询的一般要求

电话咨询是旅客和航空公司的第一次不见面的交流接触,是整个民航服务工作的起点,这一服务环节工作好坏,将会直接决定旅客对航空公司的整体印象。因为人与人在第一次交往中会留下深刻的第一印象,在对方的头脑中形成并占据着主导地位,这种效应也称为首因效应。电话咨询时服务人员应保持最佳状态,带给旅客心理上的安全感。具体来说,有以下几点。

(一)态度积极,接听及时

电话咨询时,热情、积极的接听非常重要,这不仅能体现出较强的亲和力,拉近服务人员与旅客的距离,还能很好地展示航空企业的服务意识和服务水平。积极的接听主要体现在以下三个方面。

一是心态积极。在接电话之前,服务人员要调整好自己的心态。不管旅客提出什么问题,都能积极面对,妥善处理。

二是语言积极。积极体现在规范用语上。比如作为电话咨询的首问语"您好,很高兴为您服务!"就比"您好,请问有什么可以帮助您?"要恰当得多,因为"服务"一词体现了服务人员和旅客正确的角色定位,而"帮助"一词表明旅客是处在弱势甚至有些许请求的含义,不同词语的运用表明了不同的工作态度和方法。

三是肢体语言积极。电话咨询时,虽然肢体语言看不到,但却直接关联着声音语言信息,影响声音语言信息的传递,从而决定了接听者接收信息的效果。

此外,接听电话要及时,一般要求在电话铃响三声内接听,如果因事情耽误,则需向旅客表示歉意,"对不起,让您久等了"。

(二)认真倾听,把握需求

倾听,就是细心地听取,不仅用耳朵听,还要调动全身的感觉器官,用耳朵、眼睛、心灵一起去"倾听"。首先,倾听是赢得信任和尊重最有效的方法。因为专注地倾听别人讲话,表示倾听者对讲话人的看法很重视,能使对方对你产生信赖和好感,使讲话者形成愉悦、宽容的心理。在倾听的过程中,服务人员一定要专注、认真,中途不要打断对方的说话或插话,以免打断思路;赞同和附和讲话的内容时,要恰当地轻声说"是""嗯"。通过倾听,可以迅速拉近与对方的心理距离,获得对方的信任。其次,倾听是获取旅客需求信息的关键。电话咨询过程中,只能通过声音来获取信息,认真倾听就显得尤其重要。如果没有认真倾听,就可能遗漏信息,造成工作失误。

(三)语言表达,清晰准确

语言是服务的工具,是沟通的最基本的手段。而电话咨询这一沟通方式,主要是借助文字信息和语音语调来传递信息,信息量非常有限。如果语言啰唆,表述含糊,则会给信息接收者造成很大的困扰,可能导致分歧、误解和破坏信任等不利影响。反之,如果表达清晰、准确,能帮助接收者理解信息,从而使得沟通顺利进行。

服务人员进行电话咨询时,首先要求普通话标准、吐字清晰、声音甜美,使听者心情愉快,感到亲切、温暖。其次语速适中,语调柔和。由于电话沟通主要借助语音语调进行信息传递,如果语速过快,声音较小,则会增加对方理解的难度,不利于问题的处理。再次,语言准确,语意明确,表达清晰,比如回答旅客关于航班的相关问题,不允许出现错误或让旅客产生误解,要做到准确无误、耐心细致。最后,还要注意使用文明用语,禁止使用"不知道""不清楚""这不是我们部门负责的"等忌语。

(四)情绪管理,从容面对

情绪是人对客观事物的一种体验,是人的需要和客观事物之间的关系反映。在电话咨询工作中,难免会听到各种不友好的声音,甚至是骚扰电话,但是服务人员代表的是民航企业的形象,所以说话办事要把握好分寸,控制好自己的情绪,牢记自己的职责就是帮助旅客,为旅客解决问题,力求得到旅客的理解和支持。

面对旅客的抱怨、投诉,服务人员首先要让自己冷静下来,不要急于辩解;要控制好自己的情绪,包容一切,做到喜怒不形于色,既不冲动也不消极;要虚心、耐心、诚心地对待旅客,不计较旅客的语气和表情。当自己感觉实在委屈时,服务人员可以在内心默默告诫自己"息怒"以达到平静;设法转移注意力以有效推迟情绪升温;设想后果的严重性以提醒自己调整心情。要控制情绪,不单要求服务员工理解自己所在岗位责任的重要性,还要求员工具有一定的心理承受能力,要忘掉一切烦恼,自觉调整自己的情绪,保持稳定和平静的心境。只有这样才能更好地进行服务沟通,展示民航企业的服务质量和服务水平。

(五)及时处理,迅速落实

旅客通过电话咨询,最终目的是解决实际问题。因此,在与旅客电话沟通的过程中,要根据旅客的具体情况及时进行处理,以免出错。问询类的问题,一般可以直接答复,或通过查询后答复;业务类的问题,按照操作步骤要求及时办理;投诉类的问题,需做详细记录,给出明确的答复时间或建议的处理办法。做到接待一个,处理一个,避免拖沓而造成问题处理滞后,从而引发旅客投诉。

五、电话咨询不同服务内容的沟通技巧

(一)问询服务的沟通技巧

1. 熟悉业务,准备充分

熟悉机场、航空公司的各项规定和业务流程,准备好信息查询的电脑或纸笔,为旅客的咨询打下良好的基础。

2. 主动问候，认真聆听

在聆听的过程中要注意：一是不要一声不吭，让旅客以为你没有用心听；二是可以提问，进一步明确旅客想问的具体内容；三是注意形成呼应，比如发出"嗯""对""好的"之类的话语，表明你在用心地听。为避免漏掉重要信息，应做些笔记。

3. 处理答复，耐心细致

根据旅客的提问，及时给予答复。答复时要注意：一是要以实际情况为依据，据实回答，以免发生差错，造成误导；二是咨询建议，明确具体；三是富有耐心，百问不烦。有的时候，旅客可能没有听清楚，会反复问几遍，这时服务人员要有耐心，不厌其烦，不要因为同样的问题问了几遍，就流露出不耐烦的情绪。

4. 咨询结束，礼貌道别

回答旅客提问后，应主动询问："请问，您还有其他问题吗？"如果没有，跟旅客礼貌道别，等旅客挂掉电话后，才能结束通话。

（二）投诉的沟通技巧

旅客的投诉和抱怨，也是电话咨询过程中经常遇到的一类问题。面对这类问题，应遵循一定的程序，认真、及时、正确、灵活地处理。处理的一般要求如下。

1. 倾听旅客诉说，把握旅客需求

接到旅客的投诉电话，要认真、诚恳地请旅客说明情况。听取旅客投诉时，要认真、耐心、专注地倾听，不打断或反驳客人。必要时做记录，并适时表达自己的态度。比如可以说"哦，是的。""我理解您的心情……""您别急，慢慢说……"之类的话语。

如果接待的旅客情绪激动，服务人员一定要保持冷静，说话时语调要柔和，表现出和蔼、亲切、诚恳的态度，要让旅客慢慢静下来。

2. 致谢或致歉，安慰旅客

当旅客诉说完毕，首先要向旅客致歉，然后感谢他的意见、批评和指教，随后宽慰，并代表公司表达认真对待此事的态度。比如可以说："非常抱歉听到此事，我们理解您现在的心情。""我一定会认真处理这件事情，我们会在2小时后给您一个处理意见，您看好吗？""谢谢您给我们提出的批评、指导意见。"

有时候，尽管旅客的投诉不一定切实，但当旅客在讲述时，也不能用"绝不可能""没有的事""你不了解我们的规定"等语言反驳。

3. 及时了解事情真相

首先判断旅客投诉的情况与谁相关，原因是什么，尽快与有关部门联系，全面了解事情的经过并加以核实，然后根据公司的有关规定拟订处理办法和意见。注意结束电话之前，一定将旅客的联系方式等信息进行详细记录，以便后续工作的开展。

案例 4-1：

航班长时间延误无服务　引发群体投诉

2010年7月18日，因航班延误，大量旅客滞留咸阳机场，长时间得不到妥善安排，旅客纷纷打服务热线进行电话投诉。接到投诉后，航空公司相当重视，并派专人进行调查。经调查，该航班晚点近8个小时，航空公司对此未及时与旅客沟通，也没有及时安排旅客入住酒店休息，引起旅客不满和情绪激动。经调解，由航空公司赔偿每位旅客人民币200元，并及时安排其他航班将旅客送达目的地。

来源：http://news.carnoc.com/list/209/209360.html。

案例分析：本案例中电话受理投诉后，及时与有关部门核实投诉情况，并积极与旅客进行沟通，妥善处理后续事宜，避免了事态的进一步扩大，减少了对航空公司造成的负面影响。因此，航空公司服务热线的存在，是旅客与航空公司之间的一座桥梁，能帮助航空公司正视自身的问题，拉近与旅客的关系，重新塑造良好形象。

4. 协商处理

将拟订的处理办法和意见告知客人。如客人接受则按要求及时处理，如客人不同意处理意见，还需要和客人协商以便达成一致意见。对无权做主的事，要立即报告上级主管，听取上司的意见，尽量与客人达成协议。当客人同意所采取改进措施时，要立即行动，耽误时间只能引起客人进一步的不满，进而扩大负面影响。

俗话说"百人吃百味"，每个旅客的性格不同，其在接受服务过程中的心理状态及需求也不一样，这就要求服务人员在工作实践中不断总结和创新。在处理旅客投诉、建议的过程中因人、因时、因境制宜，采取不同的策略与技巧，从而不断提高服务质量，提升旅客满意度，全面提升服务水平。

（三）业务处理的沟通技巧

对这类问题的处理，工作人员要有足够的耐心，要按照一定的程序来进行。

1. 熟悉各项业务办理的流程与操作

工作效率的高低与沟通效果的好坏直接相关。电话咨询的过程中，服务人员往往是"一心二用"，要一边与旅客沟通，一边进行业务流程的操作。如果对业务流程不熟悉，速度较慢，则旅客可能会因等待时间较长而导致不满。因此，服务人员对业务流程的熟悉程度直接影响工作效率，影响电话咨询的进展。

2. 认真聆听旅客的办理要求

由于电话咨询受理的业务范围比较广，所以在与旅客进行沟通时，先要明确旅客要办理何种业务，能否办理，如何办理，再根据具体要求来进行操作。如旅客要订票，就必须把内容听清楚，认真做记录，如旅客的姓名、联系方式、航班号、时间等，避免因听错而出差错，导致旅客投诉的发生。

3. 复述核实，避免出错

在办理完业务后，要针对业务中涉及的关键信息与旅客进行核实。比如，服务人员在出票前应进行"唱票",核实旅客的姓名、联系方式、航班信息等,得到旅客确认后再出票。一旦关键信息出错,就会影响旅客的出行。

案例 4-2:

某旅客通过电话在某机票代售点预订了 1 月 16 日从南京飞往乌鲁木齐再飞往阿克苏的航班。由于工作人员失误,乘机日期订成了 12 月 16 日,电子客票行程单显示的日期是 16DEC。由于旅客不懂英文,未及时发现错误导致错过航班。旅客投诉后,销售人员责怪旅客不懂英文,未认真核对。

来源:http://news.carnoc.com/list/209/209360.html。

案例分析: 根据《公共航空运输服务质量标准》(GB/T 16177—2007)第 7.31 条规定:"售票员应认真核对旅客的有效身份证和填写的购票单,内容一致后方可填写运输凭证。"从投诉叙述看出,售票处和当事人都负有责任。因此,本案客票可以按相关规定做退票处理。因此,为避免出错,销售人员在出票前需对旅客的信息进行核对,核对无误后才能出票。

4. 相关规定,明确提示

在业务办理的过程中,一定要做好提示工作,以免造成失误。比如,如果旅客购买的是折扣机票,要告知旅客折扣票的使用限制。让旅客知晓在享受折扣的同时,也应承担相应的风险。

拓展训练:

一、知识题

(一)填空题

1. 电话咨询的主要内容有_____、_____、_____。

2. 电话咨询的沟通特点有_____、_____、_____。

3. 语言是服务的工具,是沟通的最基本的手段,因此电话咨询过程中要求语言表达_____。

(二)判断题

1. 电话咨询中常见问题是声音缺乏热情与自信。( )

2. 投诉处理过程中要注意认真倾听。( )

3. 在订票业务办理过程中,因为时间紧急,可以省略旅客信息核对的工作。( )

二、技能题

(一)典型案例 1

长沙机场设立客服热线投诉专席

在长沙乘飞机对机场服务不满如何投诉?拨打电话 96777 即可。2017 年 3 月 15 日上午,长沙黄花国际机场在 T2 航站楼内举行"3·15 国际消费者权益日"航空安全知识宣传咨询活动,向旅客普及民航乘机、维权投诉等知识。记者从机场客服中心获悉,黄花机场 2017 年设立了客服热线投诉专席,可 24 小时回复旅客投诉。

长沙黄花国际机场 96777 客服中心党支部书记谢伟介绍,96777 热线于 2013 年开通以来,一直向旅客提供咨询、投诉等服务。为了提高旅客投诉处理效率,2017 年春运前,客服中心设立了 6 人组的 24 小时客服热线投诉专席,确保每位旅客的投诉有专人跟踪服务。

旅客如拨打96777投诉机场服务,热线投诉专席将立即向机场相关责任单位反映,责任单位必须在24小时之内与旅客建立联系,并处理投诉意见。每一条投诉处理结束后,热线投诉专席还会对旅客进行电话回访,咨询是否完成、满意度等。

谢伟介绍,目前,热线投诉专席每月接听投诉电话10余通,全部在24小时内回复并处理完成。按计划,2017年年底前,全省机场将统一服务投诉热线为96777。

记者了解到,2017年以来黄花机场向上海虹桥、浦东机场学习精细化管理,着重加强了运行、服务、环境等品质提升,将力争创建旅客最满意机场。

来源：http://news.sina.com.cn/o/2017-03-16/doc-ifycnikk0806754.shtml.

思考：1. 黄花机场的热线96777是如何处理旅客投诉的？

2. 处理旅客投诉时在沟通方面应注意哪些问题？

（二）典型案例2

小张买了飞机票准备去三亚找同学玩,结果出发时因忘记身份证折返回家,最后到达机场已经离起飞时间20:00只剩30分钟了,值机柜台服务人员拒绝了客户办理值机的请求,导致客户没有正常出行。客户拨打客服电话投诉,坚持称自己在其他航空公司距起飞10分钟还可以通过绿色通道登机,到机场就能听到催促登机的语音提示。

来源：http://www.ccmw.net/article/108181.html.

思考：1. 如果你是客服人员,处理这起投诉事件时如何沟通？

2. 请两位同学分别扮演客服人员和小张,根据案例描述设计对话内容,以电话沟通的形式进行场景再现。

学习情境二　民航售票处旅客的沟通技巧

学习目标

1. 了解民航售票处的服务内容。
2. 熟悉民航售票处服务沟通的主要方式和特点。
3. 掌握民航售票处服务沟通的一般要求。
4. 掌握民航售票处常见问题的沟通技巧。

机票未"解挂"　旅客被误机

2010年10月,旅客在售票处购买了一张来回程机票,因旅客不能立即付款,售票员将机票"挂起"进行暂时控制。在旅客付款后,售票员未能将旅客的回程机票进行"解挂"处理,导致旅客在回程时因客票处于"挂起"状态,未能使用客票乘机而误机。

售票处向旅客表示歉意,并协助旅客进行航班的变更,承担因航班变更产生的费用,使旅客尽早成行。本案例中，旅客已经履行了支付票款的义务，运输合同自付款之时起即为成立。售票处工作人员在收到票款后未能对客票进行"解挂"处理，导致旅客未能成行，应承担相应责任。售票处在事后进行了整改，统一了用于对客票做"挂起"操作的工作号，杜绝类似事件的再次发生。

来源：卢竹. 民航旅客运输[M]. 上海：上海交通大学出版社，2016.

民航售票处在服务沟通中会遇到些什么问题，应如何进行处理呢？本部分将从民航售票处的服务内容说起，分别介绍其沟通形式、沟通特点、一般要求等内容，以提高民航售票处的服务沟通技能。

 理论知识

一、民航售票处旅客的服务内容

民航售票处是旅客和航空公司第一次面对面的沟通之处，也是航空服务质量的窗口。旅客往往会通过与服务人员的接触，来评价其服务态度和服务水平，因而服务人员的服务沟通能力在一定程度上影响其服务水平。

民航售票处主要围绕旅客购票活动提供相关的服务，包括填开客票、收取票款、办理退票、办理客票遗失，以及客票换开、客票变更、客票转签等。

二、民航售票处服务沟通的主要方式

民航售票处的服务沟通常见的主要有语言沟通和非语言沟通。

语言沟通中一般口语运用较多，旅客与服务人员的服务沟通主要通过口语来进行。书面语言虽运用不多，但起到了辅助提醒的作用。比如票务办理中的各种票据，售票处张贴的温馨提示等。例如，旅客拿到的行程单就是一种形式的书面语言，上面不仅告知旅客关于航班的详细信息，如航班号、航空公司名称、舱位等级、票价、时间等，还有一些提示类信息，比如"航班将于飞机起飞前40分钟停止办理值机手续""特价机票不能退票、改签"之类的语言。但很多旅客由于缺乏经验，都会忽视这些相对来说比较重要的信息，为避免出错，这就需要服务人员通过口语来进行提示。

在售票处的服务沟通中，还有一种常常容易被服务人员忽视，但又非常重要的沟通方式——非语言沟通。服务人员在业务办理过程中除了通过语言与旅客进行交流外，还应通过非语言来与旅客进行交流。具体来说就是招呼客人时应点头示意，业务办理时应面带微笑，应有目光交流，指引方向时应使用手掌语而不是手指语，递送物品时应双手奉上等。通过恰当的非语言，可以传达我们的热情，让旅客感受到尊重。然而在实际的工作中，由于工作内容复杂、烦琐，很多服务人员更关注处理事件本身，忽视了非语言沟通，缺乏与旅客的互动，完全例行公事，只有冷冰冰的语言，缺乏人情味，缺乏热情。

三、民航售票处旅客的沟通特点

（一）准确性

售票处主要围绕票务来开展工作，主要接触的都是数字。数字必须一是一，二是二，多一点，少一点都不行，必须准确，不能有半点马虎。比如涉及的航班日期、订票数量、票价金额等都不能错。出了差错，给公司造成损失，要自己承担，给旅客造成损失，会引发投诉。所以在与旅客进行沟通时，要特别注意数字的准确性。要通过与旅客的沟通来进行核实，核实具体的日期、航班信息、票价信息等，并传达给旅客，达成一致。

（二）复杂性

售票处的主要工作就是进行客票销售、客票改签、办理退票。不同的工作内容，其要求和操作程序都不一样。其复杂性主要表现在几个方面：一是程序的复杂性，不同的工作内容，处理程序有差异；二是票价的确定，不同的季节、不同的时间段，票价有区别；三是办理时依据的条件不一样。比如同样是退票，不同条件下收取的费用是不一样的，有的甚至不收费。再如办理改签，不同的航空公司依据的条件也不同，有些航空公司可以改签，有些就不能改签；有些航空公司在某些条件下能改签，而有些则不能。工作内容的复杂性直接决定了其沟通过程的复杂性。服务人员要不厌其烦地通过询问与查证来确定旅客符合的条件，再根据具体情况来办理。

（三）程序性

售票处的工作程序性强，就决定了其服务沟通的程序性，决定了其在服务沟通中的每一句话、每一项内容都是大致相同的。比如关于客票销售，就是涉及证件查验、航班查询，如客票改签就要先辨别改签的类型等。

四、民航售票处旅客沟通的一般要求

（一）耐心细致，确保无误

售票工作要从一点一滴的细节做起，细节不注意或者失误，往往就可能造成一定的经济损失，耐心细致体现在业务办理的每个环节。

查验证件需要耐心，最容易出现在售票工作中的失误是旅客的姓名和证件号码出错。旅客前来售票厅，出票前应要求旅客出示有效身份证件，对旅客的姓名和证件号码进行反复核对。由于中国汉字的特殊化，音同字不同、谐音字、方言字等因素，往往稍一疏忽就会造成错误，一旦旅客姓名出错，旅客便不能正常登机。有效乘机身份证件的种类包括中国籍旅客的居民身份证、临时身份证、军官证、武警警官证、士兵证、军队学员证、军队文职干部证、军队离退休干部证和军队职工证，港、澳地区居民和台湾同胞旅行证件；外籍旅客的护照、旅行证、外交官证等；民航局规定的其他有效乘机身份证件。其中身份证有5年、10年、20年和长期4种，对于不常用身份证的人来说，很少注意它的有效期，这样就有可能在无意中使用过期证件造成无法乘机。此外，发现证件问题也需要提醒，比如旅客的证件即将到期或失效、证件不符合要求等，都要善意提醒，耐心解释，给出建议。

查询、输入、核实信息需要耐心。售票工作主要与数字打交道，必须细致耐心，不能有一丝马虎。特别是关于旅客的个人信息、航班信息千万不能出错，一旦出错，就会带来麻烦，甚至影响旅客登机。一定要输入清楚，与旅客核实后再出票。

（二）遵循流程，温馨提示

目前，我国航空公司普遍使用的都是电子客票，它是普通纸质机票的替代产品，旅客通过售票处现场、互联网或是电话订购机票之后，仅凭有效身份证件直接到机场办理乘机手续即可成行。如果客票销售中没有遵照流程，出现问题就会影响旅客的乘机。因此，这对售票工作就提出了很高的要求。服务人员只有严格执行出票流程，才能避免工作中的差错、遗漏与失误。

为了避免工作中的失误，需要针对售票工作中常出现的问题开展"温馨提示"服务。通过现场的温馨提示，借助售票员和旅客面对面的双向沟通交流，把差错扼杀在出票之前。温馨提示的内容主要包括两部分：一是出票前关于旅客信息、航班信息和票价信息的提示。由于机票上日期、航班所属的航空公司、票价级别（打折或全票等），都是按国际航空运输协会（以下简称国际航协）的统一规定，只标示英文缩写，旅客因不懂英文标注而频频误机的现象屡见不鲜。因此，这就要求服务人员在出票前应进行"唱票"，即核对告知旅客姓名、航程、乘机日期、时间、票款金额等相关信息，得到旅客认可后再出票。二是出票后与乘机有关的规定提示。出票后，应提醒旅客提前90分钟到达机场办理登机手续，退票的规定及折扣票的限制使用条件，使旅客能感知在享受打折票的同时，自己也应承担的相应风险，从而让旅客心中有数。可见，"温馨提示"是售票工作中不可忽视的一个环节。

案例4-3：

2010年8月的一天，旅客陈先生来到机场售票处投诉，表示因购票时售票人员未告知其"于起飞时间40分钟之前停止办理乘机手续"的规定，导致他误机了。

机场售票处一方面向旅客耐心解释，提示旅客相关指示牌以及提供给旅客的客票上均有明确提示，另一方面积极协助他进行客票的更改。

分析提示：为提供更为优质的服务，避免类似事件的发生，客票销售部门应通过短信提醒和在航空运输电子客票行程单上加盖印章的形式以及制作相关的信息提示牌，提醒购票旅客（特别是首次乘机的旅客）提前90分钟到机场办理乘机手续，全面履行告知义务。

来源：李宏斌. 服务创造价值：民航机场服务理念探索与案例剖析[M]. 北京：中国民航出版社，2012.

（三）超售机票，明确告知

所谓航班超售，就是航空公司的每一航班实际订座大于飞机客舱内可利用座位。这一做法在国际上非常普遍，是航空公司降低座位虚耗、提高收益率的重要销售策略。根据目前国内各大航空公司的相关规定,任何一个已经购票的旅客都可以根据自己的行程安排来随意改签航班(特价机票除外)。航空公司如果按座位数去销售机票,一旦遇到有乘客改签或退票,就会导致飞机上的座位虚耗,从而造成浪费。据统计,国内航空公司每超售1万张客票,受影响的大概有4名旅客。一家国内航空公司在销售1万个座位时,不同时实行超售,按保守的数据预测,这家航空公司将虚耗200个座位,按每个座位500元算,将损失10万元。但超售后,包括改签和赔偿乘客的费用,只有区区数千元。在经济利益驱动下,超售已经成为国内外航空公司的普遍行为,但旅客对此的态度却大相径庭。国外航空公司对于超售制定了非常完善的补偿措施,除改签其他航班外,还会为乘客提供机票优惠、金钱补偿等措施,同时最重要的是超售行为往往在售票开始时就会明确告知旅客,自主选择是否承担可能无法登机的风险。但在国内,虽然航空公司有超售的做法,但是并没有完善的补偿措施,也不存在事先告知的做法,这就导致了不明真相而被拒绝登机的乘客极大的抵触,从而引发乘客与航空公司的激烈对峙,甚至是法律诉讼。

因此售票服务人员在销售超售机票时,一定要充分告知旅客超售情况及处理规则,否则其行为就侵犯了旅客的知情权,属于以欺诈方式超售机票。

五、民航售票处常见问题的服务沟通

(一)退票的服务沟通

所谓退票,就是旅客购票后,由于个人原因或承运人原因,不能在客票有效期内完成部分或全部航程,而要求退还部分或全部未使用航段票款的行为。这一服务内容的沟通重点主要集中在能不能退、退多少的问题上。要注意以下几个问题。

1. 客票查验

服务人员首先查验旅客的客票是否有效,是否在有效期内,如果是电子客票,是否处于OPEN FOR USE 状态。如果已经失效,或不属于OPEN FOR USE 状态,则需向旅客说明不能办理。

2. 核实身份

在身份核实时,要确定证件的真伪,避免出错,否则如果一旦出现被他人以假证件冒充领走票款的现象,则需要承担相应的责任。

3. 核实退票原因

通过询问与核实,明确退票原因。如果是旅客自愿退票,按航空公司的规定收取一定的退票费率。关于退票费,不同的航空公司对不同折扣舱位的客票收取的比率不同。例如,中国东方航空公司的退票规定指出,头等舱免收退票费,经济舱(X)收取80%的退票手续费,婴儿票、儿童票免收退票手续费。如果旅客有异议,一是耐心解释,告知旅客所购客票所享受的折扣越大,退票时收取的费率越高,有些特价机票甚至不能退票;二是将航空公司关于退票费率的书面说明拿给旅客,通过摆事实、讲道理,让旅客接受这一事实。如果是非自愿退票,则需要核实具体原因,比如是因为航班取消、提前、延误、航程改变等承运人原因造成的,或是因为天气、政府原因和旅客因病经医疗单位证明不能旅行等原因。非自愿退票都不收取退票费,如果在退票办理中出现旅客造假的情况,比如伪造医疗单位证明、编造"航班延误"的理由,则明确表示不能退票。

知识链接：不能退票的情形

1. 超过客票有效期的客票;
2. 不完整的客票(缺失乘机联或旅客联);
3. 电子客票状态不是"OPEN FOR USE";
4. 编造"航班延误""航班取消"理由要求退票的客票;
5. 提供虚假病历手续要求按因病退票处理的客票;
6. 办理了遗失票证手续,但未满有效期或未经结算中心确认是否已被冒乘、冒退的遗失客票;
7. 属性不能确定的客票;
8. 票价、航段、舱位进行了删改处理的客票;
9. 各类协议免票、特种航空产品免票;
10. 其他违反民航运输有关规定填开的客票。

来源：马广岭. 民航旅客运输[M]. 北京：国防工业出版社,2013.

4. 办理退票

在办理退票时要注意几个问题：一是已订妥座位的旅客要求退票,应取消原订座记录或旅客申退的航段;二是根据退票规定计算出实退金额,填开退票变更收费单,电子客票填写电子自动退票表格,生成退款单,注意认真填写,避免出错;三是旅客打印过行程单的必须收回;四是将退款和收费单旅客联交给旅客,注意与旅客核实,避免出错。

（二）客票变更的服务沟通

在售票服务中,经常也会遇到要求进行客票变更的旅客。所谓客票变更是指旅客购票后,由于个人原因或航空公司安排失误而要求改变乘机日期、航班、时间或舱位等级的行为。客票变更是旅客享有的基本权利,各相关承运人的营业部、售票处及销售代理人应根据实际情况积极给予办理,不得擅自拒绝旅客的客票变更要求。变更客票时与旅客沟通的要点集中在能不能变更及变更的补偿或收费问题上。在进行客票变更的服务沟通时应注意以下几点。

1. 审核变更要求

根据旅客提供的信息,参照客票变更的一般规定来审核旅客的变更要求,看是否符合有关规定,如果符合,按具体要求办理;如果不符合,需要向旅客详细说明,解释原因。

知识链接：电子客票变更一般规定

1. 要求变更的客票必须在客票有效期内；
2. 要求变更的客票不得违反票价限制条件；
3. 变更航程或乘机人，均应按退票处理，重新购票；
4. 变更承运人，按客票签转有关规定处理；
5. 客票变更后，客票的有效期仍按原客票出票日期或开始旅行日期计算。

来源：黄建伟. 民航客运销售[M]. 北京：国防工业出版社，2013.

2. 解释变更规定

在处理旅客的变更要求时，首先需要区分是属于自愿变更还是非自愿变更。由于不同的航空公司的具体规定不一样，使得客票变更工作变得复杂，因此做好旅客的解释说明工作非常有必要。

如果旅客是因为本人的原因需要改变航程、航班、乘机日期、离站时间或舱位等级（经医疗单位证明旅客因病要求变更的除外），这属于自愿变更，应该按照自愿变更的规定来进行处理。对此，不同的航空公司有不同的规定。例如，中国南方航空公司规定：起飞前24小时以前，当对应舱位开放时，免费更改。因此，在处理旅客变更时，一定要依据特定航空公司的变更规定来进行，做到有据可查。否则，一旦弄错，要么承担赔偿责任，要么面对投诉风险。

如果旅客要求改变航班、乘机日期，应根据实际情况积极办理。目前各公司自愿变更的处理规定各有差异，一般如旅客提出变更的时间较早或购买的正常客票可免费变更。如果旅客要求改变舱位等级，则应在航班有可利用座位和时间允许的条件下予以积极办理，票款的差额多退少补。对此，旅客如有异议，则应耐心解释，并提供航空公司的相关规定作为补充说明。

如果旅客由于天气、空中交通管制、机务维护、航班调配、航班取消、航班提前、航班延误、航程改变或承运人未能得到已经订妥的座位（包括舱位等级），或未能在中途分程地点或目的地停留，或造成已经订妥座位的航班衔接错失，要求变更客票的情形，属于非自愿变更。处理非自愿变更时要注意，需跟旅客说明，一般安排同一航空公司的后续航班，妥善安排运送到达，票款、逾重行李费等多退少不补。造成舱位等级变化的，费用多退少不补。

3. 办理变更手续

通过对旅客进行解释说明，达成一致后，就根据旅客的变更要求和特定流程来进行处理。同时注意与旅客核实信息，避免办理过程中出现差错。

（1）旅客购票后，如需要变更乘机日期、航班，按照旅客要求，查看航班订座情况，如有座位，应取消原订座的记录做相应的更改，原PNR订座记录编码不变。如果原PNR已取消，则重新订座。

（2）按照更改后的航班、乘机日期、离站时间等详细清晰地填写"更改条"或"签转证明"各项内容，将"更改条"可粘贴部分粘贴在变更乘机联"订座情况"栏的右边，然后加盖业务印章。对于电子客票，将填好并加盖业务章的"签转证明"交给旅客办理乘机手续。

（三）签转业务的服务沟通

在有些情况下，旅客还会提出变更客票的指定承运人，这种情况称为客票签转。通常客票不能在各承运人之间任意交换使用，只能允许在满足一定条件下进行签转。所以在处理旅客的签转业务时，要注意以下几点。

1. 分清类别

首先要区分旅客提出的签转是属于自愿签转还是非自愿签转。如果旅客是由于自身原因提出签转，称为自愿签转；如果是航空公司的原因导致旅客无法成行的，称为非自愿签转。

2. 说明要求

根据旅客的签转类型，告知其签转的要求。首先是否满足航空公司自愿签转的条件。一般来说，头等舱/公务舱/经济舱全票价及使用儿童/婴儿/革命伤残军人和因公致残人民警察票价的客票，允许自愿变更承运人，其他明折明扣票价客票，不得自愿变更承运人，如旅客要求变更承运人，需补齐明折明扣票价与正常票价的差额。

如果是因为承运人的航班延误、取消以及承运人自身原因而导致旅客无法成行，旅客提出改变承运人的要求，称为旅客非自愿签转。此时，折扣票价可以签转到其他承运航空公司的航班。在说明过程中一定要耐心细致，面对旅客的疑问，积极作答。

3. 办理手续

说明解释清楚后，就根据旅客的要求或有关规定进行办理。办理时也要注意细节，避免出现问题。

案例 4-4：

特价机票改期难，旅客投诉未告知

2011 年 4 月，旅客购买某航空公司特价机票后要求改期。售票员在未仔细查看机票折扣的情况下，告知旅客可以改期，须到航空公司办事处更改。旅客到航空公司办事处进行更改时，航空公司以特价机票不能签转、改签、退票为由，不同意旅客的要求。旅客认为出票处工作人员在开票时未履行告知义务，故投诉。

售票处核实情况后，就此事件向旅客表示诚挚的歉意，并积极寻求解决方法，为旅客解决了改期的问题。旅客对此事件的处理结果表示满意，并撤销投诉。

本案例中，在旅客购票时，机场售票人员应提示旅客相关注意事项。机场方面应就此事向旅客道歉，并积极协助旅客解决问题。旅客在购买机票后，应仔细阅读机票或行程单上的信息，了解机票的相关信息，避免造成不便或不必要的损失。

来源：李宏斌. 服务创造价值：民航机场服务理念探索与案例剖析[M]. 北京：中国民航出版社，2012.

拓展训练：

一、知识题

（一）填空题

1. 民航售票处的沟通特点是_____、_____、_____。
2. 民航售票处服务沟通的一般要求是_____、_____、_____。

3. _____是指旅客购票后,由于个人原因或航空公司安排失误而要求改变乘机日期、航班、时间或舱位等级的行为。

（二）判断题

1. 如果旅客的客票不属于"OPEN FOR USE"状态,则需要说明后可以办理退票。（　　）
2. 不同的航空公司之间都可以进行签转。（　　）
3. 在有些情况下,旅客还会提出变更客票的指定承运人,这种情况称为客票变更。（　　）

二、技能题

（一）典型案例1

航班变更漏旅客　机场赔礼又赔钱

2016年1月15日早上,售票处工作人员接到20日某航班提前30分钟起飞的通知。接到通知后,工作人员立即联系所有在售票处购票的旅客,告知航班提前的信息。在联系过程中,有一位旅客因电话关机未能被及时通知到。20日,旅客来电,告知由于未接到航班提前的通知而导致误机。航空公司承诺将机票免费改签到次日,但住宿费用须由售票处承担。

售票处接到消息后,立即核实情况,确认情况属实,向旅客承诺承担住宿费用。此事件中,由于售票处工作出现失误,造成旅客不便,后向旅客表示歉意,并满足旅客提出的要求,获得旅客的谅解。

来源：李宏斌. 服务创造价值：民航机场服务理念探索与案例剖析[M]. 北京：中国民航出版社,2012.

思考：1. 本案例中售票处存在哪些过失,今后应如何避免？

2. 售票处就此事件应如何向这位旅客解释说明？

（二）典型案例2

网上已购买成人票　机场补开婴儿票

2015年8月,某旅客在网上或者其他客票销售网点购买成人票,在购票时被告知可到机场补购婴儿票,旅客到达机场售票处后被告知无法单独购买婴儿票,造成旅客投诉。机场提出两种解决方案：一是请旅客为婴儿购买成人票,这是最快捷的办法；二是请旅客与航空公司方面进行协商,售票处予以积极协助。该旅客选择了第二种方案,向航空公司提出特殊申请,获得了批准。

来源：李宏斌. 服务创造价值：民航机场服务理念探索与案例剖析[M]. 北京：中国民航出版社,2012.

思考：1. 造成旅客投诉的原因是什么？应该如何避免？

2. 旅客在购票过程中,售票处应做哪些提示？

学习情境三　值机处旅客的沟通技巧

 学习目标

1. 了解值机处的主要服务内容。
2. 熟悉值机处服务沟通的主要类型和特点。

3. 掌握值机处服务沟通的一般要求。
4. 掌握值机处常见问题的沟通技巧。

导引案例

"微"服务体现大作用

首都航空推出了"微信值机"服务，微信用户只需发送"值机"二字到首都航空微信，再根据相关提示进行操作，即可办理值机手续。

据了解，首都航空是全国首家免费支持微博、微信值机的航空公司。在一系列电子商务产品的不断开发下，首都航空紧跟潮流，致力于服务旅客的各项功能创新。微信作为国内即时通信领域最大的供应商，目前已经拥有超过3亿用户，其海外用户也已突破1亿。首都航空公司作为新兴航空公司的代表，此次与微信的合作可谓"新新联合"，其创新产品也可谓一举多赢。

首先，与传统的值机服务相比，"微信值机"机动性和便捷性的特点非常显著。这项服务免去了用户在机场值机柜台长时间排队的烦恼，更能赢得年轻消费者的青睐。其次，电子值机能够减少人工柜台的工作量并降低成本。如果一个航班的旅客中有30%使用电子设备值机，那么人工柜台的工作量将明显减少，企业人力成本也会随之降低。最后，企业可以利用这个平台作为广告宣传和品牌建设的有力途径，针对广大年轻人这一目标顾客，进行高效的营销活动，从而提高公司的品牌知名度。

值得注意的是，网络产品瞬息万变，产品仅仅拥有单一功能是不能满足当下年轻人多样化口味的。就微信服务而言，除提供办理值机手续的服务外，还要更多融入交流、互动等娱乐环节，给旅客提供更加丰富、个性化的服务，让"微"服务体现大作用。

来源：http://tech.hexun.com/2013-01-31/150812524.html。

首都航空推出的"微信值机"服务，能根据年轻消费者的需求，融入较多的交流、互动环节，给旅客提供了丰富、个性化的服务，提高了服务满意度，降低了服务成本。因此，有效的交流、互动能促进服务工作的顺利进行，取得良好的效果。接下来，将对值机部门的服务沟通内容进行详细阐述。

理论知识

一、值机处的服务内容

值机是为旅客办理乘机手续、接收旅客托运行李等服务工作的总称，也是民航旅客运输地面服务的一个重要组成部分，也是民航运输生产的一个关键性环节。值机处的主要服务内容包括查验客票和身份、安排座位、收运行李、换发登机牌、回答问询、特殊旅客保障等。

下面就查验客票和身份、安排座位、收运行李进行简单介绍。

（一）查验客票和身份

查验客票，检查旅客所持客票的合法性、有效性、真实性和正确性。查验的内容包括四个方面：第一，客票是否为旅客本人的；第二，客票信息是否与电脑订座记录相吻合，客票信息包括旅客姓名、航班号、航段、日期、票价、订座情况等；第三，客票是否在有效期内；第四，客票有何限制条件。

查验身份，检查旅客身份证、护照或其他身份证件是否真实有效。检查离港系统中的身份证号是否跟旅客的身份证件号码完全一致。

（二）安排座位

根据航空公司的规定，在飞机上实行旅客对号入座的办法，这也是为了确保飞行安全，提高服务质量，维持好上、下飞机的秩序。一般来说，在与旅客就座位安排问题进行沟通时，应考虑三个方面的因素：一是充分满足飞机配载的平衡；二是符合座位安排的一般原则；三是考虑旅客的实际需求。在合理而可能的原则下尽量满足旅客的座位需求，如不能满足，则进行解释说明。

知识链接：座位安排的一般原则

旅客座位的安排，应符合该航班型号飞机载重平衡的要求。

购头等舱的旅客应安排在头等舱内就座，座位由前往后集中安排。头等舱旅客的陪同和翻译人员，如头等舱有空余座位，可以优先安排在头等舱内就座。普通舱旅客安排在普通舱就座，安排顺序应从后往前集中安排。

团体旅客、同一家庭成员、需互相照顾的旅客，如病人及其伴送人员等，座位应尽量安排在一起。

不同政治态度或不同宗教信仰的旅客，不要安排在一起。

符合乘机条件的病残旅客、孕妇、无成人陪伴儿童、盲人等需要特殊照顾的旅客应安排在靠近服务员、方便出入的座位，但不应安排在紧急出口旁边的座位上。

在航班不满的情况下，应将携带不占座婴儿的旅客安排在相邻座位无人占座的位置上；如果旅客在订座时已预订了机上摇篮，应把旅客安排在可安装机上摇篮的座位上。

需拆机上座位的担架旅客必须本着避免影响其他旅客的原则，一般应安排在客舱尾部，避免其他旅客在进出客舱时引起注意；所拆的座椅位置不能在紧急出口旁边。

犯人旅客应安排在离一般旅客较远、不靠近紧急出口和不靠窗的座位，其押送人员必须安排在犯人旅客旁边的座位上。

紧急出口旁边的座位要尽量安排身体健全、懂中英文字、遇到紧急情况愿意帮助别人的旅客。

因超售而非自愿提供高舱位等级的旅客的座位，应与该等级的付费旅客分开；非自愿降低舱位等级的旅客应安排在降低等级后较舒适的座位上。

携带外交信袋的外交信使及押运外币的押运员应安排在便于上、下飞机的座位。

来源：卢竹．民航旅客运输［M］．上海：上海交通大学出版社，2016．

（三）收运行李

如旅客有托运行李，值机人员应在办理值机手续时收运。行李运输是伴随旅客运输而产生的，与旅客运输有着密不可分的关系。收运行李是行李运输中的首要环节，收运行李时应注意以下几个方面。

（1）了解行李内容是否属于托运行李的范围。如果不属于，需要向旅客耐心解释说明。

（2）了解行李内有无夹带违禁品、违法物品或危险品，易碎易损、贵重物品或不能作为托运行李运输的物品。必须就此对旅客进行提醒，否则一旦出现相关状况，旅客可能就以此为由提出投诉。

（3）检查行李的包装、体积、重量是否符合要求。如果不符合要求，及时告知旅客，并提供相关参考建议，比如重新打包、重新分装等，帮助旅客解决此类问题。

（4）行李过磅计重，与免费行李额比较，决定是否收费，并对应该收费的收取逾重行李费。对于逾重行李收费，告知旅客收费标准和收费地点，提醒旅客及时处理。

案例 4-5：

托运行李有泄漏　机场操作不规范

2010 年 5 月，一位旅客在办理乘机手续时，拟托运一件装有两瓶一斤装白酒的行李。值机员仔细检查行李未发现异常后，便将行李按易碎物品办理托运，告知旅客相关托运规定并让旅客签订《行李免除责任书》。当该行李传送至行李分拣时，行李分拣员发现该行李有渗漏便通知值机员。值机员首先询问行李渗漏情况，得知行李轻微渗漏后便通知分拣员将该行李最后装机。行李装机时，机组发现该行李还在继续渗漏，因此拒绝装机。值机员得知此消息后，立即通知行李分拣员将该行李卸下飞机，暂存于行李查询部门，后因旅客没有及时领取到行李而导致投诉。

案例分析： 本案例中导致旅客投诉的主要问题是值机员没有按规程处理，沟通不及时、不顺畅所造成的。当值机员得知行李渗漏的异常情况后应优先考虑广播通知旅客，然后协助旅客改善行李包装，确保行李无泄漏之后方可继续托运；如果由于时间关系无法及时广播通知旅客，也可及时通知登机口服务员在旅客登机时告知旅客其行李的情况。此时有两种处理方法可供旅客选择：旅客自行处理行李，但是有可能会因此耽搁而无法乘坐该航班成行；等行李渗漏结束后或者旅客授权（出具行李开包授权书）工作人员取出泄漏物品后，选择最快的后续航班为旅客运送到目的地。旅客欲托运不宜交运或运输责任不明确的行李时，航空公司在免除运输赔偿责任的前提下，将会对托运的行李拴免除责任行李牌，并会要求旅客在相应的免责条款上签字确认。旅客出行前应了解相关规定，并在办理乘机手续时，将需要托运的物品提前托运，以免耽误行程。

来源：李宏斌．服务创造价值：民航机场服务理念探索与案例剖析［M］．北京：中国民航出版社，2012．

二、值机处服务沟通的主要类型

值机处服务沟通主要是指旅客与值机处工作人员之间进行的信息和感情的交流。其类型主要有语言沟通和非语言沟通。

（一）语言沟通

语言沟通是指运用语言、文字来传达信息的活动,值机处的语言沟通又分为有声语言沟通和无声语言沟通。

有声语言沟通是指口语,就是用说话的形式来进行的,主要是指在办理值机服务中围绕客票查验、座位安排、行李托运等业务值机人员与旅客面对面的口语交流。这种交流方便、快捷、直观,是最常见的沟通类型。

无声语言沟通,是用文字,即书面语言来传播,如值机处的电子显示屏上的字幕、值机柜台上的关于行李托运、紧急出口座位安排、危险物品禁运等的说明、各种行李标签等。书面语言的沟通形式能帮助旅客充分理解相关规定,顺利办好值机手续。

（二）非语言沟通

非语言沟通是指以非语言符号的形式将信息传递给接收者的沟通行为,它是以表情、动作等为沟通的手段的信息交流。面部表情肌、眼神、身体动作及姿势、沟通者之间的距离、气质、外形、衣着等都是非语言符号。具体来说主要包括形象（仪表、仪容、仪态）语言、表情语言、手势指引语言三种。

1. 形象语言

形象语言主要包括仪表、仪容、仪态方面的具体要求。良好形象可以给旅客留下良好的第一印象,从而取得旅客的好感与信任,为进一步的沟通打下基础。对于航空公司和机场来说,服务人员的职业形象都是非常重要的。对此,各个航空公司和机场都有自己的明确规定和具体要求,力求通过大方、得体的仪态展示良好的精神面貌。比如仪容方面,要求女士化淡妆,不涂有色指甲油,盘头。男士不留小胡子,大鬓角;仪表方面,要求穿着统一工作服,着黑色皮鞋,工作牌佩戴在左胸前,不得佩戴明显夸张的佩饰等;仪态方面要求站姿、坐姿、蹲姿、走姿大方得体。总之,良好的仪容、仪表和仪态能很好地展示个人形象,有助于拉近与旅客之间的距离,促进沟通的顺利进行。

2. 表情语言

在值机服务中,适当的表情语言的运用也是非常有必要的。在对客服务沟通中不仅要有信息的传递,还要有感情的交流。感情的交流很大程度上决定沟通效果的好坏。因此,恰当的表情语言能让旅客感受热情、感受真诚。问候旅客时,应面带微笑;倾听旅客需求时,应点头呼应;递送登机牌时,应注视对方,双手奉送。那种只顾低头做事,面部神情呆滞,缺乏目光交流的接待服务,很容易让旅客产生被忽视、怠慢的感觉,甚至由此引发不满和投诉。

3. 手势指引语言

在值机服务中，手势指引语言也是用得比较多的。比如为上一位旅客办理值机手续结束时，会招手示意"您好，下一位"。比如排队人数较多时，会通过手势提示旅客在黄线外等候；比如打好的登机牌会双手奉送给旅客，并指引提示旅客注意登机时间和登机口的位置等。清晰规范的手势指引语言，能帮助旅客更好地理解值机服务的相关信息，主动配合，减少失误。需要注意的是，用单个手指、笔或其他物品指引，指示都是不可取的，一定要避免使用。正确规范的指引方式是五指并拢，掌心斜上，大约与地面成 45°角，手臂自然前伸。规范适时的手势指引，能让旅客感受到服务的专业和水平。

三、值机处旅客的沟通特点

值机处与其他机场业务部门相比，其与旅客沟通的特点也是比较鲜明的。

（一）效率性

速度快是航空运输的主要优势之一。航空运输的快速性要靠航班准点起飞、及时中转、按期到达来保证。在竞争激烈的现代民航运输企业中，航班的正点率日益成为影响旅客对航空公司认知度和航空公司竞争力的重要因素。这一切有赖于优质高效的值机工作，有赖于高效的沟通手段。如果值机环节沟通出现问题，工作效率就会降低，航班的正点率就要受到影响，航空运输的快速性就不能保证。比如值机服务人员在办理乘机手续时，没有仔细检查旅客的客票，没有及时进行沟通，导致旅客错乘，就可能导致飞机延误或返航；值机服务人员在发放登机牌时没有与旅客及时核对，就可能错发或漏发，所以高效率的沟通是必不可少的。

（二）准确性

沟通的准确性主要体现在三个方面：一是旅客的基本信息核实准确，具体包括旅客的姓名、航班、舱位等级、身份证件等；二是引导建议的信息准确，比如旅客退票、改签时告知相关程序、办理地点，行李逾重，告知收费标准和收费柜台；三是准确判断并处理晚到旅客的乘机手续，准确传达安检通道和登机口位置等相关信息。这些信息都非常重要，一旦出错，或一旦做出错误的判断就会影响旅客登机，甚至带来财产损失。

（三）严格性

沟通的严格性，就是要求值机服务人员在对客服务过程中，要以服务规程、服务手册为依据，严格履行有关规定和要求。比如认真核实旅客的身份证件，防止假冒旅客特别是公安部门通缉的罪犯登机。在对客服务中还要观察旅客的言行举止，防止精神病患者、醉酒旅客登机。对于旅客的托运行李，需要仔细检查询问，看是否符合要求，配合安检人员对行李内物品进行检查，防止旅客夹带危险品蒙混过关。

四、值机处旅客沟通的一般要求

值机工作是直接面向旅客的服务过程,具有"窗口"性。因此,热情周到地为旅客服务,快速高效地为旅客办理值机手续,尽最大可能满足旅客各方面的需要是值机工作的内在要求。作为值机服务人员必须具备强烈的沟通意识,把握值机沟通的一般要求,这样才能确保高质量完成值机工作。

(一)充分把握旅客的心理需求

值得注意的是,旅客在办理值机手续的不同阶段,其心理需求是有区别的,呈现阶段性差异的特点。当旅客办理值机手续时,一般会经历两个阶段:一是等候办理值机手续阶段,二是正在办理值机手续阶段。在不同的阶段,旅客的心理需求是完全不同的。

1. 旅客在排队等候办理值机手续时的心理需求

旅客在排队等候办理值机手续时,最主要是求快的心理需求。有的旅客带着行李,怕排队,担心时间紧张,登机手续出现问题,于是想早点办完手续,就可以放心地进入候机室候机。所以旅客在等候办理值机手续时希望越快越好,缩短排队等候的时间对他们来说很重要。特别是遇到办理的高峰期,看到长长的队伍,就会增加旅客的焦躁情绪,插队的现象也时有出现。这时值机柜台的引导人员就要适时安慰旅客,安抚他们的情绪,并提醒他们按要求排队,同时增开值机柜台,缩短旅客的等候时间。如果遇到登机时间紧迫的旅客,则建议其到紧急柜台办理手续。

2. 旅客在办理值机手续时的心理需求

旅客在办理乘机手续时的心理需求又发生了变化,不仅不求快,反而希望办得慢一些,顺利地更换登机牌和托运行李,这时的主导需求就是求顺,主要体现在希望行李能够顺利托运,能够顺利地登机,而且有自己满意的座位。比如在座位选择方面,旅客有多种需求,有的旅客要求服务人员给他一个靠窗口的座位,有的旅客则喜欢要靠过道的座位,有的旅客要求坐飞机的前面,有的希望坐后面等。在行李托运方面能够顺利,例如,有些旅客的行李大小或包装不符合民航要求,或者有些旅客的行李带得过多超重等,旅客就希望服务人员能提供一点方便,让他的行李通过,或者不收超重费,或少收超重行李费等。这就要求值机人员在服务过程中要有充分的耐心,做好解释说明工作,在合理而可能的范围内,尽量满足旅客的心理需求,如确实有满足不了的,一定要做好解释工作,避免旅客误解。

在沟通过程中,如果能充分考虑旅客的心理需求,适时地加以满足,在一定程度上能确保沟通的顺利进行。

(二)熟悉业务,具有高度的责任感

值机是保障飞行安全的重要环节,由于工作环境和性质的特殊性,要求值机处服务人员熟悉业务,具有高度的责任感,在每一个环节都不能有任何差错,否则,小可影响航班正常运

行,大则危及旅客生命财产安全。

值机处服务人员在为旅客办理登机手续时,时间紧、任务重、工作压力大、环境嘈杂,除了给旅客更换登机牌、检查行李以外,同时还扮演着问询处的角色。对于旅客提出的诸多问题,需要体谅理解并尽量给予回答。在这些问题中,有的是旅客不懂民航有关规定而产生的问题,有的是旅客碰到困难或遇到问题需要服务人员帮助解决等,有的问题与值机处有关,但可能大多数问题与值机处无关,如"这个航班是大飞机还是小飞机?""飞机上发什么纪念品?""有没有吃的喝的?"作为服务人员,无论什么问题都应该尽可能地耐心、仔细地听,并给予满意的回答。如果服务人员不情愿为旅客解答问题,或者对旅客的态度不好,就会给旅客留下不好的印象。他们不仅会觉得是值机人员这个人服务态度不好,而且会认为这家航空公司的服务态度不好,从而影响公司的形象。甚至有的旅客会把这种负面情绪带到候机室、带到客舱,给后续的服务工作带来麻烦。这就要求服务人员具有高度责任感,在办理值机手续的过程中,耐心解答各种问题,做到"一心二用"。

案例 4-6:

不认识生僻字　旅客行程被误

2010年1月10日,某旅客到达机场值机柜台办理乘机手续时,其所乘航班乘机系统已经关闭。值机员了解到该旅客已办理了网上值机手续这一特殊情况后,一方面向值班主任报告,为旅客申请补办手续;另一方面提前为旅客打印登机牌,以备后用。但将该旅客名字中的"弋"字输成了"戈",恰巧该航班上也有一名同姓旅客名叫"戈"。打出登机牌后,值机员发现登机牌上的姓名与身份不符。在无法明确识别"弋""戈"两字的前提下,值机员既未按规定核对身份证号码,也没有主动核对旅客名字,只是简单地认为两字同音,便做出判定是售票时录错身份信息,要求旅客向售票代理申请更改身份信息。旅客立即向售票代理确认其身份无误后,向值机主任和值机员反映了此情况。但机场值机人员仍未对旅客身份进行核实,造成了旅客误机,只能改签下一个航班。

案例分析: 本案例中机场存在以下不足之处:一是值机员未能按章操作,凭感觉和经验办事。《机场规范化基础管理手册》中明确规定,值机工作流程必须核对旅客姓名及证件号码无误后才能打印登机牌,但是个别工作人员在实际操作中总是图省事,有章不循。出现错误后没有从自身找原因,片面强调旅客责任。二是个别服务人员服务意识差,责任心不强,工作不规范、不细心、不耐心;沟通技巧以及应急处理能力差,不能换位思考做好旅客的解释工作。三是服务人员的综合素质有待提高,目前,二代身份证上已经没有姓名的汉语拼音,这除了要求值机员注意提高自身的综合素质外,遇到生僻字要特别谨慎,一定要认真核对身份证号码,迅速准确地为旅客办理乘机手续。另外,当旅客质疑时要格外注意,要重新审查自己的判断,防止服务质量差错的发生。

来源:李宏斌. 服务创造价值:民航机场服务理念探索与案例剖析[M]. 北京:中国民航出版社,2012.

(三) 换位思考,主动热情

不少旅客在办理值机手续时会有一些需求,由于缺乏经验没有及时提出,就给后续服务工作带来一定的麻烦。这就要求服务人员具有前瞻性,学会站在旅客的角度思考问题。一般来说,旅客办理值机,对于座位问题、行李托运问题是比较关心的,但有时又没有明确提出,这就需要服务人员主动询问。例如,提出"您想要靠窗坐吗?""您有需要托运的行李吗?""您的托运行李需要转机吗?"等问题,尽可能地为旅客着想。当遇到旅客行李超重的情况时,不是一味地催促旅客支付费用,而是站在旅客的角度,帮旅客想办法解决,如让同伴分担其行李,或是随身携带,以减轻行李的重量等,这样会让旅客感到服务人员服务的热情周到。

案例 4-7:

不是亲人胜似亲人　地服人员助盲人大爷回乡

2012年4月4日中午,无依无靠的盲人大爷阳万芳终于坐上了飞机,启程飞往家乡长沙。在安顿好座位后,老人拉住某航空公司地服部值班主任李曼的手,感激之情溢于言表。

阳大爷原来是想乘坐4月2日的航班从大连飞往长沙,不过孤身一人的他没有赶上既定的航班。幸好遇到了在机场送机的好心人米大姐,帮忙联系了地服部值机室工作人员,值机室主任汪涛热情接待了米大姐和阳大爷。了解了老人的情况后,汪涛很快帮助老人办理了4月3日的航班签转手续,留好了登机牌,并详细告诉米大姐次日如何来机场办理无人陪伴服务。

4月3日上午,好心人米大姐带老人来到值机柜台。地服部工作人员给阳大爷办理了无人陪伴手续后,工作人员和米大姐多方联系,终于查找到阳大爷在大连的二女儿的电话,但其手机一直关机,而身在长沙的其他3个女儿都表示不能去长沙黄花机场接老人。

最后,地服部联系到了老人远房亲戚陈先生,他表示愿意去长沙机场接老人。但由于陈先生回老家上坟,4月4日才能回到长沙。为了不使老人当晚滞留在长沙黄花机场,地服人员便与陈先生商量,帮助老人改签至4月4日的航班。

一切就绪后,地服部工作人员将阳大爷送到酒店,支付一切食宿费用,并叮嘱酒店工作人员要特殊照顾好老人。

4月4日上午,地服部值班主任李曼指派专人到酒店接老人到机场乘机。老人到达机场后,地服部工作人员很快为老人办理好无人陪伴特殊服务手续,并安排老人在附近酒店吃了午餐。之后,工作人员带领老人通过安检,顺利登上飞往长沙的航班,李曼与客舱乘务组进行了交接后,再三嘱托乘务员细心照顾好老人。临别时,阳大爷拉住李曼的手说:"感谢你们,你们都是好心人,好人一定会有好报的!"

来源:http://news.carnoc.com/list/218/218983.html。

(四)管理情绪,提高工作效率

旅客有时并不了解值机工作的特点,加上旅客从自己的心理需要出发,有时在值机服务人员忙得不可开交时,旅客还会向值机服务人员提出各种问题,也有的旅客看见别人排队自己也排队,也不看清是哪个航空公司,排到自己时,就把机票往柜台里一塞,要办理登机手续,办不了还要问为什么,责怪服务人员不早说。这时服务人员一定要耐心,切不可因为这些事情打断了自己的工作进程,而产生烦恼、急躁的情绪,降低工作效率,甚至是对旅客出言不逊或指责旅客。服务人员需更多地换位思考,学会情绪管理的方法,有效地提高工作效率。

（五）规范语言，使用礼貌服务用语

在值机处，也需要注意语言使用的规范性。服务语言是旅客对服务质量评价的重要标志之一。在服务过程中，语言得体、清晰，声音纯正悦耳，就会使旅客有愉快、亲切之感，对服务工作产生良好的反映。反之，服务语言不中听、生硬、唐突、刺耳，旅客会难以接受。强烈粗暴的语言刺激，会引起旅客的不满与投诉，严重影响民航企业的声誉。因此，在服务过程中，一定要规范语言，使用礼貌用语，禁用服务忌语。

五、值机处常见问题的沟通

在值机过程中经常遇到一些特殊情况，需要值机服务人员能根据实际情况灵活处理，在处理过程中要与旅客进行有效沟通，掌握一定的沟通技巧就成为必需。

（一）晚到旅客的服务沟通

在值机过程中，经常会遇到晚到的旅客。一般情况下，航空公司要求旅客于航班计划起飞前40~45分钟到达值机柜台。如果旅客晚于计划起飞前40分钟到达值机柜台，但航班尚未登机，这种情况的旅客称为晚到旅客。面对这一类旅客要慎重，考虑多种因素，否则容易引起旅客投诉。

1. 值机员与旅客确认到达时间

"您好，您的航班××点已经停办手续，您晚到了×分钟，我帮您申请一下看还能否办理，请稍等。"这里一方面明确告知旅客具体航班结载时间及旅客晚到时间，让旅客接受晚到事实，做好最坏的打算；另一方面主动为旅客咨询登机申请，容易获得旅客好感。

2. 值机员致电值机主任申请是否可以接收（航班号/人数），能加人就能加行李

"主任，××航班×名晚到旅客，可以接吗？"当面询问能第一时间得到答复，有助于事情的处理。即使不能获得批准，也体现了值机人员帮助旅客的诚意，容易获得旅客的好感。

3. 值机主任同意办理则正常接收旅客及托运行李，办理完毕后提醒旅客快速过检

"先生/女士，登机口在××号，请您抓紧时间过安检。"善意的提醒，可以帮助旅客顺利赶上飞机。

4. 若不能接收，对客解释

"先生/女士，我已经尽量帮您申请了，但是您确实来得太晚了，建议您去售票柜台查看有没有后续航班，看您的机票能否改签。"向旅客委婉表达已经尽力，给出改签的建议，告知旅客处理办法。

5. 如旅客到达值机柜台，航班已登机，则直接指引旅客前往售票柜台办理改签手续

"先生/女士，您的航班已开始登机，停止办理值机手续，请您前往售票柜台办理改签手续。"

（二）团队旅客的服务沟通

在值机服务过程中，团队旅客也占据了一定的比例，团队旅客由于人数众多，事务杂，在服务沟通过程中也需注意技巧。具体要求分别如下。

1. 询问领队团队信息，并与领队核实证件个数

与领队核实的团队信息包括：航班号或目的地，团队人数，是否有同名同姓旅客，是否有儿童及数量。核实信息的过程一定要细致，否则容易出错。比如核实证件时，一定要亲自清点，与领队唱收，以免出错。

2. 正确接收团队旅客

要求团队信息逐一提取接收，以免出现差错。座位安排时尽量选择中间，并考虑领队的需求，询问是否有特殊旅客，尽量发放相邻的座位，同时也要提醒领队上飞机后不要安排老人和儿童坐靠近紧急出口的座位。

3. 交付领队登机牌和证件，并告知详细事项

行李须按实名制托运；液态物品（容器容积＞100ml）必须托运；打火机、锂电池不予托运。

4. 提醒领队尽早安排团队旅客排队过安检并在登机口等候

值机员应提醒领队注意具体的登机时间及安检通道的具体位置，建议领队提前组织旅客通过安检，以确保按时登机。

（三）小动物托运的服务沟通

在值机过程中，也会遇到有旅客要求将小动物托运的情况，由于小动物托运比较特殊，程序烦琐，因此服务沟通时也要特别注意，以免出错。

1. 耐心询问，了解情况

通过询问旅客相关信息，确定是否能接受小动物托运。一是询问了解托运的小动物是否属于家庭饲养的动物，如猫、狗是否属于观赏型，不具有攻击性，外观是否不会引起旅客恐慌。二是询问旅客搭乘的航班信息，明确所在航空公司能否接收托运小动物。例如，吉祥航空、西部航空等航空公司就有规定不接受小动物托运。同时还要了解执行航班飞行任务的飞机机型是否能搭乘小动物。例如，ERJ属于无氧的货舱机型，就不能接受小动物托运。三是查看航班起飞时间，如果距离航班计划起飞时间超过2小时，则需告知旅客要等待至计划起飞前2小时再办理托运，这样避免小动物在行李分拣过程中长时间无人看管。询问后如不能办理需向旅客进行说明。如果可以托运，需告知旅客小动物需在货舱内运输。

2. 检查证明情况

检查活物检验检疫证明，并查验是否在有效期内；在业务办理过程中一定要询问旅客是否为小动物办理了"小动物检疫合格证明书"和"装运小动物笼子的消毒"证明，两证缺一不可，否则拒绝收运。检疫证明书上需写明小动物的承运人及几日内到达有效。

3. 核实检查

检查小动物的包装是否符合小动物运输规定（详见客规内容）要求。为确保航空运输安全，宠物运输一律要求旅客必须对容器进行"井"字形打包，容器门四周使用"拉扣"加固，容器内是否有放防止小动物排泄物漏出的垫子。值班分队长负责对宠物收运是否符合要求进行最后把关，并通知航空公司代办告知该航班上有宠物托运。例如，某航班在接受小动物托运后，由于检查疏忽，容器打包不严，造成小动物在装卸时跑出货舱，到达机坪，后来为了机坪的安全起见，只得将小动物击毙。所以当出现包装不符合要求时，要耐心做解释工作，并给出相关建议。

知识链接：装运小动物的容器要求

1. 能防止小动物破坏、逃逸和防止小动物将身体某一部位伸出容器以外损伤人员、行李、货物或飞机。

2. 能保证小动物站立、适当活动、保证空气流通、不致使小动物窒息。

3. 必须由坚固材料制成，应至少三面通风。容器的门可由塑料或金属制成。由塑料制成时，折叶及锁闭装置必须为金属。容器硬件（包括螺母、螺丝以及门）及固定零件必须完整、有效。容器的底部平稳，能够固定在平整的面上而不滑动。带轮子的容器，应有轮锁固定装置，防止在运输过程中滑动。

4. 容器两侧应有固定的把手或凸起边缘，以便分拣及装卸过程中能够正常进行搬运。

5. 容器内应有托盘，托盘上铺有吸水性衬垫，例如，毛巾、毯子或者白纸，以防止小动物排泄物外溢，污染其他行李。吸附性衬垫不得使用含有毒性物质的物品。

6. 装载活物的容器必须上锁并打包加固，打包带需覆盖笼门。

7. 两只体重低于14千克且能够共处的成年动物，可以使用同一容器运输。体重超过14千克的小动物应使用独立容器运输。同窝6月龄以下的小动物最多三只装在同一容器内运输。

8. 每个航班最多允许载运两个装有小动物的容器。

9. 每个容器的总重量（包括其中的小动物以及食物和水等的重量）不得超过32千克。

来源：《深圳航空公司值机培训手册》

4. 填写单据，告知注意事项

确定能接受小动物托运后，需填写"旅客小动物运输申请告知书"。与旅客确认告知书，确保内容填写完整正确。具体要求：装运小动物的容器外侧应附有托运人姓名、地址、联系电话。容器至少有两个相对面粘贴"向上"操作标签。打印行李条，让旅客在行李条上签署免责声明并告知：除航空公司原因外，在运输中出现的小动物患病、受伤和死亡，一概不承担责任。告知旅客活物、容器及活物饲料的重量按照逾重行李费收取。参考语言："您的宠物×千克，每千克×元，一共需缴费×元。"并指引旅客到相关柜台缴费；旅客缴费后持逾重单到柜台领取登机牌，值机员需指引旅客将活物送至超限柜台人工搬运，并电话通知超限柜台。

拓展训练：

一、知识题

（一）填空题

1. 值机处的工作内容主要包括_____、_____、_____等内容。
2. 值机处旅客的沟通特点是_____、_____、_____。
3. 小动物办理托运,需具备_____和_____证明,两证缺一不可,否则拒绝收运。

（二）判断题

1. 搭乘飞机,驾驶证也能作为有效证件使用。（   ）
2. 旅客在办理值机手续过程中的心理需求是一致的。（   ）
3. 值机工作人员对客服务中需主动热情,具备强烈的服务意识。（   ）

二、技能题

（一）典型案例1

2015年7月,邹女士带女儿搭乘某航空公司的航班去哈尔滨旅游。出发当天,邹女士提前到达上海浦东机场,在航空公司值机柜台顺利通过客票查验、领取登机牌并办妥行李托运。但在接受机场安检时却被发现登机牌姓名与身份证姓名不符,无法通过安检。

邹女士仔细一看,原来身份证上的"邹"到登机牌上变成了"皱"。时间紧迫,邹女士立即返回值机柜台,要求工作人员就此错误出具证明或予以更正。工作人员请示后告诉邹女士,没有补救办法,唯一可行的是重新购买机票。由于女儿及同行的朋友都已通过安检,邹女士只得花1 680元重新买了一张该航班的机票。

飞机到达哈尔滨机场后,在取托运行李时邹女士等不到自己的行李。经询问当地机场,她得知自己的行李并未随航班运送,仍滞留在上海浦东机场。经联系,航空公司告诉邹女士,她的行李将随下一个航班送达。两天之后,邹女士从哈尔滨前往内蒙古,同时联系航空公司,要求将行李运送至内蒙古海拉尔机场。在海拉尔,邹女士终于和自己的行李"会师"。

邹女士于2016年1月向上海长宁区人民法院起诉。她认为,航空公司在她可以证实自己身份并且已经通过身份验证的情况下拒绝为她登机牌上的姓氏错误采取合理补救措施,且没有按约托运行李,由此造成她的经济损失,航空公司应予赔偿。航空公司不同意邹女士的诉讼请求,认为登机牌姓氏错误是邹女士自身原因造成的,航空公司无法为邹女士办理更正手续,邹女士重新购买机票责任不在航空公司。至于行李未能同机到达,是因为之前的机票没有使用,相关行李也就不能随机托运,航空公司对此没有过错。2016年2月和5月,长宁法院两次公开开庭审理本案。法庭查明,邹女士通过旅游网站预订机票时,因案外人操作失误,错将"邹"字误录为"皱"字。这一错误并非被告造成。航空电子客票的乘客信息录入及更改等事项,通常需要民航管理部门统一的信息系统进行操作,被告在有限的时间内无法通过机场值机柜台为原告做姓氏更正的可能性较大。

至于因行李没有随机到达而产生的相关费用,法庭认为,被告作为航空承运人,在重新为原告办理登机手续时,未能就先前的托运行李做出妥善安排或向原告进行提示,被告显然没有尽到相应的注意及协助义务,原告因此产生的部分支出与行李延误有直接关联,法庭酌定该部分赔偿金为1 000元。

来源：http://news.carnoc.com/list/352/352769.html.

思考：1. 造成邹女士行李未能同机到达的原因是什么？作为值机部门，在为旅客办理值机手续时应注意些什么，应该做哪些提示说明？

2. 本案例对你有何启示？

（二）典型案例2

2016年7月8日，詹女士在南航官网上订了7月9日11:45的机票回银川，对方发来的短信显示"7月9日CZ5135航班，西安咸阳T2(XIY)11:45—银川河东(INC)13:00，由于您乘坐的航班为厦航航班，请前往机场厦航柜台，提前45分钟完成办理乘机手续。"

于是，7月9日10:10左右，詹女士抵达西成机场T2航站楼。当她到厦航柜台办理值机手续时，厦航值机人员告知，詹女士乘坐的是南航的航班，应该去T3航站楼，而不是T2航站楼。詹女士从T2航站楼快走到T3航站楼时，南航工作人员说她乘坐的是厦航的MF8211航班。而此时已接近11点，航班登机通道马上就要关闭了，詹女士再返回T2航站楼已经赶不上航班了，她又掏了265元改签到下午5:40的航班。

事后，南航客服人员说，这趟航班是南航和厦航双方合作共享的，实际承运单位是厦航，之前给詹女士发送的短信上已说明去T2航站楼厦航柜台办理值机手续。通过调查后，厦航承认是现场工作人员的失误所致，并承担了265元改签费。

来源：http://news.carnoc.com/list/352/352913.html.

思考：1. 此次事件厦航值机人员在与旅客沟通的哪个环节有误？正确的做法是什么？

2. 作为机场和航空公司如何避免类似事件的再次发生？

学习情境四　候机室旅客的沟通技巧

学习目标

1. 了解候机室旅客服务的主要内容。
2. 熟悉候机室服务沟通的主要类型和特点。
3. 掌握候机室服务沟通的一般要求。
4. 掌握候机室典型工作情景的沟通技巧。

导引案例

"爱心妈妈"陪伴小旅客

东航北京分公司地服部为应对开学季无成人陪伴儿童小旅客的增多，特开展"爱在东航，母爱相伴"特色保障活动，由地服部行政班的妈妈们组成"爱心妈妈"服务小组，利用工间隙和休息时间加班,身穿"爱在东航"红马甲穿梭于首都机场,专门为无成人陪伴儿童提供一对一的"爱心"服务。

孔彤彤就是这些妈妈中的一员。2016年2月21日,"爱心妈妈"孔彤彤来到爱心柜台接到了一名6岁的小旅客。虽然是男孩,但是当彤彤与小朋友的家长完成交接手续后,带领其前往登机口时,小旅客一直用手抹眼泪,与其妈妈依依不舍。此情此景让刚荣升为妈妈的彤彤感同身受,她对小旅客的妈妈说:"姐,请您放心,我会一直陪同孩子,安全把他送上飞机的。"然后彤彤又立即安抚小旅客道:"宝贝,不要哭。阿姨等会儿带你去坐滑梯,好不好?"听到了可以滑滑梯,小旅客渐渐忘却了离开妈妈的痛苦。随后彤彤带小旅客顺利过安检,带至安检内滑梯处玩了一会儿,消除了小旅客的不安情绪,让他开开心心地登上了飞机。

"爱心妈妈"们凭着自己带孩子的丰富经历,在保障过程中,用爱心、真情温暖"小旅客"的登机路途。

2月18日MU5116航班,"爱心妈妈"李雪梅左手牵着小朋友的手,右手帮她拉着行李箱,一路有说有笑地陪伴着。"阿姨,我是坐在靠窗的座位吗?""阿姨,我坐的这个飞机能坐多少人啊?""阿姨……"小旅客好奇地一连问了好几个问题,李雪梅一一为小旅客解答疑惑。临别时,小朋友对"爱心妈妈"李雪梅说:"阿姨,你知道的真多,谢谢你为我解答这么多问题。"李雪梅说:"宝贝,好好学习,你以后会更加棒的。把东西都带好,祝你新的一年身体健康、学习顺利。"

2月14日至2月21日,东航北京地服部共保障122名无成人陪伴儿童。开学季,东航北京地服"爱心妈妈"的真情服务让小旅客们的旅途变得温暖而愉悦,同时让小旅客们的家长们也多了一份安心。她们用实际行动表达了"我们的幸福北京、我们的快乐地服"。

来源:http://www.caacnews.com.cn/2012zt/zqfw/1/201603/t20160329_1194716.html.

东航北京地服"爱心妈妈"的出现,让孩子们的旅途充满无限温暖和关爱,让家长们多了一份安心,他们的服务也收获了旅客们的信任和忠诚。地服部门的服务创新、沟通创新获得旅客的认可。那么作为地服部门重要组成部分的候机室又将如何通过服务沟通的创新达到服务质量的提升呢?接下来,将对候机室服务沟通技巧进行详细阐述。

 理论知识

一、候机室服务内容

机场候机室是旅客登机前的集合、休息场所,通常分散在航站楼机门位附近,考虑到飞机容量的变化,有些机场的航站楼候机区可用玻璃墙等做灵活隔断。候机室一般设在二层,以便旅客通过登机桥登机。候机室提供的服务主要包括商业服务和行业服务两大类。其中,商业服务包括餐饮、商店、旅游、邮政、银行、通信等方面的服务内容;行业服务包括问询服务、广播服务、候机服务等内容,其中行业服务是机场服务的主体,下面分别介绍。

(一)问询服务

一般来说,问询服务的方式有电话问询和现场问询,候机室的问询服务主要是指现场问询。问询服务是向旅客提供诸如航班信息、候机室设施使用、遗失物品认领等方面的咨询。问询服务往往能直接解决旅客在候机室等候过程中遇到的一些问题,或为旅客解决问题指明方向,深受欢迎。例如,黄花国际机场在问询服务方面就倡导实施"首问责任制",候机楼内工作人员对待旅客和客户必须执行首问责任制,要求礼貌热情,语言规范,使用普通话,提供称呼服务,使用文明用语,禁用服务忌语。工作人员遇到旅客询问非自己工作职责范围内的事项时,也应热情耐心地予以解释,并说明有关情况。如遇上自己解答不了的问题,应将旅客指引到能够解答或处理问题的工作人员或相关部门,绝不能简单地说"我不知道"。

(二)广播服务

候机室广播系统是机场航站楼必备的重要公共宣传媒体设备,是机场管理部门播放航班信息、特别公告、紧急通知等语言信息的重要手段,是旅客获取信息的主要途径之一,也是提高旅客服务质量的重要环节。

候机室广播服务系统由基本广播、自动广播、消防广播三部分组成。广播系统采用先进的计算机矩阵切换器,对各种音源进行管理和分配,并限定它们的广播范围和广播权限,使所有的广播呼叫站都在设定的范围内工作,避免越权广播。

为了提高候机室广播服务质量,我国民航早在 1995 年就制定和实施了候机室广播服务用语规范(MH/T 1001-95)。作为行业服务标准,制定本标准的目的在于规范候机室广播服务用语,以提高广播服务质量,适应广播发展的趋势。

知识链接:候机室广播服务要求

1. 广播用语的一般规定

(1) 广播用语必须准确、规范,采用统一的专业术语,语句通顺易懂,避免发生混淆。

(2) 广播用语的类型应根据机场有关业务要求来划分,以播音的目的和性质来区分。一般应按本标准第 3 章进行。

(3) 各类广播用语应准确表达主题,规范使用格式,一般应按本标准第 4 章进行。

(4) 广播用语以汉语和英语为主,同一内容应使用汉语普通话和英语对应播音。在需要其他外语语种播音的特殊情况下,主要内容可根据本标准第 3、4、5 章广播用语汉语部分进行编译。

2. 广播用语的格式要求

在候机室的广播服务中,航班信息类的广播服务又是重中之重,为此明确提出,要求表达准确、逻辑严密、主题清晰,并列出了专门的格式以供参考。

具体来说,每种格式由不变要素和可变要素构成。不变要素指格式中固定用法及其相互搭配的部分,它在每种格式中由固定文字组成。可变要素指格式中由动态情况确定的部分,它在每种格式中由不同符号和符号内的文字组成。
来源:《民用机场候机楼广播用语规范》(MH/T 1001-95)

(三)候机服务

候机服务主要包括旅客在离开和抵达期间所接受的服务,包括一般旅客候机服务和特殊旅客候机服务。特殊旅客主要是指无陪儿童、无陪老人、轮椅旅客等。

二、候机室服务沟通的主要类型

在候机室服务中涉及的沟通类型多种多样。根据信息载体的异同,可以分为语言沟通和非语言沟通。语言沟通又分为口头语言沟通和书面语言沟通。非语言沟通分为仪态语、手势语和表情语等。

(一)语言沟通

语言沟通是指沟通者以语言符号的形式将信息发送给接收者的沟通行为。语言沟通分为口头语言沟通和书面语言沟通。口头语言沟通即以讲话的方式进行沟通,如旅客向候机员咨询航班、寻找失物等,工作人员以广播形式发布的航班信息;书面语言沟通,是用文字,即书面语言来传播,如航班信息显示屏,关于机场布局的标示图,候机柜台上关于航班信息的告示,廊桥上关于中转、过站的提示语等。

案例4-8:
语言不通心灵通

2016年7月的一天,呼和浩特机场头等舱候机室服务员王英琦发现,在航班因天气原因取消的通知广播播放几遍后,仍有一张登机牌迟迟未见旅客领取。小王便进入休息厅找到了登机牌的主人。经交谈得知,旅客是蒙古族,只会简单的汉语,不知道如何去办理改签手续。小王随即主动陪伴旅客到柜台退掉登机牌,开好了延误证明,帮她顺利改签到后续航班。登机前,旅客反复用不是很流利的普通话向小王说着:"谢谢!谢谢!"小王热情周到的服务,让只身异地、语言不通的旅客感受到了家人般的关爱。
来源:《中国民航报》

(二)非语言沟通

非语言沟通是指沟通者以非语言符号的形式将信息传递给接收者的沟通行为,它是以表情、动作等为沟通手段的信息交流。面部表情及眼神、身体动作及姿势、沟通者之间的距离、气质、外形、衣着与随身用品、触摸行为等都是非语言符号,都可以作为沟通工具来进行非语言沟通。在候机室服务中主要涉及的非语言沟通包括仪态语、表情语和手势语。

1. 仪态语

仪态语通常包括身体的姿势、身体各部位的移动等,比如候机员的站姿、走姿、坐姿、蹲姿等,良好的、训练有素的仪态都能传递丰富的、积极的信息。比如旅客在向候机员进行询问时,候机员应站立服务,站立时要双腿站直,或呈丁字形或V字形。

2. 表情语

表情语主要是指面部的表情变化、目光的接触等。具体是指运用面部器官,如眉、眼、鼻、嘴来交流信息、表达情感的非语言符号。表情语主要包括微笑语与目光语。

3. 手势语

候机员在使用手势语时指示方向、引位、递送物品时都要求尽量五指并拢、掌心面向旅客、尽量双手递送,以体现对旅客的尊重。在候机服务中,明确、规范的手势语可以迅速传递信息,有效组织旅客排队,避免出现差错,从而提高服务质量。

三、候机室服务沟通的特点

由于候机室工作内容的特殊性,决定了其服务沟通的特点,主要体现在以下几个方面。

(一)信息反馈的及时性

在候机服务沟通中,由于旅客在候机室停留的时间是有限的、暂时的,所以他们咨询的问题,服务人员需及时反应,第一时间进行回答。比如关于登机口更改的信息,一旦获知,要及时通知旅客,以便他们及时赶到相应的登机口。特别是更改到远机位,更要及时通知,否则可能延误旅客登机时间,造成误机。再如关于咨询洗手间、吸烟室、母婴休息室、餐厅等不同类型设施场所,也需及时回答,并进行手势指引;遇到旅客寻找失物、同伴,需要及时回应,帮忙处理;拾到手袋、行李物品或登机牌等旅客物品,需及时进行广播,方便查找。总之,这些问题的处理都强调速度,尽量在短时间内办理。

(二)信息内容的复杂性

候机室是一个相对封闭的空间,但也能满足旅客多方面的需求。由于很多旅客是初来乍到,对候机室不熟悉,所以提出的问题五花八门。这些问题有涉及候机室不同服务场所、服务设施位置;有的涉及飞机、飞行的,有的涉及行李托运、航空运输政策的,还有其他问题等。内容涉及的复杂性,一方面要求服务人员要具备良好的基本功,熟悉机场的设施设备,熟悉不同航空公司的代码、航班号、飞行时间,熟悉航空运输的一般规定等;另一方面还要有足够的耐心,特别是面对关联不大的问题时,也要认真对待,耐心解答。

(三)信息变化的不确定性

在候机服务过程中,旅客最关心的问题就是与飞行有关的问题,比如飞机是否到达,何时到达,在哪里登机,何时登机的问题,需要我们提供相关的信息。但实际情况告诉我们,由于很多不确定因素的存在,工作人员很难给出准确的答复,涉及这些方面的回答一定要慎重,否则信息一旦发生变化与之前的情形不符,就会导致旅客不满,甚至引发投诉。例如,关于飞机何时到达的问题,会有一个预计抵达时间,可能由于天气或者流量控制原因造成抵达时间的推迟,可以说"预计的抵达时间是几点几分";又如关于登机口问题的询问,如果距离登机时间还很长,可以说"暂时安排是从这个登机口登机,如果情况发生变化,会用广播通知,请您留意";关于飞机抵达时间,特别是在天气状况不好的时候,回答要慎重。飞机前一分钟还在上空盘旋,后一分钟可能就到别处备降了。也可能因为前方站流量控制原因,使得飞机不能按时起飞等。所以当有旅客问到类似问题时,一般的回答是:"飞机预计抵达时间是 8:00 左右。""系统给出的起飞时间是 21:00,但有可能因为流量控制原因而推迟。"再如飞机到达后,由于机组要进行准备工作,所以过站旅客需要停留一段时间,不能马上登机,这时的广播给出的时间也是大概的时间,而不是精确的时间,否则一旦有旅客较真,可能就会让自己陷入被动,不利于问题的处理。

四、候机室服务沟通的一般要求

(一)态度真诚

真诚指的是真实、诚恳、没有一点虚假,不欺骗,以诚待人,思想和言行保持一致,以从心底感动他人而最终获得他人的信任。真诚表现了人的善良、诚实的美好品行。真诚的态度体现在声音上,声音柔和,具有亲和力;真诚的态度体现在表情上,面带微笑,大方自然;真诚的态度体现在行为上,关注细节,及时落实。

真诚服务的具体表现为时刻为旅客的利益着想。为旅客着想就是要求从旅客购票的那一刻起,服务人员时时处处为旅客行方便,为旅客谋利益,使旅客得到真正的实惠。候机室服务人员应思旅客之所思,想旅客之所想,站在他们的角度感知、体会、思考服务中的问题和不足,采取平等、商量的口气和旅客沟通、交流,切忌高高在上,学会体谅旅客、感激旅客,一切为旅客着想,洞察先机,将最优质的服务呈现在旅客面前。

态度真诚也意味着一贯的坚持,富有耐心。在候机服务过程中,经常遇到的情形就是同一个问题问了上十遍甚至二十遍,不断有旅客来询问,这就很考验服务人员的耐心,尽管已经解答多遍,仍需不厌其烦,继续解答。比如关于何时起飞的问题,尽管已经通过广播通知,仍会有旅客过来询问,甚至不断来询问,这就需要服务人员保持一贯的耐心,真诚作答,满足旅客的心理需求。

(二)语言规范

语言是服务的工具,是沟通最基本的手段。沟通具有意义表达迅速、准确、能即刻得到信息接受者反馈的优点,能有效地帮助形成对企业的信任。但是不当的语言沟通可能导致分歧、误解和破坏信任等不利影响。这里的语言规范包含的内容也是多方面的,主要体现在以下几个方面。

1. 语音规范,能讲一口流利的普通话或英语

在候机服务过程中,接待的是来自全国各地乃至世界各地的旅客。因此,发音吐字成为沟通中至关重要的问题。我们在讲话时语音要准确,音量要适度,以对方听清楚为准。语言艺术大师符·阿克肖诺夫说:"吐字不好,不清楚,就像是琴键坏了的破钢琴似的,简直叫人讨厌。"所以,应该注意克服发音吐字方面的不良习惯,如鼻音(从鼻中发出的堵塞的声音,听起来像感冒声,音色暗淡、枯涩)、喉音(声音闷在喉咙里,生硬、沉重、弹性差)、捏挤音(挤压声带、口腔开度小而发出的声音,音色单薄、发扁)、虚声(气多声少的声音,有时在换气时带有一种明显的呼气声)等。只有避免了这些不良的发音习惯,才能做到发音圆润动听,吐字清晰悦耳。

案例 4-9:

某机场候机办公室接到一起旅客投诉事件,旅客王某声称由于候机员陈某的误导,导致他在过站停留时间过长而误机。最后调查的结果是,旅客误将从长沙到济南的飞行时间理解为在长沙过站停留的时间,而导致误机。这一事件作为旅客本身有一定的责任,作为候机员在回答旅客这一问题后,为避免旅客理解错误,应提醒旅客注意过站停留的时间,避免旅客做出错误的判断。毕竟旅客误机,对于任何一方都不是好事,所以在面对这一类询问时,表达尽量清晰,并做好提示工作。

来源:根据编者工作经历整理

2. 用词规范,能使用文明服务用语

正确恰当的语言使用,使听者心情愉快,感到亲切、温暖,而且能融洽彼此之间的关系。语调要柔和,切忌使用伤害性语言,不讲有损旅客自尊心的话,也不能讲讥刺挖苦旅客的话,话语要处处体现出对旅客的尊重;语意要明确,表达的意思要准确,使用文明用语,禁止使用"不知道""不清楚""这不是我们部门负责的"等忌语;与旅客交谈时,一定要在语言上表现出热情、亲切、和蔼和耐心,要尽力克服急躁、生硬等不良情绪。

(1)倡导服务用语

下面是在候机服务中经常运用的一些服务用语:

非常抱歉,飞机暂时还未从前站起飞,请留意我们的广播通知,如有最新消息我们会广播告知每位旅客。

对不起!这边是头等舱旅客通道,请您从这边排队登机。

您请稍等,我帮您问一下看是否可行。

请不要着急,慢慢来,都会上飞机。

对不起!您问的这个问题我不是很清楚,请您到问询柜台咨询一下。

请您抓紧时间,飞机舱门即将关闭。

对不起!我做得不到位的地方请您谅解。

我们找您很久了,下次请抓紧时间。

您请稍等!我逐个来回答。

您反映的问题我将向相关的部门反映。

麻烦您把行李交给我,我帮您办理托运。

请问您的行李内有没有易碎物品、贵重物品、锂电池?

请将您的易碎物品、贵重物品、锂电池、充电宝取出来随身携带。

请将您的行李上锁后再托运。

请您配合我们的工作,谢谢!

这是给您的行李领取凭证,请您妥善保管。

请您在下飞机后到到达厅行李转盘处领取托运行李。

(2) 服务忌语

以下是在候机服务中避免使用的服务用语:

没时间就是没时间!

没看到这是头等舱旅客通道吗?

这个我管不了。

挤什么?

不知道。

快点!就差你了!

我就这态度!

怎么才来!

没看见我正在忙!

不关我们的事!

不知道/不清楚!

不可能/做不到!

这是规定!我们也没有办法!

快点!快点!

大家都在等你,你怎么才来!

不托运就走不了了。

我就是这个态度!

有意见可以投诉!

知识链接:长沙黄花国际机场服务沟通规范

1. 微笑真诚:自然露齿微笑。

2. 语音柔和:语音柔和清晰,语速平缓从容。

3. 目光亲切:主动迎视顾客目光,注视对方眼睛至嘴唇区域。

4. 倾听专注:适度点头致意,根据需要做好记录。

5. 语言文明:落实服务首问责任,使用文明用语和敬语。

6. 电话沟通:铃响三声内接听,遇到疑难问题做好记录并确定回复时间;通话结束时在对方挂机后再挂断电话。

来源:《长沙黄花国际机场客服分公司培训手册》

3. 手势引导规范,能运用恰当的非语言

非语言是通过表情、举止、神态、姿势等象征性体态来表达意义的一种沟通手段。在服务过程中,民航员工要注意微笑、目光交流、手势姿势等细节。因为温和的表情、适当的目光

交流、得体的举止和姿态会增加对方的信任感和亲切感,而微笑和认真倾听的神态则会让对方感受到重视和关怀。

案例 4-10:

某机场候机厅,由于航班延误,导致三个航班的旅客同时登机,而且又是远机位,旅客需乘坐摆渡车到达相应的登机口。在登机过程中,由于登机人数众多,缺乏必要的手势指引,导致一名旅客搭错摆渡车,上错飞机。这一错乘、漏乘事件的发生,相关的工作人员都需承担不同程度的责任。

来源:根据编者工作经历整理

面部表情能够真实、准确地反映感情、传递信息。人类的各种情感都可非常灵敏地通过面部表情反映出来。和蔼亲切的表情向他人传递着相互友好的信号,而生硬的面孔则向他人传递着冷漠和疏远的信号。在现实中,微笑具有奇妙的力量,它是礼貌待人的基本要求;它能使面容舒展、容易被接受与欣赏;真诚的微笑能传递出友善、关注、尊重、理解等信息;微笑是一种知心会意、表示友好的笑,是在服务接触过程中最有吸引力、最有价值的面部表情。眼睛是心灵的窗户,是传递信息有效的途径和方式。目光交流,既能捕捉自己所需的信息,又能引起对方的注意。旅客可以通过员工的眼神和表情来把握对他们的欢迎和关心程度,也可以从员工的眼神和举止中获取用来判断对方可靠与否的线索。因此,体态语言对于沟通双方好感、亲密感和信任感的形成具有重要影响。

(三)观察细致

在候机服务过程中,细致的观察也为我们的服务沟通带来了意想不到的帮助。

通过观察,能更好地发现旅客的需求,提供必要的帮助。要善于发现和留心旅客人群中,哪些旅客正在寻求帮助,哪些属于特殊旅客,他们有什么特殊的服务需要。这些问题通常是在考察服务员的观察和注意能力。要想为旅客提供优质服务,就必须研究旅客的真正需求。通过细致的观察、经验的积累和感性思维方面的培养,候机员可以更好地发现服务的契机,最大限度地满足旅客的服务需求。比如看到拿着水杯的旅客就会提示他打开水的地方;看到怀孕或带孩子的妇女,就会提示她走快速通道;看到超大超重的行李,就会提示办理行李托运;甚至有时会根据离港系统给出的旅客信息,找出那些正在瞌睡或听音乐的旅客,避免他们误机事件的发生。"用心"观察,总能在熙熙攘攘的客流中迅速发现最需要帮助的人,通过观察旅客的举止、言行来判断旅客需要什么样的帮助。

案例 4-11:

在打造"最具体验式机场"的进程中,深圳机场进行了多种尝试。首先从了解旅客的需求入手,通过大数据分析和直接调研等多种方式,分析旅客群体特性,了解旅客最真实的需求。通过调查发现,大量随父母家人出行的儿童,到了机场候机室后往往表现不佳,让家长操心,其主要原因就是缺乏一个对孩子有吸引力的场所。为了给出行的儿童一个嬉戏玩耍的场地,深圳机场在 25 号登机口区域,专门设立了一个面积达 200 多平方米的十分漂亮的儿童区,里面有滑梯等儿童游乐设施,供小朋友在此玩耍。而不远处,就是各种品牌的商铺。

据了解,此区域若是用于商业店铺,每年租金不菲,但为让旅客享有更好的乘机体验,深圳机场毫不犹豫地将其改造为儿童游乐区。

来源:《中国民航报》

案例分析:深圳机场"儿童游乐区"的设立,就是在充分观察旅客行为、挖掘旅客潜在需求的基础上进行的,事实证明有效的观察能帮助我们获取更多有价值的信息,更有效地跟旅客进行沟通,更好地提升服务质量。

五、候机室典型工作情景的服务沟通

(一)过站分流服务沟通

在候机服务中,过站航班占据的比例也不小。过站航班涉及的一个重要问题就是旅客分流,在服务过程中,经常出现沟通不畅导致过站走失的情况,这就会给后续工作带来一定的麻烦。因此,过站航班旅客分流服务沟通应做到如下几点。

1. 落实任务,准备充分

候机工作人员应提前了解过站航班的航班号、过站人数、飞机型号、抵达时间、停靠机位,准备相应的地名牌、一定数量的过站牌。这个环节需要注意几点:一是地名牌的名称要与航班信息一致;二是过站牌的数量与过站旅客人数一致;三是过站牌填写与所在登机口信息一致。如果出现差错,就会给后续的过站人数清点工作带来麻烦,有可能导致过站走失。

2. 提前到达,规范操作

准备充分后,提前10分钟到达登机口位置,需同时打开登机口的门和到达门,将地名牌贴在醒目位置。这个环节需要注意几点:一是提前到达,一般提前10分钟左右;二是将到达门和登机口门同时打开,方便旅客通过;三是地名牌的贴放位置标准,方便旅客阅读理解,起到引导作用。以往就出现过由于候机服务人员没能提前到达,使得飞机停靠后,匆忙打开两门而出现混乱的情形。

3. 询问核实,人数一致

飞机到达后,上机询问乘务员过站人数,以及不下飞机的过站旅客情况,同时要求乘务员广播通知旅客带下原始登机牌和机票。这样的目的是进一步明确过站旅客人数,减轻工作的难度。

4. 手势指引,语言提示

飞机下客后,在廊桥口进行分客,发放过站牌,通过语言、动作进行提示、引导,将过站旅客引导至相应候机厅等候再次登机,到达旅客引导至国内到达处。参考语言:"前往××的旅客请领取过站牌,到达的旅客请从您左(右)侧的通道出站"。在分流过程中,为了防止过站旅客走失,要注意几点:一是手势明显,将持有过站牌举高示意,引起旅客关注;二是语言提示,不断提醒旅客选择对应的通道,语言应响亮、清晰、流畅;三是个别提醒,遇到打电话、听音乐的旅客,应加以提醒,遇到老年旅客也需多加提醒,以避免他们出错,帮助他们顺利分流。

5. 认真复核，避免错误

当所有旅客都下机后，不要自作主张，而是应该与航班机组人员确认旅客是否下完，得到肯定答复后，再将到达门关闭，完成服务工作。以往也出现有的工作人员听航空公司代办或安检人员确认，提前关闭到达门或登机口门，造成旅客被困在廊桥而引发投诉的情形。

（二）登机服务沟通

登机服务是候机服务中一项非常重要的任务，其服务质量的好坏直接影响候机室服务质量的好坏。在登机服务沟通中应做到如下几点。

1. 登机前

登机前要做好充分的准备工作，这样有助于旅客登机的顺利进行。一是进行登机前的预广播，让旅客对于登机时间有个大致判断，做好准备，一般要求登机前10分钟做预登机广播。二是巡视查看登机口周围旅客的行李物品，如果有超大行李，建议旅客提前进行托运，以免影响登机。三是如果发现孕妇，应主动询问怀孕周期，是否有医院的孕检报告，如有异常，提前告知机组。

2. 登机过程中

登机过程中应进行有效组织，有序查验，有效放行。为了避免差错，在这个环节的服务沟通中要做到：一是播放登机广播，提醒旅客按要求排队等候。二是现场巡视，组织队伍，发现携带婴儿的旅客、孕妇还有其他需要帮助的旅客，建议他们走VIP通道，提醒普通旅客选择普通通道，避免出现插队的现象。三是查验登机牌应迅速有效，遵循"一查二扫三撕"的准则，遇到出现差错的旅客，应委婉提示："先生/女士，这不是您的航班，请在旁边继续等候。"四是催促广播，再次提醒。帮助晚到旅客顺利赶到候机室，顺利登上飞机。有的时候是旅客晚到没法赶上飞机，有的时候是旅客因为听音乐、与人聊天或睡着了而造成误机。这种情况，旅客有可能就将责任推到服务人员身上，理由是没有听到广播，所以要注意保留证据，进行录音。

3. 登机结束后

登机结束后，服务人员应做好扫尾工作，对于晚到没有赶上飞机的旅客，应耐心解释，明确告知。

拓展训练：

一、知识题

（一）填空题

1. 候机室的行业服务主要包括_____、_____、_____。
2. 候机室广播服务系统由_____、_____、_____三部分组成。
3. 候机室服务沟通的特点是_____、_____、_____。

（二）判断题

1. 在候机服务中，需要我们态度真诚，富有耐心。（   ）

2. 语言规范包括语音规范、用词规范等内容。(　　)

3. 在过站旅客分流服务中,过站牌的使用可有可无。(　　)

二、技能题

(一) 典型案例1

打造温馨和谐空港　张家界机场真情服务侧记

在2016年中国机场服务大会上,张家界荷花机场凭借在旅客服务质量方面的突出表现,荣获2015年民用机场服务质量评价"旅客满意优秀奖"。

长期以来,荷花机场致力于打造"文明和谐机场"品牌,坚持"安全是基础,服务是保障"的管理精髓,秉承"温馨充满空港、真情伴您同行"的服务理念,顺应"高情感服务"的发展趋势,努力开发贴心便利的服务产品,为广大旅客提供舒心愉悦的服务体验,先后获得"全国文明机场""全国最佳餐饮服务机场""全国最佳购物服务机场""中国最佳旅游机场"等称号,涌现出了"全国用户满意服务明星"等先进典型。

2014年,荷花机场在候机楼内先后推出了"提供免费WiFi、加设物理隔离带、设置自动售货机、增设饮水点"4项体验式服务项目,受到了旅客的高度评价。2015年,荷花机场连续推出了为航班延误旅客提供个性化延伸服务、缩短旅客办理乘机手续排队等待时间两个项目,先后推出了航班动态电话跟踪服务、旅游咨询服务等特色服务项目,将热心、细心、用心理念贯穿整个服务过程中。

针对张家界韩国旅客多的特点,荷花机场特别增加了韩语广播,率先在全国机场进行3种语言广播。每年重要保障期间,荷花机场都会安排青年志愿者在候机楼内提供义务咨询、旅客接待等服务,确保旅客候机环境安全、有序。

作为对外服务的窗口,荷花机场始终坚持以软服务塑造硬形象。机场面向社会发布了包括手推车、投诉等在内的张家界荷花机场8项地面服务承诺,并积极开展文明机场创建活动,推行"首问负责制",确保每位旅客在第一时间得到热情周到的服务。

针对大面积航班延误,荷花机场与空港实业、机场公安局等兄弟单位按计划每年组织开展多次演练。多年来,荷花机场坚持协同驻场各相关部门,及时启动联动机制,杜绝了航班延误引发的群体性事件,确保机场安全运行,持续提高旅客服务满意度。

来源:http://www.caacnews.com.cn/2012zt/zqfw/2/201604/t20160407_1195057.html。

思考:1. 从服务沟通的角度来谈谈,张家界机场候机室有哪些值得肯定的地方,能达到怎样的沟通效果?

2. 谈谈你对当前机场候机室服务沟通方面存在的问题的看法和意见,应如何解决?

(二) 典型案例2

2016年6月1日,包头机场候机楼内迎来了一对特殊的旅客——盲人陈燕女士和她的导盲犬"珍妮"。

接到航空公司通知后,机场工作人员及时联系陈女士,告知注意事项。陈女士和"珍妮"抵达包头机场后,机场开辟了"绿色通道"。工作人员全程引导,协助核对"珍妮"的乘机手续,安排陈女士和"珍妮"在离登机口较近的区域休息候机,并优先登机、最后下机。

"感谢你们细心周到的服务,我和珍妮此次飞行很是顺利……"登机时,陈女士对机场工作人员感谢道。

来源:http://www.caacnews.com.cn/2012zt/zqfw/3/201606/t20160602_1197504.html.

思考:1. 陈女士为什么对机场的服务表示感谢,机场候机室在服务沟通方面有哪些可取之处?

2. 谈谈在实际工作过程中,我们如何通过有效沟通给旅客提供个性化的服务?

学习情境五　空中服务旅客的沟通技巧

 学习目标

1. 了解空中服务旅客的主要内容。
2. 熟悉空中服务旅客的沟通特点。
3. 掌握空中服务沟通的一般要求。
4. 掌握常见问题的沟通技巧。

 导引案例

微笑服务　内功深厚

深航客舱服务部收到了乘客张先生寄来写有"微笑服务　内功深厚"的锦旗。原来在2014年4月15日无锡飞往深圳的航班ZH9702上,在无锡出港期间,航班因流量控制原因未能按时起飞。头等舱乘务员商婧在得知延误信息后,第一时间将信息告知头等舱旅客。不料,1C座位的张先生听后勃然大怒,高声质问乘务员到底要等多长时间。面对头等舱旅客如此强烈的反应,商婧立即回到服务间,将冰镇饮料递给旅客。在之后的交流中,商婧得知张先生之所以反应强烈,是因为他托运的药品只有8个小时保质期,到达深圳后药品要第一时间送往医院。

了解到张先生的情况后,商婧及时将此信息汇报给机长和乘务长。"单纯地安抚旅客情绪是完全不够的,我们必须拿出具体的解决方案。"事后商婧这样讲道,而她也正是这样做的。她回到服务间用手机上网查询信息,整理了两套可行的方案缩短到达深圳后前往医院的车程,并将其详细写在纸上交给张先生。张先生看到商婧的努力,激动的情绪渐渐平复下来。

此时,驾驶舱也传来好消息,航班接到了航空管制给予起飞的命令。起飞后,商婧时刻关注着张先生。下机时,张先生发自内心的笑容是对商婧细致入微的服务的最大肯定。

来源:http://news.carnoc.com/list/281/281785.html.

案例中的乘务员面对头等舱旅客提出的问题,能运用真诚的服务与沟通巧妙化解,不仅消除了旅客的不满,还获得了表扬。由此可见,在对客服务中,乘务员的沟通能力、沟通技巧将直接影响其服务质量和服务水平的高低。接下来将详细阐述空中服务旅客的沟通技巧。

 理论知识

一、空中服务旅客的服务内容

空中服务在整个民航服务过程中处于非常重要的地位,是非常关键的一个环节。空中服务的好与坏,乘务员的一言一行、一举一动,都直接关系到航空公司甚至国家的形象。由于飞机航行在万米以上的高空,是一个封闭、狭小的空间,无论活动空间还是服务设施都受到一定的限制,乘务员在客舱里除了要完成客舱安全演示及安全检查、迎送客服务、餐饮服务、娱乐服务等正常的服务程序外,还要负责机上广播、回答问询、介绍航线知识等。乘务员所提供的各项服务,都是在与旅客之间的互动沟通中完成的。

(一)迎送服务

迎送服务是在旅客上、下飞机时提供的服务。当旅客登机时,各个号位的乘务员要站在各自的号位上迎接旅客登机。在旅客登机的同时要向旅客鞠躬并微笑问好,介绍座位号码的所在,协助旅客安排行李,帮助老幼病残孕旅客找到他们的座位;待旅客登机后要帮助其整理好行李架上的行李,要随时注意旅客有什么需求,以及时提供帮助。

飞机落地后,各个号位的乘务员要站在自己的号位上微笑送走所有旅客并检查客舱里是否有旅客遗留的物品。

知识链接:山东航空股份有限公司对乘务员迎客的规定

1. 旅客登机时,乘务长播放登机音乐,打开客舱灯光至高亮度,站在机舱门口迎客并负责保持与地面工作人员的交接和联系。
2. 客舱乘务员位于合适位置迎客。
3. 着装整齐、站姿端正、面带微笑、热情礼貌迎接并问候旅客。
4. 重要旅客及其行李衣物由指定客舱乘务员负责安排,并根据地面人员提供的VIP旅客名单,使用尊称或姓氏问好。
5. 有秩序地引导旅客入座,协助旅客放好随身携带的物品和衣物。如果安排座位时,有旅客不方便的情况,起飞后,可与相邻旅客商量,做适当调整。
6. 对旅客要求托管的物品应妥善存放,为旅客保管衣物时,确认其口袋内无贵重物品,如钱包、首饰、护照等。
7. 原则上不应为旅客保管药品、贵重物品或易碎物品。如不能推辞应向旅客说明责任,得到认可后,方可接受。
8. 根据普通舱旅客的入座情况提供以下服务:
(1)提供报纸杂志;

(2) 提供热毛巾(或根据旅客要求);

(3) 提供饮料:果汁或茶水(或根据旅客要求);

(4) 起飞前,收回饮料杯、毛巾等。

来源:《山东航空股份有限公司客舱乘务员手册》

(二)客舱安全示范和检查服务

客舱安全示范和检查服务是一项非常重要的工作,一般在旅客安放好行李、坐好后进行,外场乘务员要进行客舱安全示范,进行安全检查。安全检查包括起飞前和下降前的检查。具体内容包括调直椅背、收起小桌板、拉开遮阳板,系好安全带,扣上行李架,检查紧急出口和通道是否顺畅,提醒旅客手机一定要关机等。由此可见,安全检查是一项十分重要的工作。

(三)广播与发放餐饮服务

广播和发放餐饮服务也是非常重要的一项工作,一般在飞机平稳飞行后,乘务员分工进行。内场乘务员负责进行广播,客舱广播的内容十分丰富,主要包括服务广播和安全广播。通过服务广播,能让旅客了解此次航班的航程、时间、途经的省市和山脉、河流,了解相关的服务项目;通过安全广播,能让旅客重视安全问题,配合安全检查。外场乘务员主要负责发放餐饮。一般来说,飞行时间不同,发放的餐饮物品也不同。短距离飞行只发放饮料与点心;飞行时间1.5小时以上的航班发放饮料、餐食;有的航班还发放纪念品、入境卡、海关申报单、健康申明卡等,必要时还需帮助旅客填写相关表格。

(四)巡视客舱

巡视客舱也是一项不能忽视的服务工作,也是在飞机平稳飞行过程中进行。乘务员通过巡视客舱,发现旅客的需要,提供必要的帮助。例如,旅客是否需要饮料;刚醒来的旅客是否需要进餐;帮睡觉的旅客关掉阅读灯和通风口等,同时随时清理客舱垃圾。

二、空中服务旅客的沟通特点

空中服务沟通主要以口头语言为主,从旅客方面调查的结果表明,文明礼貌、真挚和善的语言能引起旅客发自内心的好感;明确简洁、适当中肯的语言能增强旅客的信任感;适合对象、灵活多变的语言能给旅客以亲切感,使旅客获得心理上的满足。因此,空中服务沟通语言作为一种特殊的行业用语,具有以下特点:

(一)准确性

飞机作为一种交通工具,其安全性一直是旅客最关心的问题,乘务员在做安全示范或进行引导时语言必须准确。

案例 4-12：

2012 年 3 月 28 日，某航空公司从三亚凤凰国际机场（以下简称"三亚机场"）起飞的三亚—重庆—乌鲁木齐航班上，一位女乘客误将逃生门当厕所门打开，致使飞机滑梯释放，飞机不能正常飞行。

该女士说，她是重庆永川人，第一次和丈夫坐飞机到三亚旅游。据回忆，当时飞机刚刚在跑道上滑行，考虑到飞机的行程可能要两个多小时，便打算先去上个厕所。但因第一次坐飞机，不知道厕所在哪儿，走了一遍都没找到，其丈夫告诉她一直往后面走就对了。她走到机舱尾部还是没有找到厕所。这时，她看见机舱尾部座位上有两名空姐，便上前询问厕所在哪里，而后，对方告诉她往右走，扭开门就对了。随后，她走到一扇门前，将门上的一个红色把手扭开了。这时，突然传来了"砰"的一声巨响，逃生门便打开了。

"当时我都不知道发生了什么事，门打开后，旁边的空姐就对我说：'你怎么把这个门打开了啊，惹大麻烦了。'"她指着自己的双腿告诉记者，"现在我的腿还发软！"据该女士回忆，事发后，才知道原来自己打开的不是厕所门而是逃生门，导致飞机不能正常起飞。随后，民警将她带到派出所要求协助调查。

飞机逃生门被打开后，机上 100 多名乘客被迫下飞机返回候机大厅。经故障检查和排除后，130 名旅客再次登上航班，于当天 13 点 36 分从三亚机场起飞。但仍有 19 名旅客担忧该航班的安全，拒绝登机，并要求得到相应赔偿。

这些滞留的旅客表示，大家都吓坏了，飞机上老的老、小的小，他们不敢再次乘坐该航班返回重庆。"万一逃生门在空中又被打开了，怎么办？"最后，经协商，航空公司同意了他们改签航班的要求，但拒绝赔偿。

案例分析：很显然，在这起事件中，除了这位女乘客要为自己的行为负责外，另外进行方位指示的两位空姐也有不可推卸的责任。面对乘客的询问，只是给出模糊的回答"往右走，扭开门就对了"，没有具体告知厕所的位置和特征，导致女乘客判断失误，以致出现这样重大的问题。

来源：http://news.carnoc.com/list/218/218552.html。

（二）灵活性

保持服务一致性的过程中，乘务员应该很灵活且具有创造性，和乘客之间保持良好的关系，而不要只是照本宣科地来做事。如果提供服务时，一位乘客要求吃素食，而飞机上正好没有准备这种食物。这时乘务员应该返回厨房，想想办法，找到一个解决方案。比如把各式各样的蔬菜和水果拼在一起，而不是告诉乘客"我们没有准备这种食物，你无法享用"，这样会使乘客很苦恼。

（三）生动性

乘务员要运用具有活力的语言去打动乘客，引起共鸣，特别是对乘客所做的一些景点、名胜介绍更是如此。

如对"川剧"可以这样介绍："四川，古称华阳，又名巴蜀，那里民风淳朴，被人们誉为'天府之国'。俗话说'奇山奇水有奇杰',在四川这块沃野上,不仅涌现出无数雄才大略的政治家、军事家和一大批卓越的词人才士,还造就了一批优秀的表演艺术家。不仅磨砺出无数宏伟的诗篇佳作,同时也孕育出一个独具特色的戏曲艺术形式——川剧。川剧,这个被赞为'天府之花'的戏曲曲种,以其丰富的剧目,多样的声腔,独特的表演,在中国戏曲舞台上领尽了风骚,成为巴蜀之地的又一骄傲。"

(四)亲切性

因为空乘服务工作的特点和性质,服务用语要亲切、简洁。例如,"欢迎您乘坐本次航班!""请问您想喝点什么?""让您久等了!""您的脸色不太好,请问您是哪里不舒服吗?""谢谢您对我们的服务提出宝贵的意见,我一定把您的建议反馈给公司。"亲切的话语可以大大提高乘客的满意度。

(五)委婉性

客舱沟通讲究艺术的说话方式。与客人对话,一般情况下要采用询问式、请求式、商量式、解释式等恰当的说话方式,而不允许使用命令语气。直接使用否定词句会让乘客下不来台,心情不愉快。如有两位熟人在飞机上相遇,找到乘务员想协调一下座位,乘务员可以以"这两位乘客想坐在一起,能否请您和他们换一下"来与相邻的乘客进行沟通。

询问式:"请问……?"
请求式:"请您协助……,好吗?"
商量式:"您看……可以吗?"
解释式:"您好!这里是……"

三、空中服务旅客沟通的基本要求

乘务员为旅客服务的过程就是沟通的过程。沟通有利于创造服务机会,提升服务品质。通过有效沟通不但提高了乘务员的综合服务能力和服务水平,也提高了旅客的满意度。由于空中服务涉及的内容较多,各项内容的具体要求也不一样,因此,不同服务沟通的要求也不一样。

(一)广播服务沟通的要求

1. 符合规范

乘务员进行广播时,应当按照公司广播手册内容落实各项广播。在特殊情况下,根据航班情况的不同可临时组织广播词。当长航线、夜航或大多数旅客休息时,应酌情减少广播或缩短广播内容。夜航或头等舱、公务舱旅客休息时,在条件允许的情况下,根据机型分舱广播,避免打扰旅客休息。

2. 控制语速

语速是指乘务员在广播时给旅客听觉的一种接受速度,客舱广播应采用标准语速,若广播语速过快,会让旅客听不清楚,无法理解广播内容;若广播语速过慢,会给旅客一种拖沓、生疏之感。对于不同性质的广播内容,还要掌握语气,做到声情并茂。让旅客切实感受到广播内容的价值,收到事半功倍的效果。

3. 表达流利

流利性是指广播时吐字清晰,发音标准,内容表达连贯顺畅。广播时,乘务员与旅客间并不是面对面的交流,不能借助手势、表情等辅助手段,只有发准每一个字、词的读音,才能使旅客准确地接收广播中传递的信息。如果广播时发音不准、吐字不清、语言表达不连贯,则旅客不能正确理解广播内容,从而影响广播的效果。

4. 及时准确

广播是快速传递信息的一种有效途径,是从点到面的单向传播。为了达到广播效果,必须确保广播的及时性和准确性。例如,在飞行中,如果遇到强气流,会使飞机产生较大的空中颠簸。此时,乘务员应立即进行广播,准确传递颠簸信息,才能在最短的时间内通知到所有旅客,提醒旅客注意安全,并根据要求做好安全防范措施。又如,飞机在起飞爬升阶段和落地滑行时如果有旅客离座,应及时提醒。

5. 赋予情感

广播质量不仅仅局限于语速、语调,充满情感、富有人情味的广播更易被听众接受。广播时若缺乏感情、语调平淡,会使人感觉不亲切,让人失去兴趣,使旅客产生一定的排斥心理;相反,如果把握好广播时的情感,就能引起旅客注意,使广播达到预期效果。

(二)安全检查服务沟通的要求

1. 明确要求

乘务员应清楚安全检查的具体要求,明确告知旅客。还要特别针对容易出现问题的地方进行提示,例如,在起飞下降阶段,空座位上不能放除衣物以外的其他物品;旅客空余座位不能放眼镜、手机等小件物品;旅客不能将包带拽在手上,也不能将小件物品放在通道中间、脚后面或靠在壁板位置上;紧急出口座位上,起飞、下降阶段不能有任何物品等。要明确告诉旅客,飞机起飞、下降时属于飞行的关键阶段,旅客身上抱着的随身行李应放置在行李架上或前排座椅下方的挡杆内,不可以随意放置,否则一旦发生紧急情况,行李会成为障碍物,影响本人或其他旅客顺利撤离。

2. 把握心理

在进行安全检查时,并不是所有旅客都会认真配合,有的甚至还态度不好,牢骚满腹:"就你们公司要求多!""如果东西放在行李架上丢了怎么办?"……对此,乘务员应充分把握旅客的心理,进行换位思考。一般来说,旅客不愿意按要求放置行李,主要有几种情况:一是有些女士因为飞行中要取用物品,包放在身上比较方便;二是包内有贵重物品或大量现金,害怕遗失或被盗;三是拎包比较名贵,放在行李架上怕挤压,放在地上怕脏;四是惯性心理,乘坐其他航空公司时从来没有过这样的要求等。针对旅客的不同心理,要给出不同的解决办法。例如,针对前两种情况,给出的建议就是把包放在前排座位下方的挡杆内,取用方便,便于照看。针对第三种情况,可以拿一个毛毯袋垫在包的下方。

3. 委婉解释

面对不配合的旅客,委婉解释就非常有必要。要跟旅客耐心解释安全的重要性,告知原因,注意语气委婉,切忌机械地让旅客执行安全规定,无解释,语言态度生硬。下列情景中语言的运用就比较合适。

情景一:执行安全检查时,旅客不按要求进行操作并且态度不好,如"就你们公司要求多……"

建议语言:"您好!女士/先生,飞机马上就要起飞了,请您将包放在前排座椅下方,或者我帮您放在您头顶上方的行李架内,如您需要使用的话,可在飞机平飞后取用,有需要帮助的地方请第一时间联系我,我很乐意为您服务。"

情景二:飞机起飞前滑行安检时,旅客要毛毯、水或者有其他的服务需求。

建议语言:"女士/先生,飞机正在滑行,我们现在正在进行安全检查,飞机马上就要起飞了,等飞机平飞后马上给您送过来,感谢您的配合。"

(三)餐饮服务沟通的要求

餐饮服务也是客舱服务的重要组成部分,不仅影响旅客对航空公司服务的满意度,也反映了航空公司的服务能力。

1. 规范操作

客舱的餐饮服务是一种标准化的服务,要求乘务员的操作技能精准、娴熟,要求体态语规范。这里的体态语主要指的是"端、拿、倒、送"的动作操作。如果乘务员"端、拿、倒、送"动作操作不熟练,在递送热饮的过程中不慎洒在旅客身上,不但会烫伤旅客,还会给旅客带来不愉快的乘机感受。过硬的服务技能会使服务差错的发生概率大大降低;相反,则容易造成旅客不满,从而影响旅客对客舱服务的整体印象。例如,倒饮料时,如果是热饮,不可过急,以免将水花溅到旅客身上;倒冷饮时,杯口不可碰到瓶口,倒带汽饮料时,杯子倾斜一定的角度;拿水杯时,需手指并拢,小指可托于杯底,不可大把抓。

2. 主动介绍

在餐饮服务过程中,有一个突出的特点,就是非常尊重旅客的知情权、选择权,会对提供的餐食内容进行详细的介绍,帮助旅客了解与选择。特别是在两舱(即头等舱和商务舱)餐饮服务中尤为突出。比如在国际远程航线头等舱的正餐供餐中,就有着非常具体的介绍,具体包括介绍餐食内容及饮料酒水等;介绍面包品种;介绍汤的种类;介绍色拉;介绍水果和奶酪等。通过具体详细的介绍,旅客的知情权、选择权得到很好的满足,同时也获得了极佳的旅行体验。在经济舱的服务中主动介绍也是不可缺少的,主动介绍餐食和饮料,帮助旅客更好地做出选择。如果在餐饮服务中缺乏主动介绍,就会影响旅客的选择,从而影响旅客的旅行体验。

3. 小心提醒

由于受气流的影响,客舱经常发生颠簸,这就对旅客的进食提出了更高的要求。为了避免旅客在进食过程中出现意外,乘务员必须做好提醒工作。例如,为年幼旅客提供热饮时,应先征求监护人的意见,并放于监护人处;配备热食,为确保服务安全,与旅客交接时必须加强语言提醒,不要将热食直接摆放在餐盒上送出,以免热食滑落。递送时将热食放在托盘上,以免旅客烫手。

案例 4-13:

某航班飞行途中,一位儿童旅客口渴,乘务员为他倒了一杯开水,在儿童喝水的过程中,不慎将开水洒落,导致儿童烫伤。

来源:武娜. 沟通技巧学科在民航实践中的运用[J]. 当代教育实践与教学研究,2016(05):206-207.

案例分析: 在此案例中乘务员没有对旅客进行区别对待,针对老人和儿童,要额外关注。为小旅客提供饮料时,不应该将热饮直接递给小旅客,更为合适的方法是将饮品递给其监护人并做好叮嘱提醒工作;发生烫伤时,不应推卸责任,和旅客探究责任划分,应在第一时间紧急处理,如检查伤势、冷敷、联系医生或地服等,同时做好安抚客人及和其家人的工作。

4. 及时反馈

在客舱的餐饮服务中,经常会遇到一些突发状况或旅客对某问题提出异议等。对此,乘务员要非常重视,及时回应,进行解释,如果不能现场处理,也应认真记录,以便后续跟踪处理。

情景一:旅客告知乘务员餐食有异物。

此时,乘务员应表示歉意,立刻为旅客更换餐食,如没有富余餐食,尽量利用机上其他资源(比如机组餐、富余水果、钥匙扣等),同时观察旅客的情绪和反应,通报全组此情况,全组成员在航班落地前对旅客进行重点管制,如发生在经济舱,由负责经济舱的乘务员监控跟踪服务该旅客,主动与旅客沟通并安抚旅客。如发生在头等舱,乘务长监控跟踪服务该旅客,主动与旅客沟通并安抚旅客。如果旅客不满情绪很大,乘务员为旅客提供旅客征询意见卡,表示公司会调查并及时回复旅客,在处理过程中,建议乘务员将问题餐食带回公司航食部门确认调查。

建议语言:"先生,非常抱歉,我立即为您更换一份。我们会在第一时间将这种情况反馈给相关航食单位让他们立即整改,如果您需要回复,请您留给我们您的联系方式,我们会及时联系您!对于给您造成的不便我深表歉意!希望得到您的谅解!"

情景二:不小心将餐食或饮料洒到旅客身上。

如果常温饮料泼洒到旅客身上,立刻为旅客提供湿巾或干纸巾,协助旅客擦拭,建议旅客去洗手间清洗。乘务员跟踪后续服务并设法满足旅客需求。如因乘务员原因造成的饮料泼洒,当事乘务员立刻致歉,并协助旅客清理身上饮料,争取得到旅客原谅。如旅客主动提出赔偿,乘务员报告乘务长,乘务长做后续沟通,安抚弥补工作,如旅客坚持赔偿,乘务长对一定权限内的补偿有决定权;如旅客和乘务长对于赔偿数目协商不一致,为旅客提供旅客征询意见卡,留下旅客联系方式,回复旅客公司相关部门会及时联系旅客。

情景三:航班上因为其他乘务员的一些工作失误忘记给旅客发餐了,现在旅客很生气地质问"为什么不给我发餐",如何解决?

飞行过程中如果遇到旅客生气地质问"为什么不给我发餐",请不要惊讶并且过多地去解释,在旅客眼中,乘务员着装及专业化形象统一,如果不仔细去辨识很难确认具体是谁。面对这样的情况,要学会互相补台,第一时间满足旅客的需求,而不是一味地去解释"不是我"。此时,应立即满足旅客所需,帮助旅客解决当下的问题才是当务之急,然后再回到服务间和其他组员确认刚才的情形。当旅客问题解决之后,必要时再去和旅客说明情况。

建议使用语言:"先生/女士抱歉,我现在马上为您提供,我们今天为您准备了香菇鸡肉米饭和西红柿鸡蛋面,请问您需要哪种呢?"

当解决完旅客问题后,若有需要,可与旅客进行简短沟通,建议使用语言:"先生/女士,刚刚由于您在休息,我们怕打扰您,所以没有将您叫醒!谢谢您的理解,飞行中有任何需要很乐意为您服务!"

四、常见问题的沟通技巧

(一)拒绝的技巧

在空中服务过程中,我们会尽量满足旅客合理而可能的需求,但不可能满足旅客的所有需求。所以在特定情况下,要学会说"不"。掌握拒绝的沟通技巧就非常有必要。比如一次航班起飞前,一位男性旅客一直在使用手机,乘务员反复劝说,但旅客还是不停地拨打,还扬言要投诉她。再如飞机下降时卫生间是不能用的,但有的旅客就是要用,否则他就投诉……乘务员常常要忍住委屈做好解释工作。其实,拒绝是有一些技巧的。

对于乘客提出的无理要求,乘务员要采用一定的拒绝技巧,做到措辞得当、态度诚恳且掌握一定的分寸,既回绝旅客的要求,又不要让客人处于尴尬的境地。要做到如下几点。

1. 真诚致歉

遭人拒绝是一件令人尴尬的事,所以拒绝旅客某些不合理要求时一定要真诚,即使要求不合理也要委婉地说:"真的很抱歉,没能帮上您的忙,还请您原谅。"这样旅客会比较容易接受。如有个别旅客很喜欢飞机上的小毛毯或小碗,但民航规定这些东西是必须清点回收的,运用语言技巧进行拒绝必不可少。注意,要耐心解释民航规章,不要因为旅客不知情而流露出对旅客的责备语气。

2. 婉言回绝

用委婉的方式从侧面拒绝或用模糊语言回避对方的锋芒。如在飞机上乘务员手中正拿着饮料,某旅客要求撤走空杯子,乘务员说:"请您帮助递过来好吗?"该旅客十分不满,脱口而出:"我递杯子,用你干吗?"乘务员装作未听清,面带微笑问道:"先生,您需要我做什么?"该旅客的同伴连忙把杯子递过来,一场矛盾无形中化解。

3. 化解不满

如旅客对飞机设施不满发牢骚,乘务员可先感谢对方对民航工作的支持和关注,表示一定及时把该旅客的意见反馈给公司以便及时改进。

(二) 说服的技巧

1. 对航班不文明行为的说服

说服不是件容易的事情,将会遇到种种有形、无形的抗拒。要有效说服更难,这不仅要求说服者的人品令人信服,而且要以对方关心的事为话题,符合对方的理解思路。一般来说,应从赞赏和鼓励开始,给对方留有面子,让对方能够理解你的难处和航空公司的规定,要使说话的气氛保持融洽。如果处理不好,就有可能引起冲突,从而影响航空公司的形象。

案例 4-14:

某航班收餐时,一位老奶奶给的餐盘中少了一个碗,因为是精品航线,所以是发托盘餐,餐具精致小巧,让许多客人爱不释手,很多旅客都想把它带走,而公司规定所有餐盘都要按数回收。看到这种情况,乘务员猜想应该是老奶奶将其收起来了,便微笑着附身跟她说:"奶奶,您这个盘里还少了一个碗,您再帮我找找好吗?"看见老奶奶很舍不得,乘务员又说:"奶奶,不着急,您什么时候找到了,交还给我们就行了。"随后乘务员继续去收其他旅客的餐具。巡舱的时候,看老奶奶没有反应,乘务员又走到她身边,蹲下来跟她说:"奶奶,那个碗您找到了吗?"老奶奶将头靠近乘务员,小声地说:"我很喜欢这个碗,你就送给我吧,小姑娘,我回去带给我孙子玩。"听到这儿,乘务员微笑着告诉她:"奶奶,我非常想送给您,可这套餐具不是一次性的,回收消毒后还要重复使用。"老奶奶见说不动,又哀求着:"那上次坐飞机,她们都送给我了,你就送我一个吧!"看着老奶奶这样,乘务员想到或许客舱里还有其他的礼品可以送给这位老奶奶。于是经过乘务长的同意,乘务员将印有航空公司标志的圆珠笔送给了老奶奶。尽管是不一样的礼物,但老奶奶也很开心,连声说谢谢。

来源:刘晖. 空乘服务沟通与播音技巧[M]. 4版. 北京:旅游教育出版社,2016.

2. 对违规旅客的说服技巧

(1) 旅客违反安全规定要制止,但要注意方法,尽量避免矛盾激化,矛盾激化了只会造成更多的冲突。

如按照航空公司的规定,不允许私自穿救生衣。可有的旅客在乘务员演示时,非常好奇地把救生衣拿出来了,这时乘务员要立即进行制止和说服教育,说明利害关系。可先从旅客的角度入手:"这位先生(女士),您好!我很理解您对飞机非常好奇的感觉。这种救生衣是一次性用品,您打开后这件救生衣就报废了,万一飞机遇到危急情况时您和他人的生命就得不到保证了。"

(2) 处理手段应视旅客行为带来的后果(是否危及飞行)及旅客行为的性质(无意或有意)而定。

乘务员在迎客时应注意观察,及时制止旅客的不当行为。例如,如果旅客已经将机上设备拿下来放了自己的行李,乘务员应巧妙地询问行李的主人是谁,然后帮其找到一个妥善的位置安排,最后再礼貌地解释此位置是用于存放应急设备的,希望旅客能够理解配合。在处理事情上应顾全大局,把握好"度"。在自己能力范围内可以解决的,可事后向机长汇报,以免干扰机长的正常工作,避免因处置过度而造成航班的延误。

(三) 处理飞机延误的技巧

飞机延误时旅客普遍情绪烦躁,乘务员要用加倍周到的服务来缓解旅客的烦躁和焦虑。同时,要在解释时阐明航空公司是以安全为根本的,以求得旅客的理解和支持。

例如,某航空公司接到投诉,原定八点四十起飞的飞机,延误到零点起飞,旅客在登机时发现接待客人的两位乘务员有说有笑。很显然,两位乘务员此时的表现就很容易引起旅客的不良情绪。在飞机延误情况发生时,乘务员需要进行换位思考,充分体谅旅客的心理,更加耐心地去安抚客人的情绪,不能在此时摆出"事不关己,高高挂起"的态度,可以礼貌地解释:"尊敬的客人,很遗憾由于某种原因,航班延迟了,现在故障排除,我们可以马上开始愉快的旅程,我们将更周到地为您服务。"

(四) 对待投诉的沟通技巧

引起旅客投诉最根本的原因是旅客没有得到预期的服务,即旅客的实际感知与原有期望间产生较大的心理落差。这种落差有可能是因为有形的产品,也有可能是因为无形的服务。假若此落差未能得到有效的解决或控制,则旅客可能会将此心理现象转变成投诉行为。投诉一旦产生,将不同程度地影响到公司的形象,并由此带来一定的经济损失。可以采取"清空不满法(CLEAR)"来进行处理。

1. 控制你的情绪(Control)

当旅客提出投诉时,往往心情不好,其语言或行为可能是不耐烦的,甚至带有攻击性。受其影响,乘务员容易产生冲动,丧失"理性",这样会使得事态发展更加复杂。因此,要懂得控制自己的情绪。旅客提出投诉是因为他们有需求没有被满足。所以,乘务员应充分理解他们可能表现出的失望、愤怒、沮丧或其他过激情绪等。

2. 倾听旅客诉说(Listen)

静下心来积极、细心地聆听旅客的说话内容,在字里行间找到旅客投诉问题的实质和旅客的真实意图,了解旅客想表达的感觉与情绪。倾听也是给旅客的抱怨提供一个宣泄口,辅以语言上的缓冲,为发生的事情向旅客道歉,表示出与旅客合作的态度。这样既让旅客将抱怨一吐为快,也为自己后面提出解决方案做好准备。

3. 建立与旅客"共鸣"的局面(Establish)

共鸣就是站在旅客的立场,对他们的遭遇表示真诚的理解。当旅客投诉时,他们最希望自己的意见受到对方的尊重,自己能被别人理解。建立与旅客的共鸣就是要促使双方交换信息、思想和情感。

4. 对旅客的情形表示歉意(Apologize)

投诉发生,即使是客观原因或他人原因造成的,也不要推脱责任,这么做只会使旅客对公司整体留下不好的印象,其实也就是对你留下坏印象。发自内心地向旅客表示歉意,即使旅客是错的,也要为旅客情绪上受到的影响表示歉意,使旅客的情绪趋于平静。比如可以用这样的语言:"让您不方便了,对不起。""给您添麻烦了,非常抱歉。"这样的道歉既有助于平息旅客的愤怒,又没有承担可导致旅客误解的具体责任。

5. 提出解决方案(Resolve)

在耐心地倾听、与旅客产生共鸣和向旅客表示歉意之后,就要把重点转到旅客最关心的问题——如何解决上。应迅速就目前的具体问题,向旅客说明各种可能的解决办法,或者询问他们希望怎么办,充分听取旅客对问题解决的意见,然后确认方案,进行解决。

案例 4-15:

某航班上,一名旅客向服务员索要毛毯,服务员因为疏导旅客就座,解释说稍后为这名旅客服务。在发放毛毯的过程中,毛毯数量有限,只有10条,发放到这位客人时,有一位小旅客也需要毛毯,最终服务员把毛毯给小乘客,结果遭到了投诉。

来源:武娜. 沟通技巧学科在民航实践中的运用[J]. 当代教育实践与教学研究,2016(05):206-207.

案例分析: 在旅客提出需要服务用品时,一定请记住旅客的座位号,如果当时不能满足,稍后才能提供服务时,要注意使用语言,一定让对方感到自己受到重视,例如,可以说:"很对不起,先生/女士,您可否在座位上稍微休息一下,我会尽量最大的努力在最短的时间内为您提供服务。"

在服务用品不能满足旅客需求时,可以提前稍做说明,但是直白地说"已经没有了,发完了"会让旅客认为他们的基本权利遭到侵犯,也会带来糟糕的结果。我们完全可以换种说法:"对不起,女士/先生,实在不好意思,干净的、没用过的毛毯已经基本发完了,机上这么多老人和孩子,您可否能允许我把毛毯先发给他们,我先帮您把通风口关掉吧,需不需要给您倒杯热水?我马上会向乘务长汇报,请机组将温度调高,请您不用担心。"

拓展训练:

一、知识题

(一)填空题

1. 空中服务沟通具有_____、_____、_____、_____和_____的特点。

2. 客舱广播的内容十分丰富,主要包括_____和_____。

3. 面对旅客投诉,可以采用_____来进行处理。

(二)判断题

1. 流利性是指广播时吐字清晰,发音标准,内容表达连贯顺畅。(   )

2. 在空中服务过程中,我们要尽量满足旅客提出的所有要求。(   )

3. 沟通要看对象,根据沟通对象的需求、性格心理特点开展不同形式的沟通说服,才会有良好效果。(   )

二、技能题

(一)典型案例1

某航班在飞行过程中,旅客无法忍受颠簸,频繁地按铃,后因旅客对服务人员不满,对机长飞行技术感到怀疑,随后拨打95530投诉电话,旅客在电话中对旅行中的颠簸和客舱服务人员的态度表示强烈不满。

来源:http://www.shangxueba.com/ask/9389615.html.

思考:1. 如果你是客舱服务人员,将如何与旅客进行沟通,尽量化解旅客的不满呢?

2. 为了避免类似情景的发生,客舱服务人员可以提前做好哪些准备?

(二)典型案例2

某航班一名旅客不知在哪儿受了一肚子怨气,一上飞机,总想无理取闹,找点麻烦发泄一下情绪。乘务员看到这位旅客满脸怒容,知道他的心情一定很坏,便不失时机地主动上前与其搭话,尽可能帮助他解决烦恼。

来源:http://blog.sina.com.cn/s/blog_484024e50100016g.html.

思考:1. 请问假如你是这位乘务员,你将从哪些方面化解旅客的情绪?

2. 请两位同学进行角色扮演,分别扮演旅客和服务人员,将场景再现并妥善处理。

学习情境六　行李提取处旅客的沟通技巧

学习目标

1. 了解行李提取处的服务内容。
2. 熟悉行李提取处旅客服务沟通的类型和特点。
3. 掌握行李提取处旅客服务沟通的一般要求。
4. 掌握行李提取处常见问题处理的沟通技巧。

导引案例

南昌机场行李服务提升纪实

2016年民航局发布的《关于民航服务工作的调研报告》指出,近十年来,航班问题、票务问题和行李运输问题等一直是社会诟病的焦点,2015年行李问题投诉量占13%。另据美国FLIGHTVIEW公司对2 399名商务和旅游乘客进行的调查,接近60%的乘客希望获得更高端的服务,哪怕是多花钱。更有75%的年轻一族在调查中表示,愿意享受这些付费服务。排在前三名的服务需求有:53%的乘客愿意为实时追踪行李位置的射频识别标签服务付费;40%的乘客愿意为临时在登机口存放行李以便轻松地购物就餐而付费;37%的乘客愿意为行李优先提取而付费。行李,行李,还是行李。

江西机场集团下属的江西空港航空地面服务有限公司承担了南昌昌北国际机场约80%的行李服务保障任务。在日常运行和管理中也发现,旅客对行李的服务需求甚至超过了本人对乘机体验的需求。国内外机场虽有一定的差异性,但旅客对行李优质服务的需求是一致的。2016年春运,南昌机场在行李保障方面表现如何?江西机场人以行践言,优质保障行李,真情服务旅客,把旅客托运时的信任,还原为提取时的愉悦。

行李提取速度行业领先

春运期间,行李量大幅增加,日均达到 6 000 余件,南昌机场首件行李的提取时间一如既往地控制在 15 分钟,在国际机场协会 ACI 服务测评中,该项得分在同层级机场一直处于领先水平。

行李托运办理便捷

在南昌机场,在航班起飞前 3 小时即可办理行李托运,旅客有宽裕的时间去享受机场购物和就餐的乐趣。

野蛮装卸零容忍

南昌机场对货邮行的装卸机有着严格的要求,尤其对行李装卸有着近乎苛刻的规定,装卸人员必须做到"轻拿轻放,落地离手",在每架飞机下都有专职的监装监卸员进行监督,并且设置公司级监管员每日视频取证,从源头上最大限度地保证了旅客行李的完好率。

真情服务,感动常在

进入"钉钉"南昌机场地服全员群,会发现调度员在通报航班时刻,司机在询问行李传输进度,监装监卸员在提醒保障时间。而在现场,会看到值机员在帮忙分拣行李,司机在帮分拣员挂网,监装监卸员在帮城投公司(外包机构)搬运工装行李。为了航班优质保障,大家在切实履行本岗位职责的前提下,不分你我,互相支撑,全力以赴。各部门各岗位对行李的关注度大幅提高,形成了"齐抓共管,高效补位"的良好局面。

高效优质的行李保障,促进了乘机体验的良好延展,给旅客的温暖回家路画上了点睛之笔,一段旅程从托运行李开始,到提取行李结束,留下了一段段回味悠长的故事,真实地演绎着江西机场"红色服务",诠释了首都机场集团"中国服务"品牌的内涵,努力坚守着中国民航"真情服务"底线。

来源:http://www.iaion.com/gl/70082.html。

一段旅程从托运行李开始,到提取行李结束,一直以来行李问题就是旅客非常关注的一个问题,也是投诉较多的问题。为此南昌机场通过种种努力,采取一系列措施,优化行李运输管理程序与制度,以高效优质的行李保障,促进了乘机体验的良好延展,给旅客的温暖回家路画上了点睛之笔。因此行李运输管理是行李服务的重要保障,而旅客体验更是不可忽视的一个方面。接下来将从旅客体验的角度,对行李提取处的服务沟通做详细阐述。

 理论知识

一、行李提取处的服务内容

行李提取处是旅客到达目的地、提取行李的地方。旅客旅行是否成功,往往还取决于旅客所携带的行李物品运输的完好性和准时性。这是因为行李本身不仅有价值,而且更重要的是,它体现旅客旅行的目的,关系到旅客旅行任务的完成和生活的需要。

模块四　不同服务处所的沟通技巧

一般来说,到了行李提取这个阶段,旅客对行程的需求已经基本得到满足,随之而来的是对自己的行李安全的需求。随着客运量逐年上升,加强行李运输管理、预防行李运输差错事故的发生,已成为提高航空客运质量的重要环节。

在行李提取处,旅客的沟通内容一般根据提取行李的流程涉及两个方面:一是行李提取前,关于行李提取的具体地点、时间的询问,比如行李在哪个运送转盘提取,哪个时间段提取等。这时工作人员可以查询告知旅客提取行李的具体地点和大致时间。二是行李到达后关于行李异常情况的沟通。比如出现行李迟运、行李少收、行李破损、行李赔偿等问题的沟通。这类问题相对比较复杂,一般由负责行李查询的部门来负责,由具体的工作人员来对旅客的行李问题进行查询和帮助。

案例4-16:

借助云存储　三亚机场创新不正常行李查询服务

随着三亚凤凰国际机场(以下简称"凤凰机场")客流量的逐年提升,行李运输量也呈逐年递增态势。如何做好行李保障工作早已成为凤凰机场重点关注的问题之一。为帮助旅客在最短的时间内取回遗失物品,凤凰机场地面服务部及时改进工作措施,借助云存储技术在线信息传递共享等功能,实现场站之间的行李查询信息共享。此举不仅能有效缩短不正常行李的处置时限,提高工作效率,而且可方便旅客更为直观、便捷地查找行李。

凤凰机场地面服务部利用办公软件WPS在云端创建三亚不正常行李登记表,实时更新并修改本场接收的不正常行李信息,其他机场只需要登录本场的WPS云端网址(https://drive.wps.cn/preview#l/033b0f37c4a045d1be05aa5ecf76abb1)即可了解相关信息,帮助旅客查询、跟踪行李处理信息。与此同时,凤凰机场地面服务部行李查询员建立行李查询专用业务QQ(号码为2497133514),依托其图片相册共享功能,将本场无人认领的行李拍照上传至专用相册,以图文并茂的形式详细描述行李的显著特征,外站地面服务人员及旅客可点击查看相册中的行李照片,轻松找到遗失物品。

据悉,凤凰机场积极创新工作思路,通过云存储等技术有效提升了行李查询服务质量,使旅客能够及时、直观地处理行李问题,受到了广大旅客的一致好评。

来源:http://news.carnoc.com/list/343/343515.html.

二、行李提取处旅客沟通的类型

行李提取处旅客的沟通类型主要涉及语言沟通和非语言沟通。语言沟通包括口语沟通和书面沟通。

口语沟通涉及的内容比较多,例如,旅客询问行李提取处工作人员关于行李提取的时间、地点的沟通;针对行李晚到、行李少运、行李破损和行李赔偿的问题进行的沟通,还有利用"小蜜蜂"提醒旅客正确提取行李的广播沟通。

案例4-17:

"小蜜蜂"的大作用

"乘坐东航MU5464来自三亚的旅客请注意:请您在3号传送带等候提取托运行李,提取行李时请您仔细核对行李票号码……"行李提取区传来的广播音是转盘巡视人员的声音，这也是上海保障部浦东行李服务中心推出的"小蜜蜂"广播服务，每逢显示屏上显示航班到达时，员工们总会带好记录本、扩音器和耳麦来到转盘边，面向旅客走来的方向站好，用规范化的语言将航班号、转盘号向旅客们播报。

受限于上海浦东国际机场的设施问题，有时旅客提取行李信息不明晰，没有安装区域广播，给旅客带来不便。为了在现有设施设备运行的基础上让旅客少一些怨气，多一份满意，行李查询分部积极想办法提高服务质量，用音响效果较好的扩音设备，为进港旅客提供广播服务。

来源：http://news.carnoc.com/list/215/215408.html。

书面沟通的方式也是多种多样，主要包括在行李提取处转盘位置的电子显示屏（告知旅客关于行李的航班号、始发地等信息）、温馨提示语（提醒旅客不要错拿行李），比如"类似行李，避免拿错""请仔细核对好您的行李物品，以免拿错行李"，避免旅客错拿行李的事件发生。

在行李提取处，非语言沟通主要使用仪态语、表情语和手势语。

仪态语主要是指行李提取处工作人员的仪态，主要包括站姿、坐姿、走姿和蹲姿。需要注意的是站立服务时，一定要注意体态，按照规范站立，一方面能表现良好的精神面貌，另一方面也能展示企业的良好形象。比如站立时不能东张西望，不能耸肩驼背等。

表情语主要是指行李提取处工作人员的面部表情，主要包括微笑语、目光语等。需要注意的是，行李提取处针对行李异常情况与旅客进行沟通时，微笑要慎用，以免被旅客误解，从而不利于事情的处理。

手势语主要是指面对旅客询问时，利用手势进行指引，告知旅客具体位置，比如指示行李转盘的位置，引导其前往行李查询办公室。

三、行李提取处旅客沟通的特点

行李提取处的工作性质特点决定了其沟通的特点，主要体现在以下几个方面。

（一）沟通内容的集中性

在行李提取处，沟通内容都集中在行李，特别是异常行李上。围绕着行李迟运、行李少收、行李破损和行李赔偿的问题进行沟通。

（二）沟通对象的情绪性

由于行李提取是旅客旅程的最后一个部分，经过长时间的飞行，到达行李提取处时，旅客已经身心疲惫，耐心和容忍度都已降到最低。在这种情况下，稍有不慎，就很容易引发他们的负面情绪。面对稍长时间的等候，他们焦躁不安；面对行李少收，他们焦躁不安；面对行李晚到，他们焦躁不安；面对行李破损，他们焦躁不安。就像一座座火山，随时有可能喷发。

面对这样一群情绪激动的旅客,要与之进行沟通,显然是非常不容易的。需要有良好的心态、修养和耐心,更需要有高超的沟通技巧。

(三)沟通程序的复杂性

关于不正常行李问题,其沟通程序非常复杂,主要表现在两方面:一是原因的复杂性,导致行李不正常运输的原因是多方面的,有可能是始发站机场的原因,也有可能是到达站机场的原因,还有可能是航空公司的原因,或者是旅客自身的原因,需要一一核实,逐步落实;二是问题处理参照的规定具有复杂性,不同的机场、航空公司都有各自的规定,针对不同的情况,具体的赔偿标准和赔偿额度也不一样,这给问题的处理增加了难度。

四、行李提取处旅客沟通的一般要求

行李提取处的对客服务沟通主要集中在行李异常问题的处理方面。面对行李异常,旅客的情绪往往十分激动,容易出现过激言行,这也使得沟通变得困难重重。因此,在沟通交流中要遵循以下要求。

(一)打造良好心态,调整良好情绪

在行李提取处,服务人员与旅客就行李问题进行沟通,经常面对旅客的指责、质问,承受极大的精神压力,容易被负面情绪所包围,形成消极心态。这种情形不利于问题的处理。对此,服务人员应调整好心态和情绪。

1. 进行积极的心理建设

打造良好心态的前提就是进行积极的心理建设。所谓积极的心理建设就是积极的自我沟通。首先,要认可自身工作的价值。作为行李提取处的服务人员,我们的工作价值就在于给旅客提供帮助,帮助他们解决行李异常的问题。其次,要正确看待旅客的指责与质问。旅客只是针对这件事情的态度,而不是针对你本人的态度。再次,进行换位思考。如果换做自己出门旅行遇到行李异常的情况,也难免会焦躁不安,难免会情绪激动。服务人员要充分理解旅客的心理,并且站在旅客的角度对待行李的查询工作。无论什么原因,只要旅客的行李没有随航班同时到达,都会给旅客带来很大的不便,这种不便有时是服务人员很难想象得到的。

通过积极的自我沟通,打造良好心态,相信自己通过努力,可以帮助旅客解决行李异常的问题。

2. 进行情绪管理

行李查询处的服务人员要对自己的情绪进行管理,一方面要正确认知旅客的情绪,一般来说,旅客下了飞机以后拿不到自己的行李,很容易出现情绪问题,而服务人员就成为其情绪发泄的对象。另一方面要合理调整自己的情绪,面对没有拿到行李的旅客的过激情绪或行为,要给予理解,不能因为当前的结果不是自己造成的而感到委屈,更不能把这一心理或情绪延伸到自己的言行中,这样就容易在工作中与旅客发生冲突,给自己带来不必要的麻烦。

（二）规范语言，谨慎表达

在行李提取处，面对行李异常情况，旅客的情绪往往比较波动，也比较敏感，所以在对客服务中，也要特别注意服务语言的选择。稍有不慎，就有可能遭来旅客的非议。

1. 使用礼貌服务用语，禁用服务忌语

（1）服务用语

您好！请稍等，我帮您询问一下。

请不要着急，我会尽快为您处理。

我们正在处理，请您稍候。

对不起，做得不到位的我们一定改进。

如有您行李的消息，我们会在第一时间通知到您。

不好意思，您的要求可能超出我们的权限，我们愿意与航空公司再次沟通。

对不起，您的行李未能同机到达，我们感到非常抱歉。

（2）服务忌语

不清楚！/不知道！

不可能！/做不到！

催也没有用！/急也没有用！

别都挤在这里！

没看见我正在忙着吗？

这不是我们的原因！

这是前方站的原因，与我们无关！

这是规定，我也没有办法！

2. 情绪同步，慎用表情

在与旅客沟通中要想获得旅客的认同，就要进入对方的内心世界，从对方的感受和角度来认知同一件事情，让对方觉得被关心、被理解。

在沟通实践中采用情绪同步法，可以在劝导说服别人时取得良好的效果。情绪五步法是：同表情—倾听—同心境—同义愤—客观分析与引导。

（1）同表情：笑脸对笑脸，激情对激情，苦脸对苦脸。

（2）倾听：用心聆听，关注对方并以肢体语言反馈。

（3）同心境：设身处地，换位思考，感同身受，用"我也……我很能够理解你现在的感受，那真是……"来与他说话。

（4）同义愤：站在他的角度，与他一起感慨、一同悲痛、一同愤慨。

（5）客观分析与引导：哭过、骂过，待心情平静些后，就正面引导他，通过分析现状、积极解释、正确引导，让他从负面情绪中跳出来，进入积极情绪。

比如："我也……其实你……"（将思路引导到好的一面）。

所以面对行李异常的旅客，他们的心情往往是烦躁不安的，我们要充分理解他们的情

绪,在表情方面要与他们同步。比如明明旅客由于行李晚到已经非常着急,甚至生气了,如果相关服务人员依然微笑面对,则很容易导致旅客误解,发生冲突。

(三)反应迅速,落实行动

围绕旅客的行李问题进行沟通,说得再多再好,没有落实到行动上也是徒劳的。因此,面对行李晚到、漏装、运错地方的旅客,只有用积极的态度与热情的服务来弥补,除此以外别无办法。对于旅客,最好、最满意的服务就是马上帮他们联系、寻找。因此,行李提取处服务人员应该针对旅客这一心理,马上与始发站联系查找行李的下落,适当的时候可以把拍发的电报、传真给旅客看,以表示在积极地为旅客寻找行李。一旦有消息马上与旅客沟通,这样可以使旅客的心理得到平衡或安慰。

(四)赔偿问题,妥善处理

适当的赔偿是行李查询服务的难点。从理论上说,适当的赔偿似乎很容易,但在实际工作中很难掌握好。这一问题的难点在于:一方面对于给付旅客的赔偿,民航有一定的明文规定,作为一般的服务人员没有权利突破规定;另一方面,民航给付旅客的赔偿数额往往无法满足旅客的心理价位,令旅客感到不满意,所以在服务过程中,行李赔偿问题常常成为矛盾的激化点。

如果是航空公司方面的原因对旅客的行李造成延误,应由航空公司对旅客提供一笔临时生活费用。同时,航空公司也应及时与有关部门联系,安排下个航班及时将旅客的行李运抵目的地。

知识链接:中国南方航空公司关于行李问题的处理与赔偿标准

国内航班

1. 行李不正常运输的处理

(1)行李运输发生延误、丢失或损坏,南航或南航地面代理人应会同旅客填写"行李运输事故记录",尽快查明情况和原因,并将调查结果答复旅客和有关单位。如发生行李赔偿,可在始发地点、经停地点或目的地点办理。

(2)因南航原因使旅客的托运行李未能与旅客同机到达,造成旅客旅途生活不便,南航按规定给予旅客临时生活用品补偿费人民币100元。

2. 行李赔偿

(1)南航的责任

① 旅客的托运行李从托运时起到交付时止,如发生延误、丢失或者损坏,南航应当承担责任。

② 南航证明为了避免延误损失的发生已经采取了一切必要的措施或者不可能采取措施的,不承担责任。

③ 托运行李的损失完全是由于行李本身的自然属性、质量或者缺陷造成的,南航不承

担责任。

④ 由于旅客行李内装物品造成该旅客伤害或其行李损害,南航不承担责任。由于旅客行李内装物品对他人造成伤害或对他人物品或南航财产造成损害,旅客应当赔偿南航的所有损失和由此支付的一切费用。

⑤ 对于旅客在托运行李内夹带的不得作为托运行李运输的物品的丢失或损坏,南航只按一般托运行李承担赔偿责任。

⑥ 在联程运输中,南航仅对发生在南航承运的航线上的行李的损失承担赔偿责任。

(2) 赔偿限额

① 旅客的托运行李全部或部分损坏、丢失,赔偿金额每千克不超过人民币 100 元。如行李的价值每千克低于 100 元时,按实际价值赔偿。

② 旅客丢失行李的重量按实际托运行李的重量计算,如果无法确定丢失的行李重量,每一旅客的丢失行李最多只能按该旅客享受的免费行李额赔偿。

③ 行李损坏时,按照行李降低的价值赔偿或负担修理费用。行李箱损坏,赔偿金额按行李箱自身重量每千克不超过人民币 100 元。

④ 旅客的丢失行李如已办理行李声明价值,南航应按声明的价值赔偿。行李的声明价值高于实际价值时,按实际价值赔偿。

⑤ 由于发生在上、下飞机期间或飞机上的事件造成旅客的自理行李和免费随身携带物品灭失,南航承担的最高赔偿金额为每位旅客不超过人民币 3 000 元。

⑥ 行李赔偿时,对赔偿行李收取的逾重行李费应退还,已收取的声明价值附加费不退。

⑦ 构成国际运输的国内航段,行李赔偿按适用的国际运输行李赔偿规定办理。

⑧ 已赔偿的旅客丢失行李找到后,南航应尽快通知旅客。旅客可将自己的行李领回,退还全部赔款,但临时生活用品补偿费不退。发现旅客有明显的欺诈行为,南航有权追回全部赔偿。

(3) 赔偿要求

旅客的托运行李丢失或损坏,应按索赔期限向南航或南航地面服务代理人提出赔偿要求,并随附客票或行程单(影印件)、行李牌识别联、"行李运输事故记录"、证明行李内容和价格的凭证以及其他有关的证明。

(4) 索赔期限

托运行李发生损失时,如有索赔要求,有权提出索赔的人应当在发现损失后向南航书面提出异议。托运行李发生遗失的,至迟应当自收到托运行李之日起 7 天以后至 21 天以内提出;破损或污损行李必须在离开行李认领区域前向承运人(或其代理人)提出申明办理运输事故记录,并且在提出申明之日起 7 天以内提出索赔;托运行李发生延误的,至迟应自托运行李交付旅客处置之日起 21 天内提出。

国际航班

1. 行李不正常运输的处理

(1) 如果您的行李发生延误、丢失或损坏,请到南航或南航地面代理人的行李服务柜台,我们的工作人员会与您一起填写"行李运输事故记录",尽快查明情况和原因,并将调查结果答复旅客。如发生行李赔偿,可在始发地点、经停地点或目的地点办理。

(2) 因南航原因使旅客的托运行李未能与旅客同机到达,造成旅客旅途生活的不便,应给予旅客适当的临时生活用品补偿费。

2. 行李赔偿

(1) 赔偿限额

① 对于符合《蒙特利尔公约》条件的航班,每名旅客托运行李和非托运行李赔偿限额为 1131 特别提款权。

② 对于符合《华沙公约》标准的航班,行李赔偿限额为每千克 17 特别提款权。如行李的实际损失低于此标准,将根据行李的实际损失进行赔偿。非托运行李的赔偿限额为 332 特别提款权。

特别提款权的价值约为 1.37 美元,其兑换率可上下浮动。

③ 如果客票内未记录托运行李的重量,则用于计算赔偿额的行李重量不得高于该旅客相应舱位等级所享受的免费行李额。

(2) 索赔和诉讼时限

① 提出异议时限。

——旅客在发现托运行李发生损失的情况下,须立即向南航提出异议,最迟应从收到行李之日起 7 个工作日;在行李延误的情况下,任何异议最迟应从行李交付旅客之日起 21 个工作日提出;

——任何异议必须以书面形式在上述规定的时限内提出。

② 索赔诉讼应在飞机到达目的地之日起,或从飞机应该到达之日起,或从运输终止之日起 2 年以内提出。

来源:http://www.csair.com/cn/tourguide/luggage_service/luggage_lost_delay_damage/inquiry_lost/.

五、行李提取处常见问题的沟通技巧

(一) 少收行李处理的沟通技巧

航班到达站无法将应随旅客同机运达的托运行李交付旅客,称之为少收行李。旅客在航程的目的地或中转站出示行李牌后取不到自己随机托运行李的情况,也属于少收行李。

知识链接:少收行李处理原则

1. 旅客乘坐航空公司航班至终点站或中转站时,航空公司有责任负责处理整个少收行李的查询和处置业务,直到最终解决,无论该旅客是否继续旅行或者已经找到行李。

2. 当乘坐航空公司航班的旅客在中转站发现行李丢失后,本公司行李查询部门应该在该旅客到达最终目的地前向中转站或终点站拍发 AHL 电报查询丢失行李。

3. 除有义务为旅客提供查询服务之外,在旅客乘坐航空公司航班时发生少收行李,属

于以下任何一种情况,航空公司不承担运输责任(即不予支付临时生活费、不予赔偿、不承担运送费用及报销车费等):

不能出示全程机票或登机牌;

不能出示行李牌存根或证明其托运过行李的证据;

行李牌存根上的目的地非本航站(非航空公司原因造成);

旅客未在航班到达地当场报失,或事后报失不能提供证据证明是由航空公司造成的。

来源:卢竹.民航旅客运输[M].上海:上海交通大学出版社,2016.

旅客面对行李少收的情形时,心情一定会受到影响,情绪也容易激动。此时,服务人员应充分把握旅客的急切心理,认真处理好行李少收的情况。具体处理如下。

1. 安抚情绪,表示歉意

旅客面对不知去向或下落不明的行李,内心的焦虑是毋庸置疑的。作为服务人员,首先要安抚旅客的情绪。此时旅客的心理是比较敏感的,服务人员稍有怠慢,很容易导致旅客不满,从而引发矛盾和冲突。这个时候切忌"事不关己,高高挂起"的态度,要进行换位思考,让旅客感受到你的诚意。参考语言:"先生/女士,我非常理解您此时的心情,如果换作是我,遇到这样的事情,心情也会很糟糕。"其次,代表航空公司向旅客致以歉意,让旅客感受到解决问题的态度。

2. 详细询问,了解情况

这个环节,需要仔细询问旅客相关信息,核实行李少收发生的事实,核实具体责任的承担。具体询问旅客情况,询问旅客是否有随行同伴,告知姓名、人数和当时地点,排除丢失行李被其同伴错领的可能;询问旅客的客票情况(核实是否具有行李牌),查验票证,进一步了解行李少收的原因(迟交运、行李错拿、错挂、中转、改签等),核实旅客申报是否属实。核实的依据包括:托运行李记录;是否支付逾重行李费;行李牌号;行李牌或其他免责行李牌的目的地;AHL电报注明的行李牌号。一旦旅客申报属实,就进入查找阶段。

3. 依据线索,多方查找

在查找之前,应及时告知旅客查找行李的相关程序,查找所花的大致时间和查找后可能出现的几种结果。提前告知,一方面让旅客了解服务人员的工作进展,另一方面合理调整心理预期,缓解焦虑的情绪。查找的大致线索是:对照本站多收行李记录、外站多收行李和运送行李电报查询丢失行李,进行本站查询、相关航站电报及电话查询。在本站对飞机、装卸设备、海关、货运部门以及可能经过的地点进行检查,查找丢失行李。

4. 查找未果,解释说明

现场查询一段时间,仍未发现行李线索,及时进行解释说明,如实告知旅客,详细告知旅客接下来的查询步骤:首先填写"行李运输事故记录单",附上旅客提供的行李牌的旅客联合登机牌;接着根据"行李运输事故记录单"向各承运航空公司的行李查询部门和本公司的行李查询中心拍发AHL电报;接着对这次少收行李事件的处理进行登记;然后根据情况请旅客填写遗失物件问卷,最后根据旅客的实际情况和航空公司的规定支付临时生活用品补偿费。关于补偿费用的支付,一定要好好与旅客进行解释,力求既能满足旅客的实际需要,又不违反航空公司的有关规定。

5. 定期联系,告知进展

接下来的查询工作并没有结束。服务人员需定期或在规定的时限内告知查询的进展情况。如果少收行李到达,及时联系旅客并将行李完好地交付旅客。

6. 确认丢失,进行理赔

通过长时间、多渠道查询,仍旧没有行李下落,超过规定期限后,可以确认行李丢失。一旦确认丢失,及时联系旅客,并就赔偿问题进行协商。协商的原则是既不损害航空公司的利益,又能充分考虑旅客的实际情况,这需要服务人员与旅客进行真诚有效的沟通。

(二)污损/破损行李处理的沟通技巧

行李破损是指在运输过程中旅客所托运的行李的外部受到损伤或行李的外部形状改变,因而使行李的外包装或内装物品的价值遭受损失。

1. 受理事件,安抚情绪

当有旅客投诉出现行李破损时,首先应表示对此事件的歉意,尽量安抚旅客的心情。

2. 查明原因,明确责任

根据行李破损的相关情况进行核实,以查明原因,明确责任。如果属于在运输过程中的正常现象,应耐心向旅客解释,因为在正常的行李运输过程中,行李箱包也会受到一定损耗,如轻微的摩擦、凹陷或表面沾染少量的污垢等。这些轻微摩擦,承运人不负责任。

如果是行李本身的原因造成的,承运人也不负责任。比如检查行李上是否拴挂"免除责任行李牌",如有拴挂,属于免责情形之内的不予承担责任;查看旅客行李凭证,查看行李牌上是否注明"行李托运前已破损"或"包装不符合规定"等字样,如果有则不承担责任。会同旅客检查行李外包装的损坏情况:是否有人为的开、撬现象,破损痕迹的新旧、行李本身的包装是否符合规定等,并尽可能明确责任。

如果是超过正常损耗的污损或破损,承运人应当负赔偿责任。

3. 承担责任,进行赔偿

一旦责任明确,是航空公司的原因造成的,就应承担责任,积极赔偿。这时需请旅客填写"破损行李事故记录单"作为索赔的依据,记录单在填写时应达成一致。比如针对填写事项对旅客进行说明,特别是涉及专业术语时,更要解释,以利于旅客的理解,保证后续赔偿问题的顺利解决。同时还需填写"旅客行李索赔单",索赔单的填写也要对旅客进行说明,告知航空公司关于赔偿的有关规定,确保旅客合理预期,有助于赔偿问题的妥善处理。

(三)托运行李内物品被盗丢失的处理沟通技巧

在行李运输中,有时还会遇到旅客收到托运行李时,外包装完好无损,但行李内物品出现短缺的情况,造成这种情况的原因大多是在运输过程中行李被盗,遇到类似问题的服务沟通应明确以下几点内容。

1. 提出行李内物品被盗的时间

旅客在提取行李时,如果没有提出异议,即视为托运行李已完好交付。事后旅客又提出行李内物品被盗或丢失,除非旅客能提供证明是由于承运人的过失造成,否则承运人可不承担任何责任,但应协助旅客查找。所以应明确提出被盗的时间是提取时,还是提取结束后。

2. 关于被盗物品的责任问题

旅客在提取行李时,提出所托运的行李内物部分被盗或丢失,并要求承运人赔偿时,因一时难以明确责任,承运人应详细询问旅客,并请旅客书面提出被盗或丢失物品的价值。如属于承运人责任,应负责赔偿。

3. 关于被盗物品种类、金额的问题

旅客在托运行李内夹带现金、贵重物品等,一旦丢失或被盗,如属于承运人责任,承运人只按一般托运行李承担赔偿责任。

4. 明确责任,查找源头

发现托运行李内物短缺,应立即通知装卸部门和运输部门的值班领导到现场查看情况,检查该到达行李的交付过程,记录卸机、运送行李和交付行李的经办人员名单,尽可能找到疑点。短缺严重的要向保卫部门或公安部门报案。

5. 书面单据,填写记录

会同旅客填制"行李运输事故记录单(P/LOST)"一式两份,一份交旅客作为赔偿凭证,一份留行李查询部门存查。如承运人责任已解决,仅填制一份作为存查之用。

填制"行李内物短缺报告",作为对"行李运输事故记录(PIR)"的补充。

填制"行李内物短缺赔偿工作表"是为了较准确地判断托运行李内物被盗或丢失应赔偿的金额,填写此表与"行李运输事故记录(PIR)"和"行李内物短缺报告"共同构成调查和赔偿的依据。

6. 拍发电报,协助查找

向有关航站行李查询部门拍发托运行李内物被盗或丢失电报。有关站收到电报后,应立即协助查找。若找到,可按"速运行李"运送到查询站。贵重物品、易碎物品或小件物品应交乘务长带到目的站。

拓展训练:

一、知识题

(一)填空题

1. 行李提取处旅客的沟通特点是_____、_____、_____。
2. 为打造良好心态,需要进行积极的_____,需要进行_____。
3. 在就行李破损问题与旅客进行的沟通中,_____常常成为矛盾的激化点。

(二) 判断题

1. 在与旅客就行李异常问题进行沟通时,需要一直保持微笑。(　　)
2. 通常所说的少收行李是指到达少收行李。(　　)
3. 对于在行李运输过程中发生的行李轻微破损情况,应耐心向旅客解释,同时航空公司应进行赔偿。(　　)

二、技能题

(一) 典型案例1

2015年9月4日,王先生从上海搭乘的飞机抵达大连机场,但托运的两件行李少了一件。机场工作人员为他办理了"行李运输事故记录"并让他先回去等消息。20多天后,航空公司在大连机场的地面代理单位致电王先生说行李仍没有找到,愿意赔偿,丢失的行李总重2.8千克,按每千克100元的标准赔偿。王先生说,行李里有1部新的苹果手机和1台摄像机,仅这两件物品就价值10 000多元,刘先生愤怒地说:"这些损失,怎么能按重量来计算?"

来源:卢竹.民航旅客运输[M].上海:上海交通大学出版社,2016.

思考:1. 你认为在案例中旅客提出的赔偿要求合理吗?

2. 类似这种少收行李的情况,航空公司应如何与旅客进行沟通?

(二) 典型案例2

2014年6月12日,旅客刘女士乘飞机从青岛经北京转往杭州。在杭州机场发现一件交运的行李未同机到达,想起行李内装的20万元巨款和一台笔记本电脑,刘女士顿生不祥之感,快步来到行李查询柜台申报,因事关重大,杭州机场行李查询部门提醒旅客向机场警方报案。

接到杭州行李查询的电话后,航空公司北京行李查询处当班工作人员立刻通过信息系统,调取到航班上一件多收行李上的旅客信息,通过中航信息系统确认这件多收行李被错拿。而此时,这件多收行李的主人,已经携刘女士的行李赶回河北的家。

借助于信息系统中记载的旅客联系方式,在北京行李查询和警方的共同努力下,装着巨额现金和手提电脑的行李,终于在13日下午被送回北京行李查询处。根据承运人运输规定,行李内不得夹带现金和贵重物品,这件被找回来的行李不能用航空运输的方式发回杭州机场,旅客刘女士又不同意汇款,所以最终旅客自己购买了一张杭州至北京的机票,前往北京取回了这件行李。

来源:卢竹.民航旅客运输[M].上海:上海交通大学出版社,2016.

思考:1. 你认为航空公司的做法是否妥当?

2. 航空公司的行李查询部门应如何就行李问题与刘女士进行沟通?

模块五

突发事件的服务沟通技巧

学习情境一　旅客运输不正常服务沟通技巧

学习目标

1. 了解旅客运输不正常的种类,掌握误机、漏乘、错乘的服务沟通技巧。
2. 掌握与登机牌遗失的旅客服务沟通的技巧。
3. 掌握航班超售时服务人员的服务沟通技巧。

导引案例

机场问询员温情服务　感动两位漏乘老人

一对老夫妇来到南宁吴圩国际机场的问询处,询问他们赶明早的航班,晚上是否可以留在候机大厅休息。机场服务人员告诉两位老人,晚上候机厅要清场,是不能留宿的。那位老妇人听后着急地说:"那可怎么办呀,我们家中有亲人过世,刚买了机票从海口赶回贵阳,但是下飞机出站才发现是南宁。现在身上只剩下几十块钱了……"原来这对老夫妇是乘航班从海口到贵阳的,在南宁过站时漏乘,现已改签明早飞往贵阳的航班,但身上的钱仅够吃顿饭的了。机场服务人员一面安慰旅客不要着急,一面立即将此事向当日值班队长汇报。值班队长赶到现场后,经核实情况立刻做出决定:帮助联系酒店安排住宿,让饭店来车接两位老人休息;并向酒店垫付了住宿费用,安排第二日"红马甲"引导,确保旅客顺利乘机。两位老人非常感动,因为家里亲人过世很悲痛,一路强忍泪水,但这一刻却因为人间温暖而不禁落泪。第二天,两位老人在特服人员的引导下到达登机口时,一再表示感谢:愿好人一生平安!

来源:http://news.carnoc.com/list/204/204628.html.

　　无论从旅客角度还是机场、航空公司角度而言,都不愿意发生运输不正常的情况。在不断努力提高和完善服务的同时,却总也避免不了一些突发事件的发生,作为民航服务人员,一定要充分理解旅客的需求,及时了解旅客的想法和心态,并以优质的服务和贴心的沟通去感化旅客。

　　通常情况下旅客购买客票后,无论任何情况,旅客必须按照承运人规定的时间到达乘机手续办理处和登机口。为保证航班正点,如旅客未按承运人的规定办理乘机手续,承运人可以取消旅客订好的座位和安排好的座位。承运人对由于旅客原因未能乘机而产生的损失或费用不负责任。但由于某个环节中的差错,如客票出售后或因客票填写时的差错、值机工作人员办理航班时出错,以及航班飞行过程中出现的特殊情况,或由于旅客乘机过程中的种种原因导致的个人失误,造成旅客未能如期完成客票上所列航程的旅行,称之为旅客运输不正常。出现旅客运输不正常情况,不仅给旅客带来不便,也会给航空公司带来经济效益和社会效益上的损失。服务人员所要做的是主动热情、耐心细致,并及时为旅客解决困难,为其提供便利。旅客运输不正常情况主要包括误机、漏乘、错乘、登机牌遗失、航班超售等类别。在服务沟通方面要站在"换位思考"的角度上考虑问题,把自己转换到乘客角度考虑其感受,不发生与旅客争吵和不文明的言行举止,尽快为旅客解决实际困难,最大限度地挽回可能造成的损失。

理论知识

一、误机

（一）误机的含义及原因

1. 误机的含义

误机是指旅客未按规定的时间办理乘机手续或因旅行证件不符合规定而未能乘机。

2. 误机的原因

造成旅客误机的原因包含很多方面,如因非承运人原因发生此问题,站在旅客心理角度分析,旅客能够意识到问题的发生源于自身,虽然也会由此产生不良的情绪,但大部分旅客都能够自我调控,而这种情绪的调控会使旅客产生另外一种需求,那就是尽快把问题解决。相反,如果由于承运人原因造成旅客误机,如客票上的日期、起飞时间填写错误以及航班衔接错失等,就会促使旅客另外几种不良情绪的产生。这种情绪的产生是建立在旅客对航空公司服务的期待与信任上,可是由于承运人的服务失误,旅客心中的期待与信任转化成失望,甚至是怀疑、焦虑、愤怒等不良情绪,这时就需要民航工作人员具备良好的沟通技巧与服务态度。对旅客深表歉意,不忙于辩解,快速采取解决办法,优先安排旅客乘坐后续航班或签转给其他承运人承运等。

（二）误机旅客的服务及沟通技巧

根据《中国民用航空旅客、行李国内运输规则》的规定,旅客误机后,经航空公司工作人员确认后,应到乘机机场或原购票地点办理客票变更或改乘航班,即重新预订航班座位,变更航班、日期和舱位等级,也可以办理退票(团体旅客除外)。在为旅客办理相关服务工作的同时,民航服务人员应积极热情,及时关注旅客因当前误机情况产生的情绪,主动与旅客沟通,注意沟通态度,尽快帮旅客解决问题。

旅客误机后,与旅客沟通过程中首先要询问旅客后续意愿,如旅客要求继续旅行,在后续航班有空余座位的情况下予以办理,免收误机费(团体旅客误机,客票作废,票款不退(承运人原因除外));但持有在航班规定离站时间前72小时以内变更过航班、日期客票的旅客应交付客票价5%的误机费;未获得误机确认的旅客,如果要求继续旅行,应交付客票价20%的误机费;旅客误机变更后,如要求再次变更航班、日期,应交付客票50%的变更手续费。旅客误机后,一些旅客还有退票需求,承运人根据规定收取误机费。例如,有些航空公司规定:旅客在所乘航班停止办理乘机手续后,航班离站时间前要求退票的,收取客票价20%的误机费;在航班离站时间后要求退票的,收取客票价50%的误机费(各航空公司规定不一,一般收取原付票款的30%~50%,具体按照实际情况进行)。在服务沟通当中,向旅客介绍误机等相关解决办法时,要注意语速平缓,耐心细致,特别是当旅客实际意愿确定后会涉及误机费问题,一定要和旅客讲解清楚,及时有效地为旅客提供最快捷的解决办法,不可不耐烦、语气生硬,造成不必要矛盾的发生。

知识链接:东方航空公司有关旅客出行提示

1. 如何避免人为误机?

① 春运期间客流量猛增,高峰期机场周边交通容易出现拥堵,建议旅客提早出门前往机场办理值机手续,以免耽误出行。

② 为避免地面交通塞车误机,建议旅客尽量乘坐地铁前往机场。

③ 春运期间安检通道人员较多,已办理值机手续的旅客请尽快通过安检至相应登机口候机。

2. 发现快到值机柜台关闭时间了,该怎么办?

可以使用东航网上值机、手机值机、短信值机功能,在路上办理乘机手续,如果旅客已在候机楼,可以通过移动值机、二维码扫描手机值机、自助值机等方式办理乘机手续,避免排队。

3. 误机了怎么办?

未值机旅客误机可直接在现场售票柜台办理改签手续,或在各值机区域的候补柜台候补后续出发航班。搭乘虹桥机场起飞航班,已值机旅客误机被减客后,可通过问询台进行登机口改签或候补,避免来回奔波。

4. 东航为了减少旅客误机,采取了哪些措施?

① 春运期间将会开辟晚到旅客着急专柜,为在值机即将关闭时间抵达机场的旅客提供最快办理的程序。

② 值机柜台员工在为旅客办理手续时录入旅客联系方式,登机召集时,可及时联系旅客确切方位和动向,最大限度确保旅客成行。

来源:中国东方航空公司官网

二、漏乘

(一)漏乘的含义

漏乘是指旅客在航班始发站办理乘机手续后或在经停站过站时,未搭乘上指定的航班。通过定义的字面意思,可以了解到漏乘的旅客包括两个类别:第一类是办理完乘机手续之后的始发旅客,第二类是过站经停的旅客。发生旅客漏乘应首先查明漏乘原因,根据不同漏乘原因进行处理。

(二) 漏乘原因

按照旅客类型分类,可分为过站旅客漏乘和始发旅客漏乘。

1. 过站旅客漏乘

(1) 过站旅客到达经停站后,注意力不集中,个人认为已经到达目的站,下机后没能注意到机场的标识标牌以及工作人员的提醒,直接走出候机楼,选择乘坐其他交通工具前往下一目的地,导致漏乘。

(2) 过站旅客已知自己到达的是经停站,同时也换取了工作人员发放的过站登机牌,但是在候机隔离厅内因购物、上洗手间、看书报、睡觉等原因,导致精力不集中,没有注意登机广播,导致漏乘。

2. 始发旅客漏乘

(1) 旅客办理完登机牌进入隔离厅之后,在错误的登机口休息等待,没有注意听登机口广播和标识大屏幕提醒,或在洗手间、吸烟区域、看书报、娱乐放松、逛商店、用餐等,导致漏乘,这一类情况在所有漏乘旅客里面比较多。

(2) 旅客本身到机场时间就很晚,已经结束办理乘机手续,机场工作人员为了给旅客提供方便给予办理,但该旅客在过安全检查和到达登机口的过程中花费了过多的时间,无法登机,造成漏乘。

(3) 旅客办理完手续进入隔离厅后,登机牌丢失,需要重新补办,在补办的过程中超过了最后登机时间,无法登机,造成漏乘。

(4) 机场登机口临时变更,广播通知变更登机口,旅客没有注意广播通知,也没有注意听登机广播,导致漏乘。

(5) 由于机场设施原因(电力系统、离港系统、安检仪器、广播系统等),导致旅客不能够办理登机牌或者不能进行安全检查、没有听到登机广播,造成漏乘。

(6) 由于航空公司对于登机关闭舱门时间的特殊规定,而旅客按照计划起飞时间来登机,造成航班已走,旅客未能够登机成行,造成漏乘。

以上都是机场经常遇到的过站旅客和始发旅客漏乘的情况。当然,每个机场都有各自的特殊情况,这些类型并不代表全部漏乘情况,具体要按照实际情况的发生来处理。

(三) 漏乘旅客的服务及沟通技巧

1. 漏乘旅客的服务

通过对旅客漏乘情况的分析,可以根据旅客漏乘的原因有针对性地开展服务沟通。

由于旅客原因造成漏乘,发生在航班始发站,按误机有关规定处理,即旅客可办理改乘后续航班,也可以办理退票;发生在中途站,不得改乘后续航班,按旅客自动终止旅行处理,该航班未使用的航段的票款不退。

由于承运人原因造成旅客漏乘,承运人应尽早安排旅客乘坐后续航班成行,并按航班不正常的相关规定,如旅客要求退票(航程改变或承运人不能提供原订座位时,旅客要求退票,始发站应退还全部票款,经停地应退还未使用航段的全部票款,均不收取退票费),承运人应承担漏乘旅客等候后续航班期间的相关服务。

根据以上处理办法可以了解到如果因为承运人原因导致旅客漏乘,旅客不会付出额外的机票成本,主要是在时间安排以及行程方面受到损失。所造成的漏乘由于承运人的快速反应,及时疏导,事情往往可以比较圆满地解决,所以由承运人原因造成的漏乘占极少数。而由旅客自身原因造成漏乘,则需要支付机票改签、退票方面的费用以及时间安排和行程耽误造成的一系列损失。这个后果往往导致旅客的情绪变得焦虑,心理压力增大。同时,旅客在这种时候都会把所有的过错归于机场和航空公司,造成投诉量的增加,给机场及航空公司形象造成一定损害。

2. 漏乘旅客的沟通技巧

在机场,几乎每天都有漏乘的旅客。这些旅客在没有赶上飞机之后,情绪上都是比较难以控制的,往往会把情绪发泄在机场工作人员身上。作为民航工作人员,应该抱着理解的态度去与旅客沟通。不论是过站旅客还是始发旅客漏乘,都不是故意为之。无论责任出于承运人还是旅客自身,未能乘机、造成经济损失都已经形成既定事实,所以民航服务人员在服务与沟通时,要充分认识到这一点,抱着尽量帮助旅客的态度和理解旅客的态度去处理,这样就能够有一个较好的思想定位。避免在处理过程当中,因工作人员思想上的不理解,在语言上给旅客造成误解,导致旅客把对漏乘的抱怨转换为对工作人员服务态度的不满。同时在服务及沟通时要关注信息的全面性,每位漏乘旅客所遇到的问题都不太相同,每一种原因都有诸多分类,所以要能够倾听旅客的描述,再找相关的岗位员工了解清楚当时的状况。在了解到各方所描述的情况后,才能够做出一个较全面的评估,并最大限度地帮助旅客,避免在处理过程中让旅客误解。

工作人员在服务程序环节中,也可以用声音,如触发广播对旅客进行另外一个层面的提醒,来减少注意力不集中的过站旅客漏乘;同时对于晚到旅客手续办理,一定要谨慎,在处理这一类旅客时要充分考虑到登机状况、剩余的时间,要做好信息的传递与沟通,如有特殊情况发生,可考虑工作人员全程引导。

综上所述,可以了解到在机场旅客漏乘的情况有很多类型。旅客出现漏乘之后,给旅客自身、机场和航空公司都会带来很大的麻烦。在工作中要尽力去完善工作流程、硬件措施来减少旅客漏乘情况的发生。在处理旅客漏乘时,工作人员要遵照"充分理解、全面了解、尽力帮助"的原则。程序规范、服务态度明确,可以大大减少机场旅客的漏乘现象,也能够尽力帮助漏乘的旅客,让他们对机场的服务满意。同时在工作中对于漏乘的旅客还要有后续的关注,当漏乘旅客办妥手续登机后,客舱服务人员同样要以优质的服务来缓解旅客旅途中不愉快的心情。

案例 5-1:

相对于服务技巧,真心更容易打动旅客

2016 年 11 月,航班 CA4319 执行由重庆到广州的航班任务。旅客还在登机阶段,一名旅客一上机就提出要见当班乘务长,乘务长凭着多年的经验立即意识到旅客可能在地面遇到了不顺心的事情,于是面带微笑地来到旅客身边,耐心询问旅客情况后得知,这名旅客由于在候机楼购物,没听到地服登机广播,导致原订的航班行程取消,怀着满腹的怨气,踏上了本次航班,并表示要在相关媒体上投诉。虽然旅客并不是对自己的航班提出不满,乘务组也没有任何的责任。但乘务长想的却是:"如果我是旅客,漏乘了航班我也会生气的。"站在旅客的角度想问题、看问题,是她多年来养成的服务习惯。她说只有把自己当作旅客,才更愿意去满足旅客的服务需求。于是她首先真诚地对旅客说:"今天让您旅途心情不好,我们真的很抱歉。"然后面带笑容将旅客带到自己的座位上,亲自端来一杯热茶,在随后的整个客舱服务中,乘务长一直重点关注这名旅客,每次巡舱的时候,都要主动来到该旅客身边,问询他是否有服务需要,同时先后致歉了三次。当旅客下机的时候,主动找到乘务长说:"我原本真想下去投诉的,但你的服务让我的怒气全消,我今天亲身感受到了国航的服务精神,真的很佩服。"

来源:http://news.carnoc.com/list/387/387927.html。

案例分析:该旅客是带有不满情绪登机旅行的,原因在于在机场里没有听到登机广播,造成漏乘现象的发生。即便机场工作人员已为其解决问题,乘坐本次航班,但该旅客不愉快的心情是可以理解的。案例中乘务长能够站在旅客角度思考问题,虽然旅客的不满与本次航班机组服务没有直接关系,但民航服务是一个整体的大系统,无论在机场地面环节还是飞行客舱环节都应为旅客提供最完善的服务,缺一不可。乘务长能够认真倾听旅客的抱怨,因为有时在服务沟通中抱怨也是人们发泄情绪的一种方式,而所抱怨的内容并不一定是真正需要解决的问题。乘务长在倾听后并没有再次辩解漏乘问题,而是采取了真诚用心的服务方式,不断问候、安抚、关注等,让旅客在旅途中平复情绪,并也能感受到乘务长的用心与真诚。所以在一些突发事件发生后,结合旅客心理,用心的服务与沟通是非常重要的。

三、错乘

(一)错乘的含义

错乘是指旅客乘坐了不是客票的适用乘机联上列明的运输地点的航班。

(二)错乘旅客的服务及沟通技巧

错乘与误机、漏乘有着相似之处,都属于旅客运输不正常的范畴,所以在服务错乘旅客时,依然要熟练掌握其服务程序与流程,站在旅客立场,帮助旅客解决问题。具体为错乘旅客服务的程序如下。

1. 由于旅客原因造成错乘

在始发站发现旅客错乘,承运人应安排错乘旅客搭乘最早飞往旅客客票上列明的地点的最早的航班,票款不补不退。在中途站发现旅客错乘,应中止其旅行,承运人应尽量安排错乘旅客搭乘飞往旅客客票上列明的目的地的直达航班,票款不补不退。

2. 由于承运人原因造成旅客错乘

承运人首先应向旅客赔礼道歉,道歉过程中态度要诚恳真诚,无论旅客当时是否有负面情绪,都应耐心倾听旅客的描述,妥善安排旅客,并应承担错乘旅客在等候后续航班期间的其他服务内容。在始发站发现旅客错乘,承运人应安排错乘旅客搭乘飞往旅客客票上列明地点的最早的航班。如旅客要求退票,按非自愿退票处理;在中途站发现旅客错乘,应中止其旅行,承运人应尽量安排错乘旅客搭乘飞往旅客客票上列明的目的地的直达航班。如旅客要求退票,按非自愿退票处理,退还自错乘地点至旅客客票上列明的目的地的票款。但是,任何情况下退款都不得超过旅客实付票款。

案例 5-2:

机场爱心传递,错乘旅客安然到家

2015 年 1 月 13 日晚 19 时,一个右手受伤背着行李包的旅客一脸焦急地走进南通机场问讯处求助:因错乘航班不能回家,希望能得到帮助。经了解,旅客胥某(55 岁)为四川南充人,家境贫困,现在北京打工,是一家银行的保洁员,上班才第三天就不慎摔跤导致右手骨折,钱没有赚到还要花费一笔不少的治疗费,于是胥某决定回老家南充继续医治。为了节省开支,胥某原本准备乘火车回家,和她一起工作的姐妹得知后,凑钱让她坐飞机回南充,尽早接受治疗。由于文化程度不高,南充和南通的发音又比较接近,结果胥某的朋友错买了北京飞往南通的机票。下了飞机,胥某才知道坐错地方了,慌了神,人生地不熟地只能向机场求助。老人普通话不标准,同时因为着急说话没有逻辑性,但机场工作人员认真耐心地倾听老人的描述,通过观察老人的表情,了解情况后,考虑到胥某年纪较大,右手骨折,南通也没有直达南充的火车,转站扬州非常不方便,随后决定传递爱心,组织机场工作人员捐款资助胥某购买南通—成都的机票,并准备了南通特产送其回家。虽然近期机票紧张,在机场公司领导的帮助下,还是为胥某争取到 14 日中午的一张机票,并就近安排其到宾馆住宿,次日早晨派专人将胥某接到了机场为其送行,并与机组进行了沟通,尽可能地给予胥某帮助。其间,为安慰老人,机场工作人员与胥某的儿子也一直保持联系,直至胥某安然到家。14 日下午,老人专门从老家打来电话,感谢南通机场的热情帮助,今后她将永远记得南通市、南通兴东机场,还有机场所有帮助过她的工作人员。

来源:http://news.sina.com.cn/o/2013-05-12/064827096741.shtml。

案例分析: 面对一些不正常旅客运输情况,我们只有积极、主动与旅客沟通,表明我们的态度和诚意。重要的是从旅客的角度考虑,并及时向旅客提供合理的、应该提供的全部服务。和旅客进行感情沟通,不能用任何理由在对旅客的服务上打折扣,才能赢得在各种不正常运输情况下旅客的理解,将旅客的不满、抱怨、焦急等情绪及时化解。同时在与旅客沟通中,倾听是获得旅客信息的重要手段,但更是帮助旅客发泄情绪的有效手段,真诚地倾听旅客描述,可以建立旅客对民航的信任。

四、登机牌遗失

(一)登机牌

登机牌,英文名称是 boarding pass 或 boarding card,也有人称之为登机证或登机卡。

它是航空公司在验证了旅客有效机票和身份证件后为旅客提供的登机凭证。旅客在安检、登机、转机时必须向工作人员出示登机牌，因此在每位旅客的空中旅行过程中，登机牌都扮演着不可或缺的角色。同时，作为中国民航高速发展的记录者和见证者，登机牌自身也在不断革新中变迁。

知识链接：登机牌的"演变史"

常见的登机牌绝大多数为硬纸卡，大小形状不一，1997年后国内统一使用长方形，约80毫米宽、200毫米长，正面印有机场、航空公司或民航机构的名称和徽记，以及可供填写乘机人姓名、航班号、航班起始站、座位号、舱位等级、日期与登记时间、登机口等内容，部分登机证还注明允许吸烟航班或禁烟航班的标志。根据机票的等级，登机牌通常可分为4种，分别为经济舱登机证、头等舱登机证、公务舱登机证和过站登机证。20世纪80年代之前，我国使用的登机证印制十分简单，多为手工填写和加盖橡皮戳记。随着电脑技术的广泛应用，现在所有机场或航空公司都采用电脑打印。近年来，登机牌的印制更加精美，背面还出现了不少广告内容，成为引人入胜的集藏品种。乘坐民航班机，登机牌必须人手一张，婴儿也不例外。下面我们一起了解一下登机牌的"演变史"。

手写登机牌

20世纪70年代，北京、上海、广州等城市的机场开始出现了标有"CAAC"和"中国民航"字样的登机牌，这种登机牌上一开始没有航班号、登机时间等航班信息，登机牌上只有手写的座位号。

印戳登机牌

进入20世纪80年代，随着波音737等大型喷气式飞机的出现，旅客数量和航班量开始大幅度增长，因此地面服务人员的工作量开始大幅度增长，同时也促使登机牌告别手工填制时代，进入了高效率的盖章戳记和打印时期。登机牌上提供给旅客的信息也日趋完善，在登机牌面上出现了航班号、飞机号、座位号和起飞时间等信息。这时，随着改革开放的不断深入，民航登机牌也在悄然改变，一些地区的登机牌背后悄然出现了广告。

各航空公司登机牌粉墨登场

1985年之后，在改革开放浪潮的推动下，中国改革开放后成立的第一家航空公司——新疆航空公司应运而生，于是中国也就出现了第一张没有CAAC标志的登机牌：整体采用中英文、印有天鹅皓月Logo和"新疆航空公司"字样的登机牌问世。这个登机牌采用中英文双语，背面还印有精美的广告，将中国民航登机牌正式引入了个性化年代。

多种颜色的登机牌

进入20世纪90年代后，各大航企纷纷"政企分离"，独立经营，由此各航空公司也纷纷告别CAAC标示，开始使用有自己公司Logo和标示的登机牌。而此时，随着航空公司的航班数量和旅客人数大幅度增长，一些航空公司逐渐发现使用单一颜色、样式的登机牌不能够让工作人员及时、快速地识别旅客的航班，偶尔还会发生旅客上错飞机的情况。但这些问题难不倒勤快而聪明的民航人，很快在南航等航空公司就出现了多种颜色的登机牌，根据航班的时刻、前往地区分别使用不同颜色的登机牌,有的航空公司出现过红、黄、蓝、绿等近二十种颜色的登机牌,这种登机牌的出现,可以帮助工作人员值机时快速准确识别不同航班的旅客,避免旅客上错飞机,确保航班正点起飞。因此那时,很多航空公司的值机员上岗前需要经过色盲测试环节也就成了不成文的规定。

使用最广泛的二维码登机牌

在20世纪80年代,其实出现过磁条登机牌。磁条登机牌需要在机场办理登机手续的柜台或值机柜台安装昂贵的打印机,因此这种登机牌的使用范围并不广泛。20世纪90年代,一些运营商开始使用一维条形码登机牌,但只能够记载相对有限的数据信息。2005年,国际航协确立标准二维条形码。通过使用方形、圆形以及其他几何形状的代码记载更多信息,还支持安全和加密功能,这种代码不受尺寸大小及可读性限制,支持多种类型的扫描仪和打印机,因此得到了广泛的使用。

纸质登机牌的终结者——电子登机牌

2009年4月8日,中国南方航空司和中国移动合作,在国内率先推出了电子登机牌服务。乘客在航班起飞前38小时后至航班起飞前30分钟,在网上电子登机牌服务系统自行办理登机牌,也可用手机自编短信"办登机牌"发给南航客服热线95539,之后南航系统将把包含旅客姓名、航班日期、航班号、座位号等信息及二维条形码图片的短信发送至旅客手机。到达机场后,无交运行李的旅客可持二代居民身份证直接安检登机;持有其他有效合法身份证件的旅客,可凭手机短信二维条形码登机牌安检登机。节省了到机场排队等候办理乘机手续的时间,同时可提前在网上选择座位,不用打印传统纸质登机牌。二维条形码电子登机牌的成本是纸质登机牌的三分之一。航空公司每年花费在登机方面的费用超过20亿美元,更换二维条形码登机牌每年将节省15亿美元。随着越来越多的航空公司支持通过手机接收条形码,意味着我们的旅行真正步入了无纸化时代。

来源:根据民航资源网整理

(二)登机牌遗失服务及沟通技巧

在旅客候机环节中,登机牌遗失是常有的情况。有的旅客把登机牌放在身上某个角落但忘记所放位置,看报夹在报纸里,行走过程中掉落,在休息室休息临走前遗忘等都是导致登机牌丢失的原因。按照规定,遗失登机牌的旅客是不能登机的。当旅客发生登机牌遗失的情况时,具体服务沟通如下。

1. 隔离区外登机牌遗失

旅客办完乘机手续,未进入隔离区时发现登机牌遗失,应立即到原值机柜台向值机工作人员说明情况,并出示有效身份证件,工作人员要根据旅客提供的信息确认旅客要乘坐的航班号,查验相对应的乘机联是否一致,确认该旅客提供信息准确性之后,按原发放的座位重新补发新登机牌(值机人员应核实乘机联与所发的登机牌数量一致)。

2. 隔离区内登机牌遗失

旅客通过安全检查进入隔离区以后,发现登机牌遗失,应立即到承运人登机门的服务台向工作人员说明情况并提供有效身份证件,办理该航班的值机工作人员应查验旅客所提供个人信息的准确性,确认该旅客已办理完手续后,按原座位补发新登机牌,并重新安排旅客进行安检,补盖安检章(值机工作人员务必核实准确乘机人原座位号,避免发生补发登机牌的座位有其他旅客就座的情况)。

当旅客第一时间向工作人员寻求帮助时,工作人员应先安抚旅客的焦急情绪,仔细询问旅客乘坐的航班号以及到达的目的地,然后对应航班信息查询是属于正点航班还是延误航班。根据当时实际情况与时间是否充裕的情况,为旅客及时寻找或补办登机牌,同时广播通知寻找遗失登机牌,如"这位旅客请先不要着急,我很理解您的心情,让我帮助您解决问题""这位旅客请问您的飞行航班是什么,让我来为您查询一下""这位旅客你试着回想一下刚才都去过哪些区域,我们马上为您广播通知寻找登机牌""旅客您好,麻烦您出示一下身份证件,由值机人员为您补办登机牌"等。在与旅客沟通中时刻站在旅客立场考虑问题,选择最优的方式为旅客解决困难。通常情况下,登机牌遗失旅客发现得及时,可以直接拿身份证进行补办,只要工作人员耐心细致,补办环节非常便捷。即便有些旅客登机牌和身份证件同时丢失,各机场都有公安局临时补办身份证的窗口,旅客补领临时身份证即可。所以能看出在登机牌遗失方面的服务沟通,主要取决于工作人员对此问题的处理态度、说话方式及环节操作的熟悉程度。只要用心为旅客服务,就可以减少旅客运输不正常情况的发生。

案例 5-3:

随手乱放乘机证件　旅客白云机场惹虚惊

2016年6月2日上午9时,在广州白云国际机场A区4号安检通道,刚接受完开包检查的卢先生在收拾行李时发现自己的身份证、登机牌都不见了,于是他乱了阵脚。在工作人员回查了当时的录像后发现,卢先生在接受开包检查过程中手里始终拿着身份证、登机牌,在收拾行李时顾着与同行人聊天说笑,随手把身份证、登机牌放在旁边。旁边的旅客在收拾完自己的行李后,发现在一旁的身份证、登机牌,就顺手拿走了。卢先生在走出通道后才发现身份证、登机牌都不见了,连忙返回通道寻找。开始,卢先生认为可能放到刚开完的行李箱或电脑包里,于是,众人在行李箱、电脑包里翻找,可在一个大箱里翻出一张纸、一个卡片谈何容易。登机牌掉了不要紧,可以补办,但身份证丢了又怎么补办登机牌呢?卢先生真是急出一头汗。幸亏,另一位旅客在去登机口路程中发现拿错了别人的身份证,急忙送回来。卢先生看着失而复得的身份证、登机牌,才长长地松了一口气,连忙向我们的工作人员道谢,快步赶往登机口乘机。

来源:http://news.carnoc.com/list/346/346935.html。

案例分析:该案例中旅客在接受完证件检查后,遗失了身份证和登机牌。前面已经提到机场丢失物品情况每天都在发生,作为机场工作人员应以多种方式提醒旅客带好随身物品,清点证件,避免旅客在旅途中产生不必要的麻烦。如果已经发生丢失问题,也不必慌张,按照之前提到的服务程序解决即可。

知识链接:登机牌的漏扫与漏撕

在登机过程中,除了旅客自身原因将登机牌遗失为出行带来不便之外,还有一种情况与登机牌有关,也会给旅客带来不必要的麻烦,那就是登机牌的漏扫与漏撕。通常这种情况发生的原因多出在工作人员的疏忽大意或设备运行故障方面。所以作为工作人员在工作环节中一定要认真细致地对待。

漏扫是指旅客持登机牌到登机口准备登机,工作人员持专业仪器扫描登机牌,每成功扫描一名旅客登机牌后,系统提示声音并显示人数增加一人。但因工作人员工作疏忽,没有听到系统提示声音,或者扫描的是行李牌而不是登机牌,认为已经扫描成功,便把登机牌交还旅客,而系统显示旅客状态为未登机,但实际旅客已经登机。

漏撕是指旅客持登机牌登机,登机牌共有两联,工作人员扫描后将主联交还旅客,副联撕下留存。如果工作人员扫描后忘记撕下副联却将登机牌交还旅客,便会产生系统显示人数与副联留存数不一致情况。如系统显示已登机人数为100人,但副联存根只有99人,造成差异。出现这两种情况可能会对旅客出行产生一定影响。例如,因为登机牌漏扫漏撕,系统显示旅客属于未登机状态,实际旅客已在飞机客舱中,工作人员发现数目核对不一致依然粗心大意,没有进入客舱清点人数,而是在地面不停地广播寻找旅客,那么到了起飞时间,旅客没有回应,工作人员就会把旅客减掉,把该旅客行李取出。而实际上该旅客已在飞机客舱中,到达目的地后,行李却在起始地。如果该旅客是两段航班行程,如沈阳—青岛—厦门,旅客在青岛中转期间因事要终止行程,涉及退票等一系列服务,却因为在起始地被当作减掉旅客,不能正常办理。这将会对旅客的行程带来极大不便,并会导致旅客情绪非常不满,矛盾升级。通常漏扫旅客和漏扫漏撕处理有以下方式。

查数登机牌时发现登机牌实际数目比离岗登机人数多时,应考虑以下几种原因:首先怀疑是漏扫现象,按照电脑中所剩旅客的座位号,与手中登机牌的座位号核对,看登机牌中是否有未登记的旅客座位号,找到后输入电脑中。其次怀疑重牌现象,回忆一下扫描过程中是否有手工输入登机牌的现象,或电脑中是否在扫描过程中出现过座位重复的错误提示。如果是座位重复,应通知值机员到登机口为旅客更改座位(值机员不到达登机口时,应通过系统通知场内登机保障工作人员,在旅客登机牌上手工改写,同时系统更正),所以当扫描登机时,只要是离岗中有错误信息提示时,应把相应的登机牌单独放好,以便查备。

多次按姓名广播仍有旅客未登记,但登机牌数目和离岗系统一致,工作人员到飞机上与乘务员核对人数,人数一致时也需要到未登记旅客座位上查找未登记旅客,确认未登记时,按照电脑中人数和行李数减掉旅客,更改舱单。如与机组核对人数不一致,应怀疑漏扫漏撕,首先请乘务员广播未登机旅客姓名或到其座位上查看,如旅客在座位上请其出示登机牌确认旅客信息,如广播未找到旅客和座位上无人,请乘务员再次查数人数,自己也应亲自清点人数。人数一致后可按减客程序执行。人数仍然不一致,需要让所有旅客出示登机牌,看是否有其他航班的旅客登上此航班(或旅客通过夹层通道,走到其他点位,而未登上此航班)。

来源:根据民航资源网整理

五、航班超售

随着社会经济的增长,越来越多的旅客选择乘坐飞机出行。民航运输规模的日益增长,随之而来的是飞速增长的客货运输需求。由于旅客订票后并未购买或购票后在不通知航空公司的情况下放弃旅行,从而造成航班座位虚耗。为了满足更多旅客的出行需要和避免航空公司座位的虚耗,航空公司会在部分容易出现座位虚耗的航班上进行适当的超售。

案例5-4:

正点值机遇"超售" 乘客很恼火

旅客陈女士介绍说:"2016年9月15日中秋节当天,我与家人准备搭乘天航GS7929,7点55分起飞的航班去往西安。当我们7点左右抵达机场的时候,工作人员一直办理不出登机牌。听工作人员与其他人员电话联系时的对话,好像我的机票卖给了后补的其他乘客。后来工作人员告诉我们,机票超售了,我和家人无法乘坐该航班。"陈女士认为,消费者已经付了钱,准点抵达机场,却拿不到自己购买的机票,还被工作人员称呼为"不正常旅客",让人非常恼火。由于陈女士一家要赶往西安参加朋友婚礼,如果因为超售耽搁了时间,将打乱陈女士的整个行程计划。"当时天航说给我们安排下午的航班,被我拒绝了,在我的强烈要求下,给我们安排了南航上午飞往西安的航班。"

来源:http://news.carnoc.com/list/371/371501.html。

上述案例中陈女士所遇到的情况就是由于航空公司机票超售所导致的,那么何为航班超售,航班超售的原因又是什么,如何来解决航班超售问题?

(一)航班超售的含义和影响

1. 含义

航班超售实际上就是指旅客订座数超过了相应的实际可利用的座位数。这种做法对旅客和航空公司都有益,也是国际航空界的通行做法,其目的就是节约成本。

比如说一架由沈阳到广州的波音747客机拥有400个座位,而航空公司对这400个座位则可能接受450个预订。这样,当一名旅客手持机票来机场办理乘机手续时,就有可能因为航班的超售满员而被拒绝登机。航班超售是国内外航空公司使用最早、最广泛的收益管理手段,是在机票销售旺季普遍采取的一种销售方法,超售的目的是减少座位虚耗损失,从而增加航班收益。因此,航班超售应该说是航空公司为规避旅客"放鸽子"而采取的应对措施。通过超售,配载比例将被提高,从而降低费用。如果航空公司不实行超售,它将只能根据飞机上座位的实有数目进行预订。但施行超售后,也容易发生一部分旅客购买了机票,却登不了机的事情。

2. 影响

利好方面:对航空公司而言,超售是其收益管理的重要优化手段之一,是其减少座位虚耗,提高座位利用率的有效手段,也是增加收入的有效途径。座位超订给公众旅行者所带来的好处是不容低估的。它增加了可用座位的数量,提高了座位利用率;使更多的旅客有机会乘坐首选的航班;更少的旅客被拒绝预订某一航班的座位;并且由于航空公司座位更有效地利用,使得旅客整体的旅行成本减少等。

弊端方面:超售在带来如上好处的同时,也存在一些消极影响。由于"航班已满"而使旅客订座需求被拒绝,如果该航班起飞时仍有空座位,很明显这是航空公司收入的损失。另一方面,手持经确认有座位的机票旅客,扶老携幼带着行李自费赶到机场,在值机柜台前才发现旅客拥挤不堪、无法登机,这种情形对于旅客的心理影响绝对不能低估,何况有过这种经验的旅客还会把"受骗"的感觉传播开来,扩大影响。因此,航班超售虽是业内惯例,却应谨慎处理。

一般情况下,国外航空公司通常将超售机票占售出机票的比例控制在3%左右。我国民航总局则规定,超售机票不能超过5%。据国内某知名航空公司一份资料显示,公司每超售10 000张客票,受影响的旅客为4人。但如果不实行超售,按最保守的数据预测,每销售10 000个座位,将虚耗200个座位。所以各航空公司都会通过数据分析系统抽取历史订座和离港数据,同时参考前期被延误行程人数和补偿费用,来决定是否对航班进行超售及超售数量。

(二)航班超售的处理

航班超售并不一定意味着已购票的旅客无法乘机,只要工作人员能够及时并妥善合理地处理,相应问题都是可以解决的。

1. 国外航空公司处理办法

在美国和欧洲,政府部门均出台了超售的相关规则,航空公司根据这些规则制定各自的超售处理办法,这些处理办法在细节上有所差异,但是总体来说较为相似。通常处理方式如下。

首先,一旦发生航班超售将导致旅客不能成行的情况,航空公司要召集旅客并告知旅客航班超售情况,来保证旅客的知情权,让旅客在心理上也容易接受。

其次,在进行协商时,航空公司要寻找自愿放弃乘机的旅客,会尽力给这些旅客安排后续航班,提供相应服务,还会根据不同情况给予自愿放弃乘机的旅客一定的补偿。

最后,如果自愿放弃乘机的旅客数量不足,航空公司将要拒绝一部分旅客登机,并按照规定为其提供一系列服务,给予一定赔偿。

以汉莎航空公司为例,当出现航班超售,并且所有旅客都需要值机的情况时,将会有代办广播通知旅客当日航班出现超售的情况,如有旅客愿意自动放弃行程,改乘下一航班即到柜台与代办联系。如果没有,代办会询问旅客的意见,给愿意放弃行程的旅客相应的补偿,如汉莎航空公司的代金券或里程,并且承担旅客在下一航班期间的食宿、免费升舱或其他福利。由于超售的确是出于航空公司原因,所以在福利方面会尽量地满足旅客,对于延误的旅客行程予以补偿。

2. 国内航空公司处理办法

首先,收到座位控制部门航班超售预报后,应对预计超售的航班制定处理预案。预案内容包括:航班超售情况分析;列出座位应予优先保证的旅客名单,必要时可预留出机上座位;需要安排提升舱位等级的,选择出候选旅客名单;需要降低舱位等级的,选择出候选旅客名单;需要暂缓办理乘机手续的,选择出暂缓办理旅客名单;可能发生的超售补偿安排。

其次,超售航班办理乘机手续的,应采用逐一核对姓名接收旅客的方式进行登记。

再次,当较低舱位等级座位发生超售而较高舱位等级有空余座位时,可根据逐级升舱的原则按非自愿升舱将较低舱位等级的旅客安排在较高舱位等级的座位上。

最后,对持航空企业职员免折票的旅客,在航班预计出现超售时,应根据情况暂缓办理乘机手续。在超售时的拉客顺序是:① 填空旅客;② 限时订座旅客。

(三)航班超售时航空公司与旅客的沟通

航空公司对于航班超售应及时与旅客沟通,其中包括航班超售信息,航空公司应以适当的方式告知旅客超售的含义以及超售时旅客享有的权利,如编写航班超售公告在售票处或网上提供,内容应能告知旅客本航空公司超售实施具体细则,解释登机规则和有关补偿的规定等,做好同旅客沟通并对旅客降舱退差价、退票、赔偿和乘坐后续航班等做出安排,以获得旅客的谅解与支持。同时在沟通过程中应对超售旅客反馈信息的接受、处理做出安排,包括满意和抱怨的信息,并做好旅客沟通,投诉部门要做好航班超售的投诉处理。总之在沟通过程中,航空公司应确保与航班超售有关的信息的真实性,不能误导旅客,也不能提出没有能力的承诺。

案例 5-5:

耐心沟通赢得理解

2017 年 1 月 25 日,MU5261 南昌前往深圳的航班头等舱实超 2 位,经过几番恳求和艰难的谈判,终于有 2 位旅客同意接受降舱乘行,每位旅客获得 400 元降舱补偿及 1 800 元客票差价。东航江西分公司以真诚沟通的态度和耐心细致的服务,圆满处理航班超售。25 日,东航江西分公司地服部值机主任万一鸣发现 MU5261 南昌前往深圳航班的系统订座中,头等舱超售了 2 个座位,意味着有两名旅客无法正常享受头等舱待遇乘行。幸运的是,经济舱有些许空余座位,如果旅客愿意,仍旧可以正常前往深圳。根据多年的工作经验,万一鸣知道接下来和旅客沟通的工作将会十分困难,一般情况下经济舱超售但头等舱有空座,旅客被"升舱"还是很乐意的,但要头等舱旅客"降舱"乘行,十分困难。中午,离 MU5261 航班起飞还有 4 个小时,万一鸣就已经在柜台上等待第一位深圳的头等舱旅客到来。万一鸣和每一位头等舱旅客沟通,把实际情况告知给旅客,希望旅客理解。知道情况后,有的旅客愤怒,有的旅客漠然。功夫不负有心人,直至航班起飞前一小时,头等舱旅客王女士和熊女士在柜台听完万一鸣真诚、耐心的说明后,提出愿意接受"降舱"乘行航班。万一鸣如释重负,并按规定给两位旅客相应的差价补偿。

超售事件完美解决了,皆大欢喜。平时在媒体中人们更多时候是看到一些因超售引发的争执,旅客因为被超售而愤怒,甚至使用暴力行为来解决。但东航人更愿意用真诚耐心的工作态度和"客户至尊,精细致远"的服务价值观,去赢得每一位旅客的理解和支持。

来源:http://news.carnoc.com/list/390/390421.html。

案例分析：真诚耐心的沟通可以赢得旅客的理解与支持。在处理航班超售问题上，除了工作人员的服务外，最根本的解决方式还是需要从航空公司本身做起。航空公司有权为维护自身权益而做各种努力，但是作为服务行业，只有最大限度地保障了旅客的正当权益，才能最终达到双赢的局面。

知识链接：国内主要航空公司针对超售的补偿及服务细则

近年来，随着超售引发的旅客投诉渐趋频繁，民航部门开始下发通知督促航空公司尽快向旅客公布航班超售服务条款，要求各航空公司严控超售行为，避免因此加剧与旅客的服务争端；国内多家航空公司相继发布了超售服务条款，笔者查询国内主要航空公司网站，整理了他们有关超售的补偿及服务细则以供参考。

国内航空公司对于超售服务总的原则是：航班出现超售时，航空公司首先会征询自愿搭乘后续航班或者自愿取消行程的旅客，并为自愿者提供经济补偿和后续服务；在没有足够的自愿者的情况下，航空公司会按照优先保障乘机顺序拒绝部分旅客登机，对于该部分被拒登机的旅客，航空公司同样会给予一定的经济补偿并提供改签、退票等后续服务。

目前，国航、南航、东航的主要处理原则都是遵循上述规则。

川航在其有关超售致旅客的公开信中规定，一旦超售，旅客除免费退票外还可获得300元补偿；若旅客改签后续航班也可获得相应的经济补偿，300~800元不等；在改签的后续航班，等待时间在2~4小时的，将免费提供宾馆休息服务。

春秋航空承诺出现超售时会给予旅客200元现金补偿，提供免费退票和改签，若改签的后续航班等待时间超过4小时，则提供免费住宿。

海航规定对超售旅客免费退票并补偿票面价格的30%，如果补偿金额低于200元人民币，则按照200元人民币补偿；旅客改签后续航班也可获得相应的经济补偿；改签后续航班等待时间超过4小时将提供免费的酒店休息服务。

山航对超售旅客免费退票并补偿旅客所持机票票面金额的30%，如果补偿金额低于200元人民币，则按照200元人民币补偿；对于改签后续航班的旅客也会给予相应的经济补偿。

深航对超售旅客优先安排其乘坐后续航班，票款差额多退少不补，同时，如果后续航班的规定离站时间与旅客所持客票航班的规定离站时间间隔在4小时以内，深航将给予旅客所持票面价格30%的补偿；在4小时以上8小时以内，深航将给予旅客所持票面价格60%的补偿；8小时以上给予旅客票面价格100%的补偿。另外，在补偿金额低于200元时，深航将按照200元的标准做出补偿。

在具体的赔偿及服务细节上，各航空公司有些许差别，如表5-1所示即是国内主要航空公司对超售的具体服务举措。

表 5-1　国内主要航空公司对超售的服务举措

航空公司	退票及补偿	改签及后续服务	其他服务
四川航空		1. 安排后续航班的等待时间在 2 小时内,补偿该航班经济舱全票价的 20%或补偿 300 元,两者取其高者 2. 若安排后续航班的等待时间在 2～4 小时,补偿该航班经济舱全票价的 30%或补偿 500 元,两者取其高者 3. 若安排后续航班的等待时间在 4～8 小时,补偿该航班经济舱全票价的 50%或补偿 800 元,两者取其高者 4. 等待时间 8 小时以上及次日成行的旅客,川航安排旅客的食宿(安排标准与不正常航班服务规定标准一致),并向旅客补偿同一航线 1 年期有效的免票 1 张(限定旅客本人使用);或最高补偿该航班经济舱全票价的 100%	在免费改签后续航班和经济补偿的基础上,在用餐时间,川航为旅客提供免费餐食和饮料,并安排休息室等候。如签转后续航班等待时间在 2～4 小时的,将免费提供宾馆休息服务
春秋航空	1. 向每位旅客提供 200 元人民币补偿 2. 旅客如选择退票,按非自愿退票办理,免收退票费	1. 旅客如选择改乘春秋航空后续航班,按非自愿变更办理,免收变更费 2. 若春秋航空无法向旅客提供当日可成行航班时,征得旅客同意后,可将旅客改签至其他承运人的当日航班,改签费用由春秋航空承担 3. 联程旅客超售,按上述规定(退票和改签服务)对超售航段进行现金补偿,后续联程航段可根据旅客行程安排为旅客办理免费变更、退票、食宿等服务	1. 当后续的航班时刻和原定航班时刻相差 4 小时(含)以上时,为旅客免费安排带盥洗设施的标准间休息 2. 免费提供机场至酒店的地面往返交通,并协助旅客重新办理乘机手续
海航/大新华航空	1. 按照非自愿退票处理,免收退票费 2. 补偿旅客所持票面价格的 30%,如果补偿金额低于 200 元人民币,则按照 200 元人民币补偿	1. 免费改至后续最早有空余座位的航班 2. 至少补偿 200 元人民币;安排的后续航班时刻和原定航班时刻差 4 小时(含)以内,补偿旅客所持票面价格的 30%,如果补偿金额低于 200 元人民币,则按照 200 元人民币补偿;相差 4～8 小时(含),补偿旅客所持票面价格的 60%;相差 8 小时以上,补偿旅客所持票面价格的 100%	在免费改至后续航班和经济补偿的基础上,在用餐时间,为旅客提供免费餐食和饮料。当后续的航班时刻和原定航班时刻距在 4 个小时(含)以上时,为旅客提供免费酒店休息服务
山东航空	1. 按照非自愿退票处理,免收退票费 2. 补偿旅客所持机票票面金额的 30%(如果补偿金额低于 200 元人民币,则按照 200 元人民币补偿),或者山航执行的同航程免票一张(旅客需自行负担燃油附加费和机场建设费)	1. 免费改签至后续最早有空余座位的航班 2. 补偿:如后续航班为山航航班,为旅客提供一张同航程免票(旅客需自行负担燃油附加费和机场建设费),旅客原购机票可全额退款。如不接受免票补偿,现金补偿标准为:后续航班时刻和原定航班时刻差 4 小时(含)以内,补偿所持机票票面价格的 30%;相差 4～8 小时(含)以内,补偿所持机票票面价格的 50%;相差 8 小时以上,补偿所持机票票面价格的 80%。以上补偿金额如果低于人民币 200 元,则按照 200 元人民币进行补偿 3. 如后续航班为非山航航班,山航提供现金补偿,补偿标准参照上面 2. 款的现金补偿标准执行	在提供免费改签和经济补偿的基础上,山航将按照航班不正常情况的旅客服务标准提供相应食宿服务

续表

航空公司	退票及补偿	改签及后续服务	其他服务
深圳航空		1. 优先安排旅客乘坐后续航班,票款差额多退少不补 2. 后续航班时刻与原定航班时刻差 4 小时以内,补偿旅客所持票面价格的 30%;相差 4～8 小时以内,补偿旅客所持票面价格的 60%;8 小时以上,补偿旅客票面价格的 100%。补偿金额低于 200 元时,深航将按照 200 元的标准做出补偿	在等待后续航班时,按照不正常航班食宿服务标准为旅客提供服务
厦门航空	原则上按照旅客到达值机柜台的时间顺序为旅客办理手续;如遇临时申请的重要旅客,或身患疾病需要搭乘此航班前往救治地的旅客,可优先登机		对于已订妥座位并已购票,在航班截止办理乘机手续以前来到办理柜台,且旅行证件符合规定,因航班超售未能如期成行,厦航将根据旅客要求,酌情采取提供或更改至厦航后续航班,或免费改签,或视具体情况补偿部分费用等措施
西藏航空	1. 免费办理退票 2. 给予旅客票面价格的 20% 为补偿金	安排最早有可利用座位的航班让旅客尽快成行,同时给予旅客票面支付价格的 20% 为补偿金	
中国国际航空	在机场首先征询自愿搭乘晚一些航班或者自愿取消行程的旅客。在没有足够的自愿者情况下,会按照优先保障乘机顺序拒绝部分旅客登机。对于未能按原定航班成行的旅客,会优先安排最早可利用的航班让旅客尽快成行或者免费办理退票,并给予一定形式的经济补偿		
东方航空	对不能按原定航班成行的旅客,东航会为旅客安排最早可利用的航班成行,并根据旅客旅行的具体航线及被延误时间酌情采取不同的补偿措施		
首都航空	以适当的方式告知旅客超售的含义以及超售旅客享有的权利 当航班出现超售时,首先寻找自愿放弃座位的旅客,并给予旅客一定的补偿 当没有足够的旅客自愿放弃座位时,可根据规定的优先登机原则拒绝部分旅客登机 为被拒绝登机的旅客提供相应的服务并给予一定的补偿		

注:以上信息仅供参考,准确信息应以各航空公司最新超售管理规定为准。

来源:http://news.carnoc.com/list/200/200672.html。

综上所述,无论在服务中遇到什么样的情况,作为民航服务人员,在对旅客进行服务以及沟通中都要时刻充分理解旅客的需求、理解旅客的想法和心态,把一些服务用语时常挂在嘴边,如"您先不要着急,请相信我们,马上为您解决";杜绝类似"没看见我正忙着呢吗""这个我们解决不了""这个是你个人造成的失误"等话语,引起旅客的愤怒,特别是在旅客运输不正常的情况下,旅客会存在抱怨、焦虑、愤怒的心理,这些心理更会加深旅客对民航服务的不满,造成误会与矛盾。在与旅客沟通中必须热情接待、认真倾听旅客的述说,不急于辩解反驳或埋怨别的部门,要让旅客感受到我们重视他的问题,并且在沟通中要目视旅客不时地点头示意，也可以不时地说"我理解，我明白""我们非常遗憾，理解您的心情……"等。同时向旅客表明我们能够做到的方案，尽量说服旅客知道并同意我们要采取的处理决定及具体措施内容。如果旅客不知道或不同意处理决定，就不要盲目采取服务行动。总之，真诚的态度、及时的沟通、熟练的服务程序、换位的思考角度、善于总结问题，懂得感谢旅客的理解与支持将会有意外收获。

知识链接：一位机场值机人员的心声

大多数旅客接触到航空公司的第一位员工应该就是机场地面服务部的值机员了。简单来说，帮你办理乘机登机手续、查验证件、办理托运行李是他们的基本职责。值机分国内航班、国际航班、高端旅客等几项业务，普通值机员以外还有值班经理或者叫值机主任，他们一般负责的业务比较多，比如帮旅客候补、航班减载、超售的处理、旅客误机、错漏乘等保障和处理值机柜台处理不了的各种特情等。比起乘务员，这份工作我有着更深切的体会。如果不是轮岗的契机，我不会接触到值机员的工作。没有想过早上5点多，天还一片漆黑，首都机场T3候机楼大厅里就已经是灯火通明、人山人海；也没有想过，晚上10点以后，国际柜台会聚集那么多旅客等待一批凌晨起飞的国际航班开柜台办手续。体验值机员工作每一天，都顶着凛冽的寒风，披星戴月地上下班，有时早上忙过几小时的早高峰才看见日出，而回家时，可能大半个城市都已睡去。

许多人会说，值机工作完全就是简单重复劳动，没有任何技术含量，迟早会被机器替代。的确，值机岗位门槛很低，大部分人都可以做，但要说真正做好，可能就只有少部分人了。

一个优秀的值机员，熟练掌握值机流程中的指令操作只是最基本的要求，更考验他的是与旅客的沟通能力，以最少的成本满足旅客的需求，解决旅客的问题，了解不同的签证政策和行李政策，帮助旅客顺利去往不同的地方，同时还要最大限度维护公司利益。旅客座位要求各种各样，带的行李千奇百怪，带多了对你软硬兼施想不交超重费；合作联营的航司和机场各自有不同的行李是否能直挂的政策，稍一疏忽就可能造成旅客后续的不便；递上来的护照签证有时候稀奇得不得不临时去查手册；办理特殊旅客时需要查验的证明可能自己都不知道是什么。还得有丰富的斗争经验和一双慧眼反偷渡，有时凭借穿着、行李和证件就能判断个八九不离十（因为一旦出现这种情况，承运这名旅客的航空公司将会遭到重罚）。

即使在航班正常时，每天也会面对成百上千旅客遭遇的千奇百怪的问题，而当遇到航班不正常情况，例如，航班超售、延误、取消，各种各样的问题和突发状况接踵而来，就要求值机员以很高的专业素养、沟通能力、应变能力、心理素质甚至咬牙坚持的意志力来独立应对了。这份工作，真的没有想的那么容易。普通人正常的过节，对值机人员来说是"过劫"。每次遇到大面积航班延误取消，会连续好几个小时陷入旅客的包围中，无法上厕所，没有时间喝水，必须不停地说话，处理完最后一位旅客，已经筋疲力尽，坚持着回到家，然后大哭一场，第二天若无其事地天不亮就去上班。

我亲历过这种场面，被吓得甚至有点儿不敢踏出柜台。因此我知道，在这个过程中，虽然濒临崩溃，但始终有一种力量鼓励着我们第二天满血复活地重返岗位。因为在这份工作中体会到了解决问题的成就感和满足感。每一次帮旅客解决问题，每一次处理了不正常航班，都凭自己的能力让旅客尽可能地顺利出行，也让公司承受尽可能小的损失。我们的工作是将旅客送到世界各地，充分发挥自己的价值，我们热爱这个岗位。

然而，对待工作只有一颗热忱的心也是不够的。欺软怕硬是大多数人的特点，临危不乱才能稳定局面。这也是地服人教会我的道理。地服人最怕遇到航班大面积延误取消，值机岗位又是首当其冲的最前沿。这时候，值机柜台被一圈又一圈的人群围得水泄不通，千万张嘴不停地质问、咆哮，要把值机员逼入绝境的深渊，工作人员有必要树立一定的威严才能控制住场面。长这么大，没什么人吼过自己，在值机柜台没两天，就遇见了各种各样愤怒的旅客。指责你耽误他后续行程，指责你耽误他工作，指责你不作为，没有给他安排食宿等。而这个时候，一个值机员，不再是一个个体，而是代表你的公司。

国内值班经理柜台有一位年纪最大的值班经理（这里称他为L经理），已经50多岁了，有一次处理航班取消时给我留下了深刻印象。那时候，大量旅客来到值班经理柜台等待改签、退票、安排酒店，场面嘈杂而混乱。L经理衣着整齐坐在柜台里面，没有一丝慌乱，既不对着人群大声吼叫，也不回答七嘴八舌袭来的逼问，而是有条不紊地处理排到窗口最前方的旅客的问题。他眼神坚毅而专注，说话声音洪亮又清楚，仿佛久经沙场的军人般有威严。最终这次混乱的场面安然消解，没有造成任何投诉和事故。

我后来思考，在这种情况下，上百人已经把柜台团团围住，其中不少人情绪激动，在人手有限的情况下想要在短时间内维持秩序、解决问题是不可能的。旅客也许心急，但看到值班经理在镇定而专注地工作，知道自己的问题迟早会得到解决，也就会慢慢冷静下来。如果换作一个面红耳赤、满头大汗、疲于应付的值班经理，面对旅客的逼问，很可能大脑一片混乱，反而解答不当，把旅客的负面情绪进一步激化。

当然，人与人之间的交往，相互尊重是最重要的前提，值机岗位加深了我对这一信条的理解。我仔细观察过，那些工作中经常保持真诚的微笑，说话清楚而耐心的同事，几乎从来没有和旅客发生摩擦。试想，来到柜台的旅客，面对一个仪态端庄、面带微笑，主动询问旅客需要的值机员，即使出现因客观原因造成的不便，他会轻易发怒吗？而如果面对的是一个头发散乱，领带系得歪歪斜斜，有气无力，表情呆滞地拿过乘客的证件，即便说了声"你好"，眼睛也不看着对方的值机员，他面对同样的情况又会是怎样的反应呢？想必结果会大相径庭吧。一个人付出的尊重与他得到回报的尊重一定是成比例的。

只有做到了相互尊重，才能做到既让旅客满意，又让自己省心。在服务旅客的过程中，尊重旅客并不意味着唯唯诺诺、阿谀逢迎，更不等于低声下气，丢掉自己的尊严。只要自己的行为符合岗位规范，礼貌待人，在合理范围内尽可能满足旅客要求，就是做到了最大的尊重。旅客也应当明白，尊重你面前值机员的劳动，讲话礼貌客气，不只是个人修养素质的体现，有时候也可能帮你解决一些小问题。体面，是我们每位旅客最好的一张名片。

虽说现在看到的被曝光的素质低的旅客越来越多，我们的值机员可能会遭受各种各样的委屈，但其实，这个岗位还是能让你收获很多美好的回忆。我曾经帮助韩国旅客去外航改票，和他在候机楼里跑上跑下，一路狂奔，最终在航班截止办理登机手续前一分钟让他办好了手续，临走之前他很开心地握了握我的手，他的女朋友也因为终于赶上圣诞节回家而破涕为笑。我也曾经帮助语言不通又因为航延错过后续航班的一个俄罗斯家庭成功候补了航班,女主人临走时不但给了我大大的拥抱,还专门折返回来塞给同事们一小袋巧克力。

航站楼里工作一天下来真的很累,腰酸背痛,口干舌燥,可是你看见那么多旅客从你这里离开,去和亲人团聚,去异国求学,去外面看大千世界,你会觉得你给他们提供的不只是服务,真的是给他们搭建了桥梁。对乘客来说,你们的一声谢谢和多一些的理解会让值机员感到再多的辛苦也值得;对值机员来说,也请你们用最真诚的微笑面对旅客,去感受到工作中美好的一面。

还是那句话,尊重都是相互的,平凡的岗位也会收获幸福的体会。值机员真的不只是一个办登机牌的,愿她(他)成为你旅程美好的起点。

来源:http://news.carnoc.com/list/371/371745.html.

阅读过以上小资料,你对民航工作有什么新的感受与观点呢?

拓展训练:

一、知识题

(一) 填空题

1. 旅客运输不正常情况主要包括误机、_____、_____、_____、_____等类别。

2. _____是指旅客未按规定的时间办理乘机手续或因旅行证件不符合规定而未能乘机。

3. 造成旅客运输不正常包含_____原因和_____原因。

(二) 判断题

1. 航班超售意味着已购票的旅客不能正常乘机。(　　)

2. 由于旅客个人原因丢失登机牌后,值机人员不能为其补办登机牌。(　　)

3. 由于承运人原因造成旅客错乘,承运人首先应向旅客赔礼道歉,道歉过程中态度要诚恳真诚,在始发站发现旅客错乘,承运人应安排错乘旅客搭乘飞往旅客客票上列明地点的最早的航班。如旅客要求退票,按非自愿退票处理。(　　)

二、技能题

(一) 典型案例1

小王:您好,我是CA1644航班去北京的旅客,麻烦给我一个靠窗口的座位,谢谢!

工作人员:不好意思,您的航班超售了,这个航班坐不了了,您联系航空公司改签吧。

小王:超售?什么意思?我来晚了吗?我没有啊,为什么让我改签?

工作人员:先生,和您说太多你也不能理解,总之超售就是您坐的航班票卖多了,超出实际能乘坐旅客的数量,您是这个航班最后一个到的,所以航班没座了,您抓紧时间联系航空公司改签吧,别在这浪费时间了。

小王:你不能给我解决一下吗?

工作人员:先生,这是航空公司的问题,非常抱歉,您只能联系航空公司,在机场没有航空公司的直属售票处,我不能帮您改签,您还是拨打航空公司客服电话吧!

来源:编者的亲身经历

思考:1. 模拟上述情境,请根据情境,分析其中工作人员在解决该问题中存在的问题。

2. 遇到航班超售了,你该怎么处理?并以情境对话的方式模拟出你的沟通方式及解决办法。

(提示:帮助旅客办理乘机手续、询问旅客其他需求、给出解决办法、协助旅客联系航空公司、安抚旅客情绪等。)

(二)典型案例 2

付先生在机场候机时,因个人疏忽没有登上正点航班,情绪失控,认为机场工作人员广播提示不够清晰,把责任推到机场方。随即来到值机柜台找工作人员要个说法。

来源:编者的亲身经历

思考:1. 如果你是该服务人员,如何与付先生沟通,并且解决其误机的情况?

2. 请两位学生根据此情景进行模拟沟通,注意沟通的语言、方式以及正确处理误机的服务程序。

学习情境二 航班运输不正常服务沟通技巧

学习目标

1. 了解航班运输不正常的内涵、原因和类型。
2. 了解航班延误和取消时旅客的心理及其影响因素。
3. 掌握航班延误和取消时的服务沟通策略和语言沟通技巧。
4. 熟悉航班中断、补班、返航和备降的内涵和相关服务规定。
5. 掌握航班中断、补班、返航和备降的服务沟通技巧。

导引案例

航班延误+取消+补班

2017年3月28日,A机场一趟执行哈尔滨—长沙—三亚飞行任务的航班JD5122预计23:05从哈尔滨抵达长沙,但候机员接到通知:因哈尔滨大雪天气导致航班在哈尔滨无法起飞,起飞时间待定。获悉该信息后,候机员第一时间通过广播将航班延误告知顾客。这时,不断有旅客前来问询。经候机员耐心解释,大部分旅客表示理解,安心回座位继续等待。0:00,候机员接到通知:航班预计3:00到达长沙。同样,候机员也在第一时间通过广播将该信息告知顾客,并提醒旅客,大约在飞机抵达长沙后的10~20分钟会开始办理登机,请大家不要走远,留意广播通知。在纠结中,很多旅客按捺不住等待的焦虑与不满,纷纷牢骚满腹地来到工作柜咨询、质疑。最后,JD5122航班于3:00到达长沙,3:31,完成长沙—三亚段的旅客登机服务。然而,机组又接到来自三亚的通知,说由于三亚天气原因,无法降落,飞机若要继续飞行,只能在三亚附近的机场进行备降,或者取消该航班,次日再进行补班。经机组商定,最后决定取消该航班,于次日进行补班,要求旅客全部下机。这时,一百多名旅客,几乎全部拥上来讨要说法并且情绪激动,有要求退票者,有要求安排食宿者,有要求赔偿者。航空公司代理和地面服务人员一边为旅客做着相关解释工作,一边迅速为要求退票旅客办理了无条件退票,为要求改签的旅客办理了改签手续,为要求安排食宿的旅客无条件安排了食宿。最后,乘坐该航班的全部旅客得到了妥善安置,也使航班延误的损失降到最低。该航班于次日 11:00 进行补班。

来源:编者的亲身经历

以上案例中,航班延误是由于天气原因导致,属于不可抗力因素,但航班延误不仅扰乱了延误了旅客的出行时间,还可能扰乱了旅客出行的计划性与目的性,给旅客带来了诸多不便。本着急旅客之所急,帮旅客之所需,尽最大努力让旅客如愿以偿的民航服务沟通原则,候机工作人员做到了航班信息广播到位、食宿安排到位、改退票服务到位、解决困难到位,较好地处理了该起航班延误、取消、补班事件。

理论知识

一、航班运输不正常的内涵及原因

(一)航班运输不正常的内涵

航班正常运输是指飞机在班期时刻表上公布的离站时间前关好机门,并在公布的离站时间后 15 分钟内起飞,又在公布的到达站正常着陆的航班,反之则称为航班运输不正常。不管是从国内还是国际范围来讲,民航运输行业中的航班运输不正常是一个常见现象,主要包括航班延误、取消、补班、中断、返航、备降等不正常情况。其中,又以航班延误最为常见。

(二)航班运输不正常的原因

既然在世界范围内,航班运输不正常都是较为常见的现象,那么,究竟是哪些原因导致航班运输不正常呢?

按照具体原因来划分,导致航班运输不正常的原因通常可分为十二大类:

第一类,天气原因。飞机在空中飞行,犹如一艘小船在大海中漂流一般,无时无刻不受天气条件的影响。譬如,云量的多少、云层的高低厚薄等均会直接影响飞行员的视线和飞机的飞行路线;飞机在天空中飞行时,飞机的积冰、颠簸或遭受雷击等均可能危及飞机的安全。在早期的航空飞行中,由于天气原因导致的航空事故几乎占全部事故的三分之一以上。而如今,虽然航空气象学已取得了长足的进步,已经今非昔比,但天气原因仍然是影响航班运输不正常的最重要原因之一。具体来说,天气原因又包含 12 个方面:① 天气条件低于机长最低飞行标准;② 天气条件低于机型最低运行标准;③ 天气条件低于机场最低运行标准;④ 因天气临时增减燃油或装卸货物;⑤ 因天气造成机场或航路通信导航设施损坏;⑥ 因天气导致跑道积水、积雪、积冰;⑦因天气改变航路;⑧因高空逆风造成实际运行时间超过标准航段运行时间;⑨飞机进行除冰、除雪或等待除冰、除雪;⑩天气原因造成航班合并、取消、返航、备降;⑪因天气原因(发展、生成、消散等阶段)造成空管或机场保障能力下降,导致流量控制;⑫其他天气原因。

第二类,航空公司原因。航空公司在组织一个航班并保障它的正常运输时,通常需要多个部门的协调与配合:机务维修部门需要对飞机进行检查和维修,以决定飞机是否能飞行;航务部门需要收集航空气象情报,以安排机组和制订飞行计划,并将该计划通知空管部门;供应部门需要供应飞机上的用水、配餐和油料等;地面服务部门需要为旅客提供值机服务和办理登机手续等;货运部门需要办理货物托运、将货物和旅客行李装入机舱;配载部门需要计算载重和平衡等。经放行后,飞机才能起飞。飞机抵达目的地机场后,又重复以上过程,再飞往下一目的地。整个工作形成一条完整的工作链,一环扣一环,任何一个环节脱节均将影响航班的正常运输。因此,航空公司原因也是影响航班运输不正常的一个重要原因。航空公司原因具体表现在13个方面:① 公司计划;② 运行保障;③ 空勤组;④ 工程机务;⑤ 公司销售;⑥ 地面服务;⑦ 食品供应;⑧ 货物运输;⑨ 后勤保障;⑩ 代理机构;⑪ 擅自更改预先飞行计划;⑫ 计划过站时间小于规定的机型最少过站时间;⑬ 其他航空公司原因。

第三类,流量原因。生活中,通常很多人认为天空如此浩渺,飞机可在天空自由飞行。实则不然,一如汽车在公路上行驶需遵守交通规则,飞机在空中飞行也必须严格遵守空中飞行规则。飞行中的飞机必须保持一定的垂直间隔和水平间隔,才能避免飞机彼此之间过于接近和由此而引发的相互碰撞,而这些垂直间隔和水平间隔的数值均有具体、明确的规定,正因为如此,在一定大小的空域中所能承载的飞机数量是有限的。而当在同一时间段内,航班流量过大,航路出现拥挤时,为了保证各飞机之间保持一定的安全距离,必须实施流量控制。流量原因又主要体现在3个方面:① 在非天气、军事活动等外界因素影响下,实际飞行量超过区域或终端区扇区保障能力;② 实际飞行量超过机场跑道、滑行道或停机坪保障能力;③ 通信、导航或监视设备校验造成保障能力下降。

第四类,航班时刻安排原因。航班时刻是指为航班指定或分配的,在特定日期、特定机场出发或到达的计划时刻。航班时刻安排原因是指航班时刻安排超出民航局规定的机场航班时刻容量标准,即超出单位小时内机场能够保障的航空器最大起降架次,主要包括:① 换季航班时刻的协调;② 日常定期航班时刻的协调;③ 航班时刻的交换、调整和归还等。

第五类,军事活动原因。军事活动属于高度国防机密,出于防撞和防止误击的考虑,都会划定一个飞行禁区,禁止一切飞行器通过。而且这种军事活动一般都来得比较突然,不会提前通知。因而,接到军事活动信息后,相关航路的飞行除了原地等待或原路返回外,别无他法。尤其是在沿海地区,军事活动会相对频繁,且大多在白天进行,时长通常3~5小时不等。所以,待到军事活动解除,空域已经出现了超饱和状态,拥挤与堵塞严重,不可避免地导致航空运输不正常。军事活动原因具体表现在:① 军航训练、转场、演习、科研项目等限制或禁止航班飞行,造成保障能力下降;② 军方专机禁航;③ 军事活动导致流量控制;④ 其他军事活动原因。

第六类,空管原因。"空管"是空中管制的简称,是指空中"交通警察"——空中交通管制员为了保证飞行安全,对每架飞机从起飞到着陆整个飞行过程中的指挥和调配。近年来,随着我国经济的快速发展,民航运输量迅猛增长,我国空管系统的飞行保障能力趋于饱和,由于空中管制原因导致的航班不正常逐步显现。通常情况下,空管原因包括以下几种情况:① 空管人为原因;② 空管系统所属设施设备故障;③ 气象服务未及时提供;④ 航行情报服务未及时提供或有误;⑤ 擅自降低保障能力;⑥ 其他空管原因。

第七类,机场原因。机场是供飞机起飞、降落、滑行、停放及进行其他活动使用的区域,也是飞机中转的枢纽。同时,机场还是广大旅客办理登机手续、上下飞机所必需的场所。因而,在机场运行保障中的任何一个环节出现问题,都有可能导致航班运输不正常。引起航班运输不正常的机场原因较多,具体如下:① 机场跑道、滑行道等道面损坏;② 机场活动区有异物;③ 人、动物、车辆进入跑道或滑行道;④ 发生在飞机起飞阶段高度100米(含)以下或者进近阶段高度60米(含)以下,或与机组确认为机场责任范围内发生的鸟害;⑤ 机场所属设施、设备故障;⑥ 等待停机位或登机口分配;⑦ 机场原因导致飞机、保障车辆等待;⑧ 候机区秩序;⑨ 机场运行信息发布不及时;⑩ 未及时开放、增开安检通道或安检设备故障;⑪ 机场施工造成保障能力下降;⑫ 机场净空条件不良造成保障能力下降;⑬ 机场或跑道宵禁造成保障能力下降;⑭ 机场所属拖车等保障设备到位不及时;⑮ 跑道查验;⑯ 其他机场原因。

第八类,联检原因。航空机场联检即我国公安边防检查部门、海关和卫生检疫部门所实施的联合检查。公安边防检查部门是国家设在对外开放口岸以及特许的进出境口岸的入出境检查管理机关,是代表国家行使入出境管理职权的职能部门。其任务是维护国家主权、安全和社会秩序,发展国际交往,对一切入出境人员的护照、证件和交通运输工具实施边防检查和管理,实施口岸查控,防止非法入出境。海关是根据国家法律对进出关、境的运输工具,货物和物品进行监督管理和征收关税的国家行政机关。海关的任务是依照《中华人民共和国海关法》和其他有关法律、法规,监管进出境的运输工具、货物、行李物品、邮递物品和其他物品,征收关税和其他税、费;查缉走私;编制海关统计和办理其他海关业务。卫生检疫部门是国家在国境口岸的卫生检疫机关,执行《中华人民共和国国境卫生检疫法》《中华人民共和国食品卫生法》及有关法规,防止传染病由国外传入或由国内传出,保护人体健康。对入出境人员、交通工具、运输设备和可能传播检疫传染病的行李、货物、邮包以及进口食品等实施检疫检验、传染病监测、卫生监督、卫生处理和卫生检验,并为出入境人员办理预防接种,健康体检签发证件,提供国际旅行健康咨询、预防和急救药品等。联检原因主要有两个方面:① 因联检单位(边防、海关、检验检疫)原因未及时为旅客办理手续,造成旅客晚登机;② 其他联检原因。

第九类,油料原因。油料原因包括:① 未按计划供油;② 油品质量不符合规定要求;③ 加油设施设备故障;④ 加油时损坏飞机;⑤ 其他油料原因。

第十类,离港系统原因。离港系统原因主要有:① 离港系统故障,不能办理旅客登机手续,或离港系统运行效率降低造成旅客办理乘机手续时间延长;② 其他离港系统原因。

第十一类,旅客原因。在民航运输的实践中,由于旅客自身原因导致航班运输不正常的情况也是经常发生。主要包括:① 旅客晚到;② 登机手续不符合规定;③ 旅客突发疾病;④ 旅客丢失登机牌,重新办理手续;⑤ 旅客登机后要求下机,重新进行客舱及行李舱安全检查;⑥旅客拒绝登机或前段航班旅客霸占飞机;⑦其他旅客原因。

第十二类,公共安全原因。除上述各种原因之外,公共安全也可导致航班运输不正常。公共安全原因主要涉及以下7个方面:① 突发情况占用空域、跑道或滑行道,造成保障能力下降;② 因举办大型活动或发生突发事件,造成保障能力下降或安检时间延长;③ 航班遭到劫持、爆炸威胁;④ 发生可能影响飞行安全的事件,如机场周边燃放烟花导致能见度下降,发现不明飞行物、气球、风筝;⑤ 地震、海啸等自然灾害;⑥ 公共卫生事件;⑦ 其他公共安全原因。

按照责任性质来划分,导致航班不正常的原因可分为承运人原因和非承运人原因两类。其中,承运人原因是指造成航班不正常的可归责于承运人的航班计划、航班调配、运输服务、机务维护和机组等原因;非承运人原因是指造成航班不正常的天气、突发事件、空中交通管制、安检、旅客或公共安全原因。这里需要注意的是,因天气原因造成航班延误,相邻两个航段延误原因归天气原因,如后续航班继续延误则归承运人原因。

案例5-6:

航班延误致冲突频现 空域过小致空中"封路"

2011年4月17日,广东一带暴雨,深圳宝安机场出现大面积航班延误。由于等待时间过长,旅客情绪激动,与深圳航空地服人员发生激烈肢体冲突。5月8日晚上,近百名国航的乘客因为航班被取消滞留深圳宝安国际机场,旅客们不满航空公司改签安排而情绪激动。经地面代理服务人员协调,仍有100多名乘客滞留,情绪越来越激动。直到5月9日深夜两点多,航空公司才陆续说服大部分乘客改签,截至9日早上8点多,所有滞留旅客全部改签成行。国航也正式向旅客出具书面致歉信。去年7月,在海南三亚凤凰机场,因天气原因上千名旅客滞留,在长时间的延误后,旅客拒绝登机。但是,民航资源干部学院的邹建军认为,航班延误并不是导致机场暴力的导火索,他说:"我国和一些航空运输发达国家的航班正常率是差不多的。"

航空公司表示:"我们也不愿延误。"航班延误后,航空公司一些员工冷漠的态度让旅客感到窝火。当焦急的旅客前去询问原因时,得到的答复往往是简单的几句术语:"天气原因""航空管制""机械故障""飞机调配"。至于起飞时间,答案经常是"马上""快了",然后是一拖再拖,直至旅客情绪崩溃。然而,对于航空公司来说,他们也不愿意航班延误。深圳航空地面服务部的吴潇表示:"航班延误,航空公司付出的成本非常高,一架飞机在地面等待一个小时的平均成本为1万美元左右,所以无论是从经营、运营还是保障旅客服务来讲,我们希望飞机能正点起飞,希望旅客能顺利出行。这种心情、立场与旅客完全一致。"

延误原因:空域过小致空中"封路"。央视记者报道指出,目前,排名前五位的航班延误原因为空中管制、公司计划、天气、工程技术、机场,其中空中管制为航班延误的最大原因。而空中管制的根本原因是空域资源不足,不得不在空中"封路"。邹建军表示:"现在业务增长量非常快,但是基础服务设施并没有跟上业务量的增长,比如空域的问题。"

权威数据:四成延误因航空公司所致。民航局5月4日发布《2010年民航行业发展统计公报》,公报披露,航空公司自身原因、流量控制和天气原因成为航班不正常的主要原因。其中,航空公司自身原因导致的航班延误占到了40%以上,流量控制原因导致的航班延误占到了30%左右,天气原因导致的航班延误在20%左右,其他原因占到了10%左右。

2010年主要航空公司航班正常率为75.8%；中小航空公司航班正常率为68.8%。在民航局的统计公报中，2010年因航空公司自身原因导致的延误数量有所减少，而因流量控制导致的延误，则增加了5个百分点左右。

来源：《北京晨报》

二、航班延误和取消

（一）航班延误和取消的概念

一直以来，航班延误是困扰世界各大航空公司和旅客的一大难题，引起航班延误的原因也是多方面的，旅客在候机的过程中心里也是由急到烦直至产生过激行为逐渐变化的。

航班延误可分为航班到港延误、航班出港延误、机上延误和大面积航班延误等情况。其中，"航班到港延误"是指航班实际到港挡轮挡时间晚于计划到港时间超过15分钟的情况。"航班出港延误"是指航班实际出港撤轮挡时间晚于计划出港时间超过15分钟的情况。"机上延误"是指航班飞机关舱门后至起飞前或者降落后至开舱门前，旅客在飞机内等待超过机场规定的地面滑行时间的情况。"大面积航班延误"是指机场在某一时段内一定数量的进、出港航班延误或者取消，导致大量旅客滞留的情况，超出该机场高峰小时保障能力。

航班取消是指因预计航班延误而停止飞行计划或者因延误而导致停止飞行计划的情况。

（二）航班延误和取消时的旅客心理及其影响因素

1. 航班延误和取消时的旅客心理

航班延误和取消，不管是对航空公司还是机场来说，都是一件不愿其发生但又无法避免的一种现象，同时也是整个民航业服务的难点。从旅客的心理活动过程来看，旅客购买了机票进入候机室平静地等待，此时的心理需求是飞机按时起飞。一旦听到"我们抱歉地通知您，由于×××原因导致本次航班延误……"的播报，旅客的心理需求与客观现实形成强烈反差，从而出现心理波动情绪。旅客的情绪波动有一定的差异性，但也有其共性，更具有复杂性。归纳起来，航班延误或取消后，旅客的心理特征主要表现在以下几个方面。

（1）怀疑心理

当听到航班因天气原因被延误时，部分旅客顿时对航空公司告知的延误理由持怀疑态度。"天气原因是可以理解的，但是我们怀疑航空公司没有给我们提供真实的信息"，这是很多旅客在遭遇航班延误时的第一心理反应，从而产生怀疑情绪。

（2）焦虑心理

人们之所以选择乘坐飞机外出，主要是由于航空飞行具有快捷、舒适等优势。然而，航班延误，尤其是长时间地延误，将直接打乱人们的出行计划，譬如公务安排不得不调整，旅游计划不得不推迟或取消，下一段行程的交通票据不得不改签或退票，接机的亲友不得不无奈地继续等待……随着航班延误时间的拉长甚至取消，旅客坐立不安，着急、焦虑心理也将随之加重。

(3) 期盼心理

当航班延误时,旅客非常期盼航空公司能更多地、及时地、动态地告知有关航班的信息,如航班所在的位置、航班延误多久、什么时候能够登机等。据此,旅客也才能调整或安排行程,预计成行时间,并急切地期盼航班延误能够尽快结束。

(4) 窝火心理

部分旅客认为,航班延误或取消并非天天发生,可偏偏被自己给撞上了,觉得自己怎么这么倒霉,从而产生窝火心理,一旦候机员有稍许的服务不周,他们将借机一股脑地发泄心中的怨气和憋屈,也容易做出一些欠理智的事情出来。

(5) 抱怨心理

当第一次通知航班延误时,旅客一般只觉惋惜。但随着飞机起飞时间的不断推迟,旅客也很难准确、及时地获得航班延误的信息,旅客的抱怨心理开始产生并随之加深。

(6) 愤怒心理

随着航班延误时间的拉长,旅客的抱怨情绪也持续增强,如若一直没有航班预计抵达或起飞的时间,旅客将感到非常失望,加之长时间等候的疲劳,旅客极易产生愤怒心理。倘若最后又通知航班被取消,此时,旅客忍无可忍,愤怒情绪爆发,并且这种愤怒情绪极具扩散性,从而极有可能引发周围人产生同样的愤怒情绪,进而可能与工作人员争吵、投诉、要求赔偿,甚至破坏机场设施等。

2. 航班延误和取消时旅客心理的影响因素

通常,在航班延误和取消现场,旅客的情绪非常不稳定。这种情绪波动的大小主要受以下四个因素的影响。

其一,航班延误时间的长短。航班延误的时间越长,旅客的情绪波动越大且将持续升高,当航班取消时,矛盾更加尖锐。

案例 5-7:

航班延误致机场冲突频发　2013 年 8 月份平均两天一起

2013 年入夏以来,全国各地雷雨天气增加,导致航班频繁延误。随之而来的是各大机场陆续发生多起肢体冲突事件:冲跑道、霸机、殴打工作人员……而做出这一系列"中国式愤怒登机"行为的人群,被外媒称为"空怒族"。

2013 年 8 月 8 日晚,5 名乘坐河北航空公司航班由重庆飞往石家庄的头等舱旅客,因航空公司未提供专车送机,便抱住飞机牵引车的轮子阻拦起飞,最终导致该航班延误近 2 小时。这一事件,再度引发了人们对各种机场冲突的关注。记者通过微博和媒体网站统计了 5 月 1 日至 8 月 10 日全国各地机场共发生了 26 起肢体冲撞事件。其中有近五成都是由于航班延误引起的。尤其进入 8 月份,平均两天就会发生一起冲突。当机场出现大面积延误时,乘客首先接触的就是地勤人员,因此他们之间也更容易产生矛盾。在这 26 起事件中,乘客和地勤人员之间发生的冲突占比高达 38.46%。

来源:http://news.qq.com/a/20130813/013462.htm。

其二，信息告知的透明性与及时性。在现场情绪控制手段中，信息告知是简单却又关键的影响因素。随着时间的推移，现场服务信息与信息的持续、及时且让人感觉毫无保留的发布，在一定程度上可缓解旅客的情绪波动。但是，如果信息告知的透明性与及时性不能达到旅客的要求，旅客的情绪波动曲线将如图5-1所示，可能由图中的实线发展为虚线，即情绪上升更为迅速。

图5-1 服务现场旅客情绪波动曲线

其三，旅客乘机出行的重要性。旅客乘机外出通常有自己的计划性和目的性，总是为了办某事而出行。需要办理的事情越重要，时间越紧迫，发生航班延误和取消后，旅客的情绪波动越大，行为越激烈。

其四，服务补救的有效性。发生航班延误时，延误的时间可能较短，也可能较长。因而，现场的服务补救及其有效性通常成为服务成功与否的关键。如航班延误时间较长时，有效解决旅客的个性化需求与基本的休息需要就非常关键。换句话说，现场是否采取服务补救措施，服务补救措施是否及时、有效，同样会导致旅客心理情绪的波动。

（三）航班延误和取消时的服务

2016年3月24日经第6次交通运输部部务会议通过，并于2017年1月1日起施行的《航班正常管理规定》(中华人民共和国交通运输部令2016年第56号)对航班延误和取消时的服务做了具体规定。

1. 一般规定

（1）承运人应当制定并公布运输总条件，明确航班出港延误及取消后的旅客服务内容，并在购票环节中明确告知旅客。国内承运人的运输总条件中应当包括是否对航班延误进行补偿；若给予补偿，应当明确补偿条件、标准和方式等相关内容。

（2）承运人应当积极探索航班延误保险等救济途径，建立航班延误保险理赔机制。

（3）承运人委托他人代理地面服务业务或者销售代理业务的，应当在代理协议中明确航班出港延误后的服务内容和服务标准。

（4）承运人及其航空销售代理人在售票时，应当将旅客联系方式等必要信息准确录入旅客订座系统，并负责及时通告旅客航班动态信息。

（5）航班出港延误或者取消时，承运人、机场管理机构、空管部门、地面服务代理人、航空销售代理人应当加强信息沟通和共享。承运人应当每隔30分钟向机场管理机构、空管部门、地面服务代理人、航空销售代理人发布航班出港延误或者取消信息，包括航班出港延误或者取消原因及航班动态。空管部门应当按照规定将天气状况、流量控制和航班出港延误后放行等信息通告承运人和机场管理机构。机场管理机构应当按照规定将机位、机坪运行情况等信息通告承运人、地面服务代理人和空管部门。

（6）机场管理机构应当协调驻场各单位，制定大面积航班延误总体应急预案，并定期组织演练。承运人、地面服务代理人、空管部门及其他服务保障单位应当分别制定大面积航班延误应急预案。驻场各单位应当服从机场管理机构的组织协调，参加演练，落实各项服务保障工作。

（7）旅客应当文明乘机，合法维权，不得违法进入机场控制区，堵塞安检口、登机口，冲闯机坪、滑行道、跑道，拦截、强登、强占飞机，破坏设施设备，或者实施其他扰乱民航运输生产秩序的行为。

（8）出现旅客扰乱民航运输生产秩序的情况，承运人、地面服务代理人、机场管理机构等相关单位应当及时报警。机场公安机关接到报警后，应当依法及时处理，维护民航运输生产秩序。

2. 航班出港延误或取消旅客服务

（1）在掌握航班出港延误或者取消信息后，各单位应当按照各自职责，做好以下信息通告工作：其一，承运人应当在掌握航班状态发生变化之后的30分钟内通过公共信息平台、官方网站、呼叫中心、短信、电话、广播等方式，及时、准确地向旅客发布航班出港延误或者取消信息，包括航班出港延误或者取消原因及航班动态。其二，机场管理机构应当利用候机楼内的公共平台及时向旅客通告航班出港延误或者取消信息。其三，航空销售代理人应当将承运人通告的航班出港延误或者取消的信息及时通告旅客。各单位应当加强协调，及时传递相关信息，确保对外发布的航班信息真实、一致。旅客对承运人、机场管理机构、航空销售代理人通告的信息真实性有异议的，可在旅行结束后向民航局确认。

（2）航班出港延误或者取消时，承运人应当根据运输总条件、客票使用条件，为旅客妥善办理退票或者改签手续。旅客要求出具航班延误或者取消书面证明的，承运人应当及时提供。

（3）航班出港延误或者取消时，承运人应当按照运输总条件，做好旅客服务工作。

（4）发生航班出港延误或者取消后，承运人或者地面服务代理人应当按照下列情形为旅客提供食宿服务：其一，由于机务维护、航班调配、机组等承运人自身原因，造成航班在始发地出港延误或者取消，承运人应当向旅客提供餐食或者住宿等服务。其二，由于天气、突发事件、空中交通管制、安检以及旅客等非承运人原因，造成航班在始发地出港延误或取消，承运人应当协助旅客安排餐食和住宿，费用由旅客自理。其三，国内航班在经停地延误或者取消,无论何种原因,承运人均应当向经停旅客提供餐食或者住宿服务。

(5) 在航班出港延误或者取消时,承运人、航空销售代理人或者地面服务代理人应当优先为残疾人、老年人、孕妇、无成人陪伴儿童等需特别照料的旅客提供服务。

(6) 机场管理机构应当在航站楼内为旅客提供医疗服务。

(7) 航班延误、取消时,承运人应优先安排旅客乘坐后续航班或签转其他承运人的航班。

(8) 航班延误、取消时,旅客要求退票,始发站应退还全部票款,经停地应退还未使用航段的全部票款,均不收取退票费。

3. 机上延误服务

(1) 承运人应当制定并向社会公布机上延误应急预案,预案内容应当包括机上延误时的信息通告、餐饮服务提供时间和下机的条件及限制。机上延误应急预案应当与机场管理机构、海关、边检、安保部门充分协调。

(2) 发生机上延误后,承运人应当每30分钟向旅客通告延误原因、预计延误时间等航班动态信息。由于流量控制、军事活动等原因造成机上延误的,空管部门应当每30分钟向承运人通告航班动态信息。

(3) 机上延误期间,在不影响航空安全的前提下,承运人应当保证盥洗设备的正常使用。机上延误超过2小时(含)的,应当为机上旅客提供饮用水和食品。

(4) 机上延误超过3个小时(含)且无明确起飞时间的,承运人应当在不违反航空安全、安全保卫规定的情况下,安排旅客下飞机等待。

(5) 机场管理机构、地面服务代理人应当协助承运人做好机上延误时的各项服务工作。

4. 大面积航班延误的服务

(1) 机场管理机构及驻场各单位应当共同建立大面积航班延误联动协调机制,包括信息共享、航班放行协调、旅客服务协调等机制。

(2) 机场管理机构应当及时宣布启动大面积航班延误总体应急预案,并协调承运人、地面服务代理人、机场公安机关、空管部门及服务保障单位,共同实施应急预案。

(3) 发生大面积航班延误时,空管部门应当按照规定向有关单位通告航班延误原因、预计起飞时间等航班动态信息。机场管理机构应当建立大面积航班延误信息发布工作制度及对外宣传平台,实时向社会公布延误及处置情况。

(4) 发生大面积航班延误时,空管部门应当协调承运人、机场管理机构、地面服务代理人等单位,启动航班放行协调机制。

(5) 发生大面积航班延误时,机场管理机构应当启动旅客服务协调机制,协调承运人、地面服务代理人、机场公安等单位,组织实施相关服务工作。机场管理机构应当协调海关、边防、检验检疫等联检单位,根据进出港航班运行情况,确保旅客快速办理联检手续。夜间大面积航班延误期间,机场管理机构应当协调相关单位延长机场巴士运营时间。

(6) 发生大面积航班延误时,机场公安机关应当增加现场执勤警力,维护民航运输生产秩序。

(7) 机场管理机构应当与地方政府建立大面积航班延误处置联动机制,必要时请求地方政府协助。

(四)航班延误和取消时的沟通策略

1. 信息透明

如若在旅客前往机场办理乘机手续之前获知航班延误超过 60 分钟或取消,由售票处根据旅客订座单的联系电话通知旅客航班变更时间。如果售票处无法与已购票旅客取得联系,则机场值机部门应按原定办理乘机手续时间在柜台等候旅客,并向旅客说明情况,做出相应处理。

无法由售票处提前通知旅客航班延误信息时,按原定时间为旅客办理乘机手续。在办理乘机手续后获知航班延误的,视延误时间的长短,可采取不同方式告知航班延误信息。具体如下:第一,若航班延误时间在 10 分钟之内的,可以不通知旅客,而是采取稍微延迟广播登机。第二,如果延误时间在 10~15 分钟的,应尽快以恰当的方式告知旅客,并明确告知该航班将延迟多少分钟起飞或登机。第三,如果延误时间在 15 分钟以上或取消的,应立即通知旅客,并告知该航班预计登机时间或航班取消后的安排。第四,如果航班延误信息不确定,应每隔 30 分钟通报一次动态信息。第五,如果旅客登机后发生延误或飞机起飞后返航,应立即向各有关部门询问航班可能延误的时间。若延误时间较长,应询问值班领导和机长,旅客是在机上等候还是安排下机休息。第六,如果航班延误信息不确定或航班延误时间超过 2 小时,旅客被安排下飞机等候且需要重新登机时,若在预计的航班起飞时间之前有后续其他航班可以签转的,应帮助要求签转的旅客卸下其行李,运回出发行李收运处,方便旅客取行李改乘其他航班。

在告知航班延误或取消的信息时,需要特别注意航班信息预告要真实和及时。据统计,航班延误或取消时,旅客最大的心理需求是获得真实、及时的航班信息或者航班取消后的具体安排。那么,航空公司、机场等相关部门应坚持诚实守信的原则,按照《航班正常管理规定》的要求,及时、准确地将航班信息传递给旅客,满足旅客对航班信息知情的心理需求。航班延误时,切忌将机械、人为等原因说成天气原因,一经发现,将受严格处罚。

案例 5-8:

航班延误信息传递欠准确导致的尴尬

B 航空公司到北京的航班发生延误,接近登机时间,候机厅未见任何登机迹象,于是有旅客前来问询航班情况,候机员在没有完全确定延误原因的情况下,告知旅客该航班之所以延误,是由于对方机场的航班流量控制。殊不知,旅客当中恰有一位旅客对对方机场较熟悉,于是电话联系了对方机场的一位朋友,得知对方机场是正常放行。此时,该旅客大怒,其他旅客也纷纷愤怒质问为何不如实告知航班延误的真正原因,纷纷指责机场、航空公司不诚信。顿时,该旅客成了群众领袖,代表旅客与机场、航空公司谈判,相关部门也感到十分尴尬。

来源:编者的亲身经历

2. 安排膳宿

发生航班出港延误或者取消后,承运人或者地面服务代理人应当按照下列情形为旅客提供膳宿服务:第一,造成航班在始发地出港延误或者取消的原因是承运方的,承运人应当向旅客提供餐食或者住宿等服务。第二,造成航班在始发地出港延误或者取消的原因是非承运方的,承运人应当协助旅客安排餐食和住宿,费用由旅客自理。第三,航班在经停地延误或者取消,无论何种原因,承运人均应当向经停旅客提供餐食或者住宿服务。

3. 安排改乘

如果有旅客要求改乘其他航班,承运人或其地面服务代理人应该在航班有可利用座位的情况下给予妥善安排。通常情况下,应该优先安排本公司后续航班。倘若该航班不能满足旅客要求时,帮助旅客签转其他航空公司的航班。

(1) 办理改乘手续的顺序

为旅客办理改乘手续时,一般按照以下顺序来安排:重要旅客—有特别困难急于成行的旅客—需在目的站转机的旅客—头等舱、公务舱旅客(旅客自愿降舱旅行)—其他旅客。

(2) 办理改乘的程序

为旅客办理改乘手续时,一般按照以下程序进行:第一,与接收改乘的承运人联系,确认接收改乘的航班预留座位。如果有转机旅客,通知该旅客。第二,广播通知旅客到候机厅内指定地点或值机柜台办理改乘手续。第三,当预知可能申请改乘的旅客人数较多,而航班可利用座位不足时,可采用不对外公布的限制办理或单个办理的方式进行。第四,办理国内航班改乘时,原自动客票/登机牌(ATB)无须签转,国际客票应签转,粘贴更改条后,将该乘机联从原航班票据中取出加盖签转印章,交予接收改乘的承运人。第五,如果改乘旅客持有的客票为折扣票,一般不予签转。第六,旅客改乘后,取消原订座记录或在原航班旅客记录上登记减人。第七,与接收改乘的承运人交接改乘旅客的托运行李,并做好交接记录。

4. 办理退票

如果有旅客要求退票,在始发站提出退票的,应退还旅客所付的全部票款;在航班经停站提出退票的,应退还未使用航段的票款,但所退金额不得超过原付票款金额。在办理退票时,应按以下程序处理。

(1) 收回登机牌,退还旅客乘机联。国内客票在封二注明"航班不正常"字样、签名、加盖业务章,请旅客到原出票地点、航班始发地、终止旅行地的客票所属承运人或其销售代理人售票处办理退票,不收取退票费,并向旅客说明业务规定,做好解释工作。

(2) 旅客坚持要就地退票时,如所乘坐的是本公司航班或使用公司客票填开的航班,也可按非自愿退票办理(仅限国内客票),免收退票费,但在退款单上应注明"航班不正常"字样。

(3) 退票时,取消原订座记录。

(五) 航班延误和取消时的语言沟通技巧

1. 延误取消时的语言沟通技巧

(1) 语言清晰。工作人员不管是在告知航班延误或取消信息时,还是在回答旅客关于航班延误或取消的咨询时,都要做到语言清晰,力求发音准确、吐字清楚,确保旅客能清晰听见,不要含混不清、羞羞答答,也不要语速太快,更不能应付了事,避免因为语言表达欠清楚而带来的不必要的麻烦。

（2）语气平和。发生航班延误或取消，旅客本就心情欠佳，这时尤其需要工作人员不要冲动，说话时注意语气柔和，音调不要太高，音量也要适中，确保旅客听得舒服。若语气生硬，容易让旅客感觉不友好、不和善，可能起到相反的作用。

（3）态度和蔼。和蔼、谦恭的态度可以让人心情舒畅，感觉友善，可有效降低旅客对航班延误或取消所产生的窝火、抱怨、愤怒和抵触等心理。应该秉持"想旅客之所想，急旅客之所急"的服务态度，面带微笑，使用礼貌用语，客气、耐心地为旅客服务，以此来融洽客我关系。

案例 5-9：

航班延误后言语不睦致矛盾升级

延误了8个小时的南航CZ3182次航班终于在广州落地，随后19名旅客因延误及不满航空公司的解释而拒下飞机。航班延误已屡见不鲜，有乘客质疑，航空公司为何不以人性化的服务减少冲突呢？

蒋先生乘坐的南方航空公司从内蒙古海拉尔飞往广州的CZ3182航班，登机时间本应是头天傍晚6时，但由于飞机迟迟未到延误了8个小时，直到第二日凌晨2时才起飞。乘客蒋先生告诉记者，在漫长的等待中，南航给每位乘客提供了一碗方便面、一瓶水、一根香肠。当飞机到达海拉尔机场时，南航工作人员要求乘客迅速登机，并且给每位乘客补偿100元人民币。但让乘客气愤的是，言语不睦间竟有工作人员态度非常恶劣："你们爱上不上，不上拉倒！行李随机带走，带到哪里是哪里。"

说起此事，南航也表示非常委屈，这次误机是由于前一天的暴雨造成整个周转出了问题，而且公司已经按照规定安排了乘客并做出了相应补偿。"按照规定需要做的事情，我们都做了。"误机事件已经日见寻常，但为何仍引得争执连连？"不可抗拒的因素大家都理解，我们只是需要一个良好的服务态度。"一位乘客说出了大家的心声，"有时一句暖心的话就能避免冲突。"

来源：http://news.carnoc.com/list/56/56456.html.

（4）倾听诉求。遭遇航班延误或取消，旅客有抱怨、不满等情绪时能理解。这个时候，工作人员应该尽量让旅客将抱怨、不满等说出来，并认真倾听，适当地充当旅客的"出气筒"。在旅客将不满倾诉完后，应详细了解旅客对本次航班延误或取消处理的要求和期待，并按照相关规定尽量满足。

2. 航班延误或取消时提倡使用的服务用语

（1）非常抱歉，飞机暂时还未从前站起飞，请留意我们的广播通知，如有最新消息，我们一定会广播告知每位旅客。

（2）您请稍等，我这就去帮您问一下看是否可行。

（3）请您不要着急，再稍等一会儿，大家都会上飞机的。

（4）对不起，我有做得不到位的地方还请您谅解。

（5）请大家少安毋躁，我会逐个地回答大家的提问。

（6）您反映的问题，我将向相关部门和领导反映。

(7) 请您配合我们的工作,谢谢!

(8) 感谢您对我们工作的配合和支持。

3. 航班延误或取消时禁止使用的服务用语

(1) 没时间就是没时间。

(2) 这个我可管不了。

(3) 我就这态度。

(4) 这老天要打雷下雨,我们也管不着。

(5) 不知道,我也不清楚,不要问我。

(6) 有意见你去投诉呀!

(7) 没看见我正在忙?

(8) 真是麻烦。

(9) 等着吧!

(10) 自己看!

(六) 航班延误时客舱服务语言沟通范例

(1) 导致航班延误的原因有多种,不管是承运人还是非承运人原因,采取以下的语言沟通方式是最基本的要求。

范例1:"先生(小姐),我知道您一定有很要紧的事,很着急,我们也为您着急,但有义务将真实情况通知大家,请相信我们。我这就再去询问一下机长看有没有最新进展,好吗?"

范例2:"先生(小姐),您的心情我理解,让您那么着急我很遗憾,也很不愿意。一有最新消息我们将马上通知您,我先给您倒杯温开水定定心吧?"

(2) 如果是航空公司机械故障原因而导致航班延误,客舱服务语言沟通可采取以下的方式。

范例3:"先生(小姐),今天飞机有一点小故障,为了您的安全,我们不能马上起飞,对此给您造成的不便我们深表歉意。我们的工程师正在抓紧时间修复,我去给您倒杯温水……请用,我还特地给您拿来了一份《环球时报》,看看报纸,时间可以过得快一些……我还可以为您做点什么吗?"

(3) 如果是航空公司卸货原因而导致航班延误,客舱服务语言沟通可采取以下方式。

范例4:"先生(小姐),实在对不起,货物还未装载完毕,大概还要15分钟,请您在座位上稍做休息。我去给您拿点饮料和果仁好吗?您想喝什么饮料?"

(4) 如果是航空公司等待旅客的原因而导致航班延误,客舱服务语言沟通可采取的方式如下。

范例5:"先生(小姐),真对不起,由于目前还有几位旅客没有登机,但是他们已经办过登机手续,请您在座位上休息一会儿,一有消息我会马上告诉您。我去帮您拿张报纸来好吗?我们有……您喜欢哪种?……这是您喜欢的《新民晚报》,我还给您带来一份《美酒与美食》的杂志,先解解闷吧!谢谢您的理解与支持!"

范例6:"先生(小姐),真对不起,由于目前还有几位已经办理过登机手续的旅客没有及时登机,他们的行李已经进入行李舱,为了大家的安全,现在地面服务员正在查找,一经找到,我们撤下行李就起飞,对于给您造成的不便深表歉意。您想喝点什么吗?我们有特制的"青春飞扬",给您品尝一下好吗?"

(5) 如果是天气原因而导致航班延误,客舱服务语言沟通可采取以下方式。

范例7:"先生(小姐),很抱歉,××上空有雷雨,为了您的安全,我们暂时还不能起飞。我去给您冲杯茶好吗?您先休息一下……给您毛毯和枕头,垫着舒服些,还有报纸,喝喝茶,看看报,休闲放松放松,一有最新消息我会立告诉您……"

范例8:"先生(小姐),我知道您一定很着急,您想换乘其他航空公司的飞机啊,但所有去北京的航班都走不了,我们现在排在第二位,万一您下机了而我们又起飞了,这样不就把您给落下了,我们会内疚的。您先喝杯水定定神,我这就去问问机长有无最新消息,我马上回来……"

(6) 如果是流量控制原因而导致航班延误,客舱服务语言沟通可采取的方式如下。

范例9:"先生(小姐),很抱歉地通知您,由于空中交通管制原因,我们不能马上起飞,我们的飞机现在排在第××架等待起飞,每一架次的间隔时间大约是××。一有最新情况我们会及时告诉您。请您在座位上休息……"

(7) 如果是旅客不忍长时间等待要求下机时,客舱服务语言沟通可采取如下方式。

范例10:"先生(小姐),很抱歉,耽误了您这么长时间我们真的很遗憾,我马上将您的要求报告乘务长、机长,尽可能帮您联系,您请稍等,我会随时告诉您进一步情况。您需要喝点什么吗?"……"先生(小姐),现在可以下机了,请带好您的所有手提物品,跟随地面工作人员下机。再次感谢您的理解!祝旅途愉快!"

知识链接:海口美兰机场"八字服务法"

- 迎:以礼当先,热情迎客;
- 问:主动问候,招呼旅客;
- 勤:手勤、眼勤、嘴勤、脚勤;
- 洁:卫生清洁,环境幽雅;
- 灵:反应灵敏,随机应变;
- 轻:说话轻、走路轻、操作轻;
- 听:听取意见,改进服务;
- 送:真诚祝福,热情相送。

来源:宋文静,余辉.民航服务与人际沟通[M].北京:科学出版社,2013.

三、航班中断

(一) 航班中断的概念

航班因故未在经停站降停或降停非目的地而不继续飞行的航班称为中断航班。

（二）航班中断的服务与沟通

航班中断通常会给旅客带来极大的不便，应进行有效服务与沟通。一般情况处理程序如下。

（1）地面旅客服务部门在飞机落地前，向生产调度部门了解航班的旅客人数以及有无重要旅客或特殊旅客等情况。

（2）地面服务员引导旅客提取行李。

（3）对将继续乘机的旅客，如需提供膳宿服务，按承运人原因航班延误的有关规定处理。

（4）航班中断后，旅客要求改变航程或终止旅行的，按以下规定办理。

① 在始发站，退还全部票款，不收取退票费。

② 在经停站，退还旅客未使用航段的票款，但所退票款不得超过始发站至原目的地票价，不收取退票费；如旅客所付票价为折扣票价，应按相同折扣率计退票款。

③ 改变航程的旅客应退票后另行购票。

（5）航班中断后转其他航班飞行。

航班中断后，原则上应使用其他航班将旅客送回原目的站机场，单独设立柜台为中断航班的旅客办理转乘手续。使用"国内航线客运航班中断舱单"（FIM）逐一登记旅客姓名和客票号码，对于旅客没有提取的行李，由值机柜台换牌或清点后保管和交付运输。

注：中断舱单是指航空运输企业因特殊原因无法按原计划航班完成与旅客的运输合同而填开的由其他航空运输或其他航班完成旅客运输的凭证，既是旅客乘坐接运航空公司的运输凭证，也是接运航空公司与交运航空公司的结算凭证，具有客票乘机联的同等效力，是一种有价证券。

案例 5-10：

尼 Arik 航空公司因乘客袭击工作人员中断航班

据尼日利亚《每日信报》2017 年 1 月 8 日报道，尼 Arik 航空公司负责人表示，因燃油紧张造成航班减少，周三该航空公司因工作人员遭乘客袭击，财物遭乘客破坏致飞行中断，周四类似情况再次发生。该负责人呼吁机场和有关机构改善安全环境，避免类似情况再次发生。

来源：http://nigeria.mofcom.gov.cn/article/jmxw/201701/20170102498432.shtml。

四、补班

（一）补班的概念

航班由于天气、突发事件或航空公司飞行故障、航班计划等原因，无法按原班期时刻完成运输，造成旅客在始发地滞留，确定起飞时间后于次日完成航班任务，则此航班叫作补班。

（二）补班的服务与沟通

航班补班飞行时，应按以下要求处理。

(1) 要了解清楚执行补班飞行的机型、机号、座位布局等信息。

(2) 未办理乘机手续的，起飞当日按正常办理乘机手续办理。

(3) 已办理乘机手续的，起飞当日应重新登记，收回原航班登机牌，换发新登机牌。

① 如原登记旅客未到，值机柜台应向生产调度报告。

② 登机前派人到登机口为可能未换新登机牌的旅客补办乘机手续。

③ 如果未到的旅客有行李托运，应将行李牌号码告知装卸部门将行李拉下，待旅客到机场后，安排后续航班旅行。

④ 个别旅客因故退票或签转其他航班，由此形成的载量变化，工作人员需做到心中有数，载量尚余时，可以办理非补班航班旅客的购票、乘机手续。

五、航班返航

（一）航班返航的概念

航班返航是航班从始发地机场飞往目的地机场的途中，由于受到天气变化、突发事件、空中交通管制等原因，不能继续执行航班飞行任务，返回始发地机场降落的情况。

（二）航班返航的服务与沟通

(1) 航班起飞后返航，应立即向有关部门询问航班返航原因及将延误的时间。

(2) 如果起飞时间不能确定或等待时间较长，应安排旅客下机等候，并做好航班长时间延误、取消的准备工作。

(3) 了解相同航段后续航班座位的可利用情况，提前做好旅客签转的准备工作。

(4) 协助旅客办理退票、改签工作，并确保已收回已退票或改签旅客的登机牌和行李提取牌。

(5) 航班重新登机时，需要重新核对旅客人数及行李件数。

案例 5-11：

航班起飞后返航　乘客获赔 100 元

2016 年 1 月 9 日上午 10 时许，北京至乌鲁木齐的南航 CZ6904 航班因电脑系统发生故障，起飞近一小时又返航首都机场。记者了解到，该航班于昨天 15 时 59 分更换飞机再次起飞，于 19 时 32 分安全到达乌鲁木齐，机上没有人受伤。事后，每位乘客获赔 100 元现金。

据多名乘客称，昨天早上，乘客们是 8 时 30 分左右按照正常时间办理登机的，上机后在飞机上多等了十几分钟，飞机于 9 时 22 分才起飞。

乘客吕女士告诉记者，CZ6904 飞了将近一个小时，广播中通知乘客称，由于飞机的电脑系统发生故障，飞机将尽快返回北京首都机场。快到机场时，机长再次广播告诉乘客，目前飞机的重量超过了降落的最高限重，飞机将在北京上空盘旋消耗燃油，以减轻重量。

"CZ6904 航班原计划是昨天早上 9 时 5 分从北京首都机场起飞的，13 时 15 分降落在乌鲁木齐地窝堡机场。"吕女士说，中午 11 时 29 分，飞机安全降落在首都机场 T2 航站楼，没有人员受伤,机上100多名乘客均回到候机楼休息等候。多名乘客还告诉记者,昨天南航向每位乘客赔付了100元现金。

2016年1月10日上午,中国南方航空公司的工作人员表示,昨天上午CZ6904航班的确在起飞后又返航首都机场,原因是工程机务原因,包括飞机上的电脑系统故障等情况。飞机降落北京后,南航迅速调换了另一架空客A321中型飞机。

"CZ6904航班原计划是昨天早上9时5分从北京首都机场起飞,11时29分又返航首都机场。"工作人员说,当天15时59分,航班再次从首都机场起飞,19时32分在乌鲁木齐顺利降落。

来源:http://news.hexun.com/2016-01-10/181711687.html。

六、航班备降的服务与沟通

(一)航班备降的概念

航班备降是指由于天气或机械故障等原因,航班临时降停在非预定的经停地点。

(二)航班备降的服务规定

《航班正常管理规定》对航班备降时的服务做了如下规定。

(1)承运人、机场管理机构、地面服务代理人应当分别制定备降航班地面服务保障工作程序和应急预案。

承运人与备降机场管理机构、地面服务代理人有备降保障协议的,备降机场管理机构和地面服务代理人应当按保障协议做好备降航班服务工作。

承运人签订协议的备降机场无法接收备降,航班需在其他机场备降时,相关机场管理机构应当按照有关规定积极创造条件,在保证安全的前提下,提供备降保障,不得借故不予保障。

(2)国内航班发生备降,无论何种原因,承运人均应当向备降旅客提供餐食或者住宿服务。

(三)航班备降的服务与沟通

航班备降时,要做好以下工作。

(1)飞机落地前,向生产调度部门了解航班的旅客人数以及有无重要旅客或特殊旅客等情况。

(2)安排有经验的工作人员处理备降航班,并按航班过站提供服务。

(3)与机场调度部门联系,确定机上旅客是否留在飞机上等候。若在机上等候,则乘务人员应通过机上广播通知旅客航班备降原因、预计停留时间。

案例5-12:

一货航航班油不够备降珠海

民航资源网2016年4月13日消息:4月13日早间7时许,珠海空管站塔台管制室管制员接到前方管制单位电话通报,由于受强雷雨天气影响,一落地深圳机场的货航航班无法正常落地,并在空中绕飞雷雨天气许久,油量开始紧张,如在空中再多等待十几分钟,将可能出现紧急油量的特殊情况。

收到这一紧急信息,珠海空管站塔台管制员立即响应,迅速到岗做好开航准备工作,协调技保、灯光等部门,及时检查开放通信导航设施设备及助航灯光,并向气象部门了解珠海机场本场天气实况及趋势,及时通报前方管制单位及备降航班机组,减少备降航班空中等待,为其提供有利飞行路径。7时18分,备降航班安全落地珠海机场。

截至4月13日晚,珠三角地区仍受雷雨天气影响,广州、深圳、珠海、澳门等机场的航班均受到不同程度的影响。珠海机场12日航班计划,一直持续到13日凌晨5时许才结束,对于珠海塔台管制室的管制员们而言,又是一个平凡的通宵夜班,管制员们通力保障,坚守岗位,确保每一架起降珠海机场的航班运行安全。

来源:http://news.hexun.com/2016-04-13/183294400.html。

若旅客下机等候,则按以下方法处理。
① 由地面服务员接航班,并发过站登机牌,引导和安排旅客休息。
② 如有重要旅客、头等舱旅客或特殊服务旅客,应派专人做好其服务工作,提供相应的休息室。
③ 如有旅客行动不便不愿下机,则应考虑留在机上休息等候。
④ 确定备降航班在当地停留时间,联系配餐部门提供餐饮。
⑤ 如遇备降航班取消后续航班飞行,按航班中断飞行办理。
⑥ 如遇旅客要求改变航程或终止旅行,退还未使用航段的全部票款,但所退票款不得超过原付票款金额,不收取退票费,并协助变更航程的旅客另行购票。
⑦ 对继续旅行的旅客,如需要为旅客安排膳宿服务,按承运人原因航班延误的有关规定办理。
⑧ 航班在原入境点之前备降,如需在备降地点办理全部入境手续,应按国际到达航班办理运输手续。如继续飞行,做国内航班处理。
⑨ 航班起飞前,载量如有变动,重新填制载重表并将情况报生产调度部门。
(4) 及时了解航班信息,以便向旅客提供准确的航班动态。
(5) 及时了解并尽量满足旅客的要求。

案例5-13:

4架飞乌鲁木齐航班备降 警方称系"诈弹"所致

2014年5月22日,备降的4架飞乌鲁木齐的航班分别是原计划于10点5分起飞的东方航空MU4009、吉祥航空HO1255,以及12时35分起飞的东方航空MU4011、吉祥航空HO1229。其中,MU4009和HO1255备降于兰州机场,MU4011和HO1229备降于南京机场。

17时22分,吉祥航空官方披露了事件整个过程:5月22日,吉祥航空HO1255上海虹桥—乌鲁木齐航班于10点18分由虹桥机场正常起飞。12时46分,吉祥航空收到机组报告,飞机在途经兰州上空时,机上一名旅客以递纸条方式向机组成员传递信息,称其同伴因晚到未赶上飞机,曾电话威胁其要"引爆",他担心自己为同伴代管的行李中有可疑物品。机组紧急联系地面,启动应急程序,该航班已于13点29分安全备降兰州机场,所有旅客平安下机休息。兰州机场公安已介入事件调查。

据查,HO1255航班旅客所称的同伴已另搭乘吉祥航空HO1229航班前往乌鲁木齐,HO1229航班于13点15分由虹桥机场起飞。为确保安全起见,吉祥航空立即通知HO1229航班就近备降南京机场,该航班已于14点22分在南京机场安全降落。南京机场公安也已介入事件调查。

上述两个航班均已确认人机平安,吉祥航空已派出两套机组和两套工作组,分别前往兰州和南京机场,保障两个航班旅客的后续行程。

另外,经我公司调查了解,这两名旅客原购另一家航空公司航班前往乌鲁木齐。当时两人因个人原因晚到机场,未能搭乘计划航班,随即在机场柜台临时改签我司HO1255航班,办理值机手续后,其中一名旅客又因在机场内购物,未赶上我司该航班,其再次改签我司HO1229航班。

来源:http://news.sohu.com/20140522/n399910929.shtml。

七、不正常航班服务沟通案例分析

案例5-14:

国内航班取消　外宾拒绝改签

【事情经过】2010年8月18日,由于航空公司计划原因,B机场—北京的某航班被取消,一外籍旅客被改签到次日的B机场至北京航班。由于该旅客需乘坐19日20:25北京至法兰克福航班,而后续航班因航班满客无法改期,故该旅客拒绝乘坐19日的改签航班飞往北京。

【事情处置】经B机场售票员联系承运航空公司外语服务热线,由其对旅客进行解释,该旅客方肯乘坐改签航班到北京后,再与承运航空公司联系其后续航班的签转事宜。

【处置效果】机场工作人员积极帮助旅客联系航空公司,最终解决各种遗留问题,在旅客与航空公司之间起到良好的协调作用。

【案例点评】根据《中国民用航空旅客、行李国内运输规则》第十九条规定:"航班取消、提前、延误、航程改变不能提供原定座位时,承运人应优先安排旅客乘坐后续航班或签转其他承运人的航班。当航班发生延误、取消或变更时,航空公司和机场方应尽快让旅客了解到航班延误或取消的真实原因和签转的相关信息。"通过采取当面解释、电话沟通、短信留言等方式向旅客通报航班信息,并实时加以更新,尽最大努力提供预计延误时间和预计起飞时间等信息。还应该为旅客提供后续航班座位和其他航空公司后续航班的座位及票价信息,供旅客参考。

此外,应进一步提高一线服务人员整体英语服务水平和能力,加强外语对话能力,从而更好地为外籍旅客提供服务。

来源:李宏斌,服务创造价值:民航机场服务理念探索与案例剖析[M].北京:中国民航出版社,2012.

案例5-15:

航班信息不明确　旅客抱怨受冷遇

【事情经过】2011年5月10日,上海飞往贵阳的某航班由于贵阳天气原因,于19:50备降到 G 机场。飞机落地后,机组通知机场先安排旅客在机上等待。21:33,仍未得到贵阳天气好转的消息,机场方接到机组通知,安排旅客下机到候机楼休息等候。机场对旅客解释了航班备降和延误情况,并配发了餐食和饮料,积极安抚旅客情绪,此时旅客情绪也一直比较平稳。次日凌晨 0:10,机场地勤公司接到机组通知"贵阳天气好转,旅客可以登机",便赶紧组织旅客登机。旅客登机后,因贵阳天气迅速变差,无法达到飞机降落的天气标准,就再次安排旅客在机上等待。至 2:18,机场接到机组通知:航班取消,组织旅客下机,安排宾馆休息,补班时间为 15:00。旅客下机后,部分旅客情绪十分激动,强行冲入机坪并要求上机与机组进行交涉,但被公安民警、机坪监护和服务人员在飞机客梯车下拦住。机组为了避免不安全事件发生,将机舱门关闭。随后,旅客采取坐在机下进行声讨的方式对航空公司表达不满。

【事情处置】机场在接到航班取消的信息后,立即安排旅客分批乘车前往宾馆休息,并与航空公司驻场工作人员一道向旅客做解释、协调工作。发生旅客冲入停机坪事件后,安检站、公安分局立即加派人手维持现场秩序,以防发生不安全事件。

滞留在机坪上的旅客向航空公司提出了三点要求:一是进行道歉;二是进行赔偿;三是安排早晨的补班。因航空公司无法满足旅客这三点要求,静坐场面僵持至 5:52。为保障当日机场的正常运营,机场公安干警在对静坐旅客宣读《告知词》后,采取了强制措施,将滞留机坪旅客请上摆渡车撤出机坪,并分批乘车前往宾馆休息。

【处置效果】此次事件的发生主要是因为天气变化的不确定性,航空公司和机组未能根据天气演变趋势及时果断取消航班,导致旅客两次机上长时间等待后两次下飞机。旅客两次在飞机上等候时间都较长,已经产生了不满情绪;航班决定取消后,旅客向航空公司提出的三点要求无法得到满足。再加上当时处于旅游旺季,团队旅客大幅度上升,各酒店一直处于接待饱和状态,机场联系可接纳旅客住宿的酒店也花了不少时间,也导致旅客滞留机场时间过长。虽然机场方已经为旅客提供了相应的服务,但是旅客因航空公司无法满足所提出的要求,仍然以过激的行为表示了不满。

一位旅客回到贵阳后,向《贵阳都市报》反映,声称"他和贵州 100 多名乘客在 G 机场受冷遇,机场对待乘客态度漠然"。此报道被多家网站转发,对 G 机场造成了负面影响。

【案例点评】不正常航班的服务保障工作近年来成为机场服务工作的重点和难点,特别是非承运人原因导致的航班延误,因为服务双方都处于被动状态。作为机场服务方,服务的主导权掌握在地面服务方;关键在于航班信息的发布和及时的信息更新;重点在于可能存在的食宿安排;细节在于旅客个性化需求的满足;核心是能否体现服务的主动性;困难在于及时与旅客的沟通与协调。

本案例中,发生航班延误、取消后,机场方和承运人都进行了信息告知、安排了酒店、提供了食物,航空公司安排了补班,符合《中华人民共和国合同法》第一百一十七条规定:"因不可抗力不能履行合同的,根据不可抗力的影响,部分或全部免除责任,但法律另有规定的除外。当事人延迟履行后发生不可抗力的,不能免除责任。"

根据民航资源网所做的一项调查,可以清楚得知旅客在延误后的真实需求。数据调查显示:航班延误后旅客并非想要赔偿,在面向旅客的"航班延误后您最期望得到哪些服务?"

的调查中,可以清晰地看见,航班延误后,位居第一的旅客期望是能及时掌握航班确切的预计起飞时间,占50.7%;其次是延误情况及时地通报,占42.5%;而提供餐饮、茶点、休息等服务,占36.3%。在对民航业内"关于延误后哪种服务最难提供?"的调查中,航班确切地预计起飞时间,占56.3%;告知旅客延误的真实原因,占28.6%;现金赔偿、帮旅客换航班或其他交通工具,均占22.9%。更令人意外的是,旅客对赔偿措施(占12%)、现金赔偿(占23%)的需要并非那么强烈,只有不到25%的人会提出赔偿要求。根据此调查情况,机场可以从以下方面进行改进和完善。

1. 提高获取不正常航班的信息源的准确性。运行指挥中心可在天气情况不确定是否能够好转的情况下,提示机组果断取消航班,尽量避免在"犹豫不决"中被"拖延",出现"反反复复"的情况。运行指挥中心获取信息并定性后应及时向机场各保障单位发布,各保障部门也应该将相关信息上报至运行指挥中心。机场各部门之间要加强沟通与协调,尽量避免因信息的不确定性和信息不畅所导致的服务难度加大。

2. 耐心、细致、周到地向旅客做好解释和服务工作。地勤服务人员都应熟悉非正常状态的服务流程和标准,在最大限度上取得旅客的理解和配合。对特殊旅客的需求给予重点关注,尽量为旅客提供充足、舒适的休息空间。

3. 做好候机楼内的服务保障。如灯光、空调、视频系统等(如有条件可增设航班延误娱乐室),采取各种手段转移旅客延误等候时的烦躁情绪。对于一些情绪开始激动的旅客进行适当分离,最大限度避免延误旅客的聚集。加强航站楼内治安检查和管理,以防止由于个别旅客或者部分旅客的过激行为而引发"群体性"事件的发生。

4. 相关保障单位应提前对不正常航班的情况做出预判,未雨绸缪,将服务工作提前、沟通提前、协调提前。如机场宾馆提前准备好住房,运输公司提前统筹运输车辆并掌握可提供住宿酒店的数量和可接纳的人数,保证旅客能在较短时间内得到及时的疏散,得到妥善的安排。

5. 不断完善不正常航班的服务保障预案。根据延误范围的大小与自身服务资源的供给情况,划分不同的服务等级,制定相应的预案。通过划分不同响应级别,保证相关保障单位能够及时做出服务决策,确保在保障现场能够及时做出服务响应。

此外,需要特别提醒旅客一定要遇事冷静、依法维权。如果旅客强占飞机和飞机活动区域、强行登机,冲击安全检查通道、候机隔离区或者飞机活动区,强行堵塞安全检查通道或者阻止其他旅客安全检查,强行堵塞旅客登机桥、登机通道或者登机口,拒绝登机或者阻止他人登机,故意阻挠其他旅客办理登机手续,强占机场道路阻止人员车辆通行,扰乱机场正常经营以及威胁、侮辱、殴打机场和航空公司工作人员或者其他人员,损毁机场公共设施或者其他物品等,都属于扰乱机场治安秩序、航空运输生产秩序和侵害他人合法权益等的违法行为,除会被公安机关依法制止外,还可能被追究相关法律责任。

来源:李宏斌. 服务创造价值:民航机场服务理念探索与案例剖析[M]. 北京:中国民航出版社,2012.

案例5-16:

航班夜间两次延误　乘客受折腾有怨气

【事情经过】2010年2月23日晚,旅客韦女士和很多乘客赶到N机场,准备乘坐预定20:45起飞的航班。通过安检后在候机厅候机时,机场方面通知乘客:该航班由于前方始发站天气原因(大雾),不能按时到达 N 机场,延误到 24 日 0:30。2 月 23 日 22:30,该航班的 100 多名乘客被安排乘坐大巴来到 N 市区的一家酒店休息。当时所有乘客对于天气造成的飞机延误都表示理解,加之机场方面又积极安排去酒店休息,所以旅客都很配合机场的安排,其中少部分另有打算的乘客则选择退票或改签其他航班。

24 日凌晨 0:50 左右,N 机场接到通知:该航班飞机已在前方站起飞,预计于 2:00 到达本机场。于是,N 机场赶紧联系酒店:请通知乘客飞机快到了,让大家抓紧时间起床乘坐大巴车去机场乘机。1:30,正睡得迷迷糊糊的旅客被叫醒,再次赶到机场,经过安检并在候机室等候了很长时间后,有机场工作人员过来对旅客说:由于 N 市现在也有大雾了,无法达到飞机降落标准,为确保安全第一,飞机只能去邻近的 G 机场备降。根据天气变化的不利情况,航空公司当晚取消了该航班飞行,改为第二天补班飞行。飞行计划修正为 8:40 从 G 机场起飞,预计 9:20 到达 N 机场,10:30 从 N 机场起飞,飞往目的地。于是机场方面再次安排该航班旅客乘坐大巴车去市区的酒店住宿。

24 日上午 8 时许,100 多位乘客被叫醒吃早餐,并被告知请抓紧时间吃早餐,然后乘坐大巴来到 N 机场候机。9:30 分左右,本场天气开始好转,N 机场方面考虑到该飞机按计划将于 10:30 到达本场,随即又再次将旅客于 10:00 左右接到候机楼,做好乘机准备。

由于每天 10:00 后是 N 机场国内航班出港高峰时段,加之当日早晨天气原因导致大面积航班延误,国内候机厅基本无位置提供给旅客休息,故 N 机场方马上灵活处理将该航班旅客安排到国际候机厅休息,等候飞机。10:30 左右,由于有国际航班离港,无法再让该延误航班的旅客继续在国际候机厅休息,遂又将旅客引领到国内候机厅等候航班。与此同时,机场方面又接到通知:由于天气原因,该航班未能从备降的 G 机场按预定的补班计划的时间起飞。

原本就有部分旅客到 N 机场后,因没有见到该航班飞机,便开始抱怨机场方面工作态度马虎,没有对乘客实话实说,通知假信息折腾大家。加上当时 N 机场的天气已明显好转,得到飞机仍未起飞的信息后,旅客无法接受 N 机场方所做出的解释。11:00 左右,还迟迟接不到登机通知的 100 多位乘客情绪开始激动起来,出现了辱骂机场工作人员、强占服务台、敲打办公电脑等混乱的情况。旅客们认为是 N 机场方面一直没说真话,便找 N 机场地勤公司客运部讨说法。机场一方面通知机场公安到现场维持秩序,与咖啡厅协调将部分旅客安排至咖啡厅就座,并为旅客安排餐食;另一方面多次与航空公司联系,要求其尽快了解清楚飞机延误原因,地勤公司值班领导也亲自到现场向旅客做解释工作。但旅客情绪依然异常激动,认为地勤公司领导的解释不合理,他们要求机场的领导出来做解释。11:50,机场方面接到通知"该航班已从备降 G 机场起飞",现场解释工作方告一段落。飞机 12:30 到了 N 机场,旅客们的情绪这才缓和了些。13:30,飞机终于起飞。该航班前后共延误了 16 个小时。

事后,韦女士等客人抱怨机场"忽悠人",服务不到位,要讨说法,并将此航班延误事件投诉到新闻媒体,25 日此事见诸报端,并被部分网站转载。

【事情处置】首先做好当天航班保障工作,尽快让旅客成行。对由于航班长时间延误,被耽误行程的乘客产生的激愤,机场方面在安抚的同时也表示理解。其次,积极与相关媒体联系,协调对类似事件报道事宜。N 机场分管服务质量工作的领导与多家主流媒体相关负责人进行了联系,向其解释事件发生原因、介绍航班保障流程、阐述机场对事件高度重视的态度及处理经过。在表示欢迎媒体继续关心和监督机场服务质量的同时,希望媒体亦能从历史原因、行业现状、机场硬件实际情况及形象等多角度考虑,再遇到类似事件发生时,能与机场加强沟通,谨慎、客观报道。最后,积极寻找联系方式,多次致电韦女士,希望能向其表达机场方诚挚的歉意,听取其对机场服务的意见和建议。但她一直没有接听电话。

【处置效果】在本场航班大面积延误的情况下,较好地完成了航班保障工作,但服务效果欠佳。

【案例点评】纵观整个事件,该航班是受连环延误因素影响,航班延误时间过长,加上又在春节期间,旅客在经受了半夜折腾后心里产生了很大的怨气。本案例中,N机场在航班大面积和长时间延误情况下,按照常规为旅客做了大量的服务工作,服务工作基本上是到位的,如将航班延误的信息及时通知旅客,并及时安排旅客到宾馆休息;在机场硬件难以满足服务需求的情况下,积极想办法,启用国际厅和咖啡厅,安排旅客休息、候机;在航班长时间延误情况下,能始终保持服务工作的连续性,直到航班补班完毕。但是,旅客在无意中确实被折腾了,N机场在处理突发事件的应变能力和工作经验、对可能的情况预估不够等方面仍有待提高。

本案例机场可吸取的经验教训有:一是起飞站因天气原因可以导致航班延误,目的地机场的天气也可以导致航班延误。本案例中先是起飞站天气不好,接着是目的地机场天气不符合标准,后来还增加了备降场的天气也不合格。因此,当出现天气原因导致航班延误时,应对起飞站、降落站的天气进行全面了解和掌握,以便更好地向旅客做好解释工作,同时对做好由于天气原因导致航班延误情况下的服务工作,争取工作的主动权也是十分有益的。

本案例中,航班延误第一次起飞后,机场方面如果能够密切掌握和了解本站天气变化,当得知本场天气转坏时,可以等飞机降落后再从机场宾馆送旅客到候机楼,然后办手续登机。这样可以避免由于本场天气原因,飞机备降区内其他机场,还要来回接送旅客往返机场宾馆的麻烦,同时也可以让旅客继续休息,减少旅客的不安情绪。此外,还可以减少航班大面积延误给候机楼带来拥堵的压力。二是向旅客提供航班延误原因的信息一定要准确、要及时。本案例中,24日10:00后,本场天气明显好转,但仍向旅客告知天气不好导致航班进一步延误,旅客自然无法认可。三是机场人员平常要关注航班计划、航班动态信息,以此来开展各项工作。但天气原因造成航班延误,特别是航班出现大面积延误的情况下,要转而密切关注天气变化并随时掌握变化的信息,这对掌握服务工作的主动权也是相当有益的。四是要注意挖掘和利用城市候机楼的价值。它在分流延误航班的客人、提高出行舒适度、减少路途周折和候机楼现场保障难度等方面有着特殊的功能与作用。五是要关注长时间延误航班旅客心理和情绪的变化,提前安抚和化解。此外,不正常航班保障过程中和完成后,都要注意做好服务过程和处置结果的记录,备忘和备查。

来源:李宏斌. 服务创造价值:民航机场服务理念探索与案例剖析[M]. 北京:中国民航出版社,2012.

案例5-17:

航班延误焦心　主动服务暖心

【事情经过】2011年3月27日,一位来自台湾的陈先生一行5人来到机场贵宾服务室。

他们购买了当日FM××航班的体验头等舱舱位机票,该航班计划11:30飞往广州。当时,由于执行该航班的飞机尚在上一站没有起飞,因天气原因而处于延误中,并且难以确定延误后的预计起飞时间。贵宾服务员在通知陈先生航班延误的信息后,发现陈先生在贵宾服务总台前踌躇徘徊,并不停地拨打电话,似有为难之事。贵宾服务员见状,立即主动询问是否需要帮助。陈先生告诉服务员,他们一行5人下午两点都要在广州衔接后续国际航班,如无法按时抵达广州,将会导致全体都赶不上出境飞机。

假如你是这位贵宾服务员,你将如何处理这件事情?

【事情处置】得知情况后,贵宾服务员首先热心地帮助陈先生查询最近可签转的航班信息,并查看了当日的离港系统:最靠近的航班是原计划10:50起飞的CZ××航班,但此航班因为流量控制也在延误中。然后,服务员根据以往的工作经验,温馨提示了陈先生航班签转的多种可能性,并提出建议:优先关注两个从广州起飞的航班动态,从中选择乘坐最先起飞的航班;最先起飞的航班有了确定的到达本场时间后,服务员立刻将航班信息告诉陈先生。陈先生采纳了服务员的建议。获悉CZ××航班最先从广州起飞的信息后,陈先生确定更改此航班。

根据陈先生的决定,贵宾服务员马上联系相关航空公司和有关部门,争取在最短时间内将客人的相关手续办理好。但是当服务员打电话到航空公司柜台确认是否同意陈先生签转航班时,该航空公司工作人员拒绝了陈先生的请求,理由是:体验头等舱的机票是不可以办理签转手续的。此时距离CZ××航班落地时间只有五分钟了,为此陈先生非常着急,因为只有乘坐CZ××航班才能赶上后续航班。贵宾服务员这时先安慰陈先生不要着急,又提出新建议:退掉FM××航班的客票,购买CZ××航班的机票。

在陈先生采纳了此建议的前提下,贵宾服务员立即通知有关部门先将陈先生一行的行李从FM××航班待运的行李堆中找出来,以便节约后续转入CZ××航班的时间。在服务员的大力帮助下,终于在CZ××航班到达之前将旅客的乘机手续全部办妥。同时在剩余的候机时间内,陈先生也将退票手续一一办理完毕。CZ××航班上客时,服务员全程陪伴并引导陈先生一行顺利登机。

【处置效果】由于该名贵宾服务员工作经验丰富,从旅客的言谈举止中能感受到旅客需要帮助,利用自己娴熟的业务知识和临场处理问题的能力,在旅客未开口求助时便主动热情地帮助旅客解决乘机过程中遇到的实际困难,最终为该旅客争取到了宝贵时间,使该旅客顺利搭乘到了最利于签转的航班,未使旅客耽误下一个行程。登机途中陈先生非常感动,连声道谢,并留下了一份热情洋溢的表扬信。

【案例点评】根据《中国民用航空旅客、行李国内运输规则》第五十三条规定:"承运人应当以保证飞行安全和航班正常,提供良好服务为准则,以文明礼貌、热情周到的服务态度,认真做好空中和地面的旅客运输的各项服务工作。"

此案例中,在关键时刻,该服务员能在遵守相关规定且不违反原则的情况下,为陈先生提供热情周到的服务,表现出了善于动脑、思维敏捷、果断处理问题的职业能力。在旅客遇到特殊情况时,该服务员能主动全程陪同、协助旅客办理各种相关手续,辅之以"急旅客所急、想旅客所想"的亲身感受,使旅客感受到了快速变更航班、快速通关的便捷服务和贵宾礼遇。

一个优秀的员工除了业务能力强之外,还应具备良好的职业素养和职业道德。机场各单位都要注意加强员工,特别是新员工"服务意识+服务技能+服务艺术"的综合培训,以及处理突发事件的能力培训,增强员工按章办事、严格操作程序的遵章意识。同时,服务人员还应具备为旅客提供优质、快捷服务的大局意识,要有一颗随时随地主动、真诚为旅客服务的心。

贵宾接待工作决定了机场在客人心目中的"第一印象"和"最后印象",这些印象(工作人员的工作态度、责任感、言谈举止、礼貌礼节等)决定着旅客对机场高端服务的总体评价,这些评价又影响着高端旅客对服务单位的选择。正确回答旅客的询问,帮助旅客解决实际困难,都会给旅客留下非常独特的印象和服务体验与感受。在工作中细心观察,主动及时给予客人最为贴心的服务,是贵宾服务工作的重点。

来源:李宏斌. 服务创造价值:民航机场服务理念探索与案例剖析[M]. 北京:中国民航出版社,2012.

案例 5-18:

活物装错舱　调舱误航班

【事情经过】某日,机场货运收运了60件共1 200千克重的活体动物。当日承运该票货物的航班执飞机型为A320,该机型因通风设备原因只有后舱才可以装载活体动物。值班货运配载人员在配货时,没有考虑到A320机型的特殊性,在货物装配过程中,错误地将活体动物装至了前舱。货物装舱完毕后,工作人员与机长交接时才发现此问题。机场货运立即组织力量,进行了前后舱货物的装卸调换,但导致航班因此被延误了2分钟起飞。

【事情处置】由于货运装配原因造成了航班延误,机场公司对货运部进行了处罚,货运部也按相关规定对当班配货人员进行了相应的处罚。

【处置效果】活体动物运输的包装、收运和装载都有严格要求。货运部通过结合本案例及其他相关案例的讲解、培训,使每个员工充分了解活体动物的收运及装载流程,强化员工规范操作意识,杜绝此类事件再次发生。

【案例点评】本案例是由于工作人员业务不熟悉或工作不认真造成的。在《货运地面服务代理手册》附表及各航空公司货运业务手册特种货物运输章节的附表中,都详细提供了适合装载动物的常见机型货舱情况。以上资料均明确指出:A320机型前货舱无通风系统;后货舱和散货舱有通风系统,适合装载活体动物。

该货运配载人员配货时未考虑到相关机型的货舱通风系统情况,以及活体动物运输过程中的需氧问题。这暴露出工作人员的业务知识不扎实,工作责任心不强等问题。

通过此案例建议:

(1)详细了解关于活体动物的航空运输相关规定,掌握各个机型的动物装载限量标准及各个机型适合装载活体动物货舱的情况。

(2)严格落实货物配载双复核制度。

(3)收运活体动物时,在订舱环节要查阅航空公司手册,确认每种活体的最大收运量;重点检查活体动物的包装是否符合要求。

(4)在配载环节注意各种不同机型的货舱有无供氧设备和空气循环系统,同时考虑动物在运输过程中的耗氧量。

来源:李宏斌. 服务创造价值:民航机场服务理念探索与案例剖析[M]. 北京:中国民航出版社,2012.

案例 5-19：

客人激动心慌乱　医生救心又暖心

【事情经过】2016 年 12 月 13 日，某机场至哈尔滨的航班，因哈尔滨大雪造成了航班延误，旅客滞留在候机厅。4 个多小时后，有多名旅客情绪渐渐激动，开始大吵大闹。一个小时后，飞机到达机场，旅客开始登机。突然，原本吵闹较凶的一位旅客在登机后突发心慌、胸闷，面色苍白、全身大汗。机组立即报告给了地面。接到信息后，机场医疗急救中心值班主任立即带领医护人员及时赶到机上。

【事情处置】经检查，初步诊断该旅客为"恶性心律失常"发作，如不及时抢救，将可能危及生命。医务人员当即采取果断措施：取消该旅客航程，就地抢救。当患者同伴得知这一消息时，又开始破口大骂，不予配合。面对情绪激动的旅客，值班医生一边组织抢救，一边耐心地做着旅客同伴的思想工作，劝其以病人健康为重，积极配合医生治疗。经过近 4 个小时紧张而又有条不紊的抢救，患者转危为安。考虑到航班延误了几个小时，患者及同伴尚未用餐，医务人员自己掏钱买来热乎乎的面条，主动送到患者和同伴手中，使患病旅客和同伴很受感动。

【处置效果】原本由于航班延误而产生过激情绪和行为的病人及随行人员，因及时得到机场急救中心医生的专业救治和无微不至的关怀，内心十分感动，也同时转变了态度。几天后，该旅客给急救中心寄来了一封热情洋溢的感谢信和一面锦旗。

【案例点评】该机场医疗急救中心自 2009 年起，创立了"白衣战士温馨岗"服务品牌，大力提倡"以人为本，一切以病人为中心"的人性化医疗服务。本案例中，该旅客因航班延误导致情绪激动，诱发了心脏病。机场医务人员通过"热心""耐心""贴心""关心""细心"的"五心"服务，有效化解了旅客因航班延误产生的过激行为，认真履行了"白衣战士温馨岗"的服务承诺，优质的医疗服务得到了旅客的肯定。

近年来，该医疗急救中心通过开展"假如我是患病旅客"换位思考大活动，充分考虑"病人方便不方便，病人接受不接受，病人满意不满意"；医护人员主动换位思考，努力做到尊重和理解患者的需求，诚心诚意为旅客解决一些力所能及的实际困难，以真诚感化旅客，赢得了旅客对机场服务工作的肯定和理解。

一直以来，该医疗急救中心值班领导能坚守一线，充分发挥了现场监控和指挥作用。在遇到航班大面积延误出诊的情况下，能带领医护人员快速赶赴现场，及时、妥善处理和解决现场发生的各类异常情况，高质量地完成了急症旅客出诊任务。

来源：李宏斌. 服务创造价值：民航机场服务理念探索与案例剖析[M]. 北京：中国民航出版社，2012.

拓展训练：

一、知识题

（一）填空题

1. 航班因故未在经停站降停或降停非目的地而不继续飞行的航班称为_____。
2. 如遇备降航班取消后续航班飞行，按_____办理。
3. 发生机上延误后，承运人应当每隔_____分钟向旅客通告延误原因、预计延误时间等航班动态信息。

（二）判断题

1. 按照责任性质来划分，导致航班不正常的原因可分为承运人原因和非承运人原因两类。其中，承运人原因是指造成航班不正常的可归责于承运人的航班计划、空中交通管制、航班调配、安检、运输服务、机务维护和机组等原因。（　　）

2. 因举办大型活动或发生突发事件，使得机场保障能力下降或安检时间延长，造成了航班延误，这应归责于承运人原因。（　　）

3. 国内航班在经停地延误或者取消，无论何种原因，承运人均应当向经停旅客提供餐食或者住宿服务。（　　）

二、技能题

（一）典型案例1

2017年1月6日，因张家界天气原因，航线为上海浦东—张家界的FM9341航班备降长沙，机上有119人，机场运调通知该航班的起飞时间为12:00。

思考：假如你是该备降航班的服务人员，你会如何做好该航班旅客的服务沟通工作？

（二）典型案例2

2017年3月，某航空公司由长沙飞往沈阳的某航班原定于20:45起飞，但电子屏幕上打出飞机延误至1小时后起飞的信息。乘坐该航班的旅客只能耐心等待。1小时后，即21:45，旅客终于可以登机，可登机后半个小时飞机还未起飞，这时飞机广播通知说，由于对方机场起大雾，本次航班取消，请所有乘客下飞机，等候安排住宿。机上一百多名旅客只能下机，并被送往机场附近的一家酒店休息。在此期间，没有一名该航空公司工作人员出现在现场，也没有任何人向旅客解释航班推迟到何时等信息。第二天早上6:00左右，酒店服务员敲门并通知所有乘坐该航班的旅客于6:30出发去机场等候8:30的飞机。等到了机场，原定于8:30的登机时间，旅客又被告知航班延误。于是有乘客生气地了拨打了航空公司的投诉电话，可是连续打了14分钟，投诉电话不是占线就是电脑语音服务，此情此景下很多旅客非常愤怒。最后，将近9:50，旅客才被安排登机。一直到旅客离开，该航空公司都没有给出解释和答复，所有乘客均感到十分愤慨，飞机抵达沈阳后，有一名旅客拒绝下飞机，说要求航空公司出面解释和赔偿。

来源：李宏斌. 服务创造价值：民航机场服务理念探索与案例剖析[M]. 北京：中国民航出版社, 2012.

思考：1. 认真阅读以上案例，分析在发生了航班延误后，该航空公司的应急处理措施是否恰当？

2. 如果你是现场负责处理该事情的工作人员，你会如何处理？

参 考 文 献

[1] 秦陇一,曾凡海,等．服务营销学[M]．北京:科学出版社,2009．
[2] 李怀斌,于宁,等．服务营销学教程[M]．2版．大连:东北财经大学出版社,2010．
[3] 李永,张澜,等．民航服务心理学[M]．3版．北京:中国民航出版社,2014．
[4] 陈淑君．民航服务、沟通与危机管理[M]．北京:中国民航出版社,2006．
[5] 邵雪伟,等．酒店沟通技巧[M]．杭州:浙江大学出版社,2013．
[6] 何蕾,等．民航机场地面服务[M]．2版．北京:化学工业出版社,2014．
[7] 刘晖．空乘服务沟通与播音技巧[M]．4版．北京:旅游教育出版社,2016．
[8] 向莉,等．民航服务心理[M]．北京:科学出版社,2013．
[9] 中国民用航空局职业技能鉴定指导中心．民航客运员[M]．北京:中国民航出版社,2015．
[10] 韩瑛．民航客舱服务与管理[M]．北京:化学工业出版社,2012．
[11] 金恒,等．民航服务与沟通[M]．北京:化学工业出版社,2013．
[12] 宋文静,余辉．民航服务与人际关系[M]．北京:科学出版社,2013．
[13] 田静．机场旅客运输服务[M]．北京:中国民航出版社,2009．
[14] 马广岭,王春．民航旅客运输[M]．北京:国防工业出版社,2011．
[15] 李宏斌．服务创造价值:民航机场服务理念探索与案例剖析[M]．北京:中国民航出版社,2012．
[16] 贾晓慧．值机与行李运输[M]．北京:中国民航出版社,2014．
[17] 邹建军,高翔．民航服务与人际沟通[M]．上海:上海交通大学出版社,2015．
[18] 黄建伟,郑巍．民航地勤服务[M]．北京:旅游教育出版社,2007．
[19] 吴舟．浅析机场旅客漏乘的原因及相关服务[J]．空运商务,2007(2)．
[20] 赵影．关于航班座位超售的后续服务探析[J]．民营科技期刊,2013(1)．
[21] 卢竹．民航旅客运输[M]．上海:上海交通大学出版社,2016．